Egon W. Kreutzer

Wolf´s wahnwitzige Wirtschaftslehre Band III

Über das Geld

Egon W. Kreutzer
Wolf's wahnwitzige Wirtschaftslehre in vier Bänden
– Band III –

2. Ausgabe, neu gesetzt Egon W. Kreutzer
EWK-Verlag – Kühbach-Unterbernbach, Dezember 2007
Satz und Gestaltung: EWK-Verlag, Kühbach-Unterbernbach
Druck und Gesamtherstellung: Comuto Digital Media, Augsburg
© E.W.K. ...der Unternehmerberater e.K., Kühbach-Unterbernbach
Alle Rechte vorbehalten

ISBN des Einzelbandes 978 - 3 - 938175 - 33 – 0
ISBN der Gesamtausgabe 978 - 3 - 938175 - 32 - 3

Anmerkungen zur Rechtschreibung

Nachdem die Regeln der Rechtschreibreform selbst deren Schöpfer in relativ kurzen Abständen zu immer neuen Konzessionen und Korrekturen zwingen, mit denen zerstörte Lesbarkeit wiedergewonnen und barer Unsinn getilgt werden soll, fiel für dieses Buch die Entscheidung, nur soweit nach den bei Drucklegung zufällig gültigen Regeln zu schreiben, wie diese ohne größeres inneres Aufbegehren akzeptiert werden können.

Speziell verweigert haben wir *Erfolg versprechende* Pläne, *Not leidende* Kredite, oder *Kredit gewährende* Banken, aber auch den Rechtschreibbastard *Portmonee*, der in diesem Buch nach reformierter Schreibung zu fürchten gewesen wäre, haben wir mit großem Genuss einfach wieder richtig geschrieben und hoffen, damit den Lesern nicht *weit gehend entgegen gekommen,* sondern weitgehend entgegengekommen zu sein.

Inhalt

5

Vorwort
Einführung und Überblick 7
Vom Unterschied zwischen Bezahlen und Tauschen 11

Kapitel 1 Das unendliche Beziehungsdrama zwischen
 Geld und Gut 17
Kapitel 2 Wo und wie das Geld in der Realität entsteht 24
Kapitel 3 Was ist Geld wirklich? 38
Kapitel 4 Die heiligen Kühe der Volkswirtschaft, der
 „Natürliche Zins" und das „Notenbankgeld" 64
Kapitel 5 Eine Lanze für die Erhebung von Steuern
 auf Vermögen 82
Kapitel 6 Über das Horten von Geld 90
Kapitel 7 Der Staat und das Geld 100
Kapital 8 Wo bleibt die Währungsstabilität 114
Kapitel 9 Regional- und Komplementärwährungen 126
Kapitel 10 Umlaufsicherung und Nachhaltigkeitsgebühr 138
Kapitel 11 Der geplatzte Kredit 153
Kapitel 12 Teuerung und Inflation, die natürlichen
 Feinde des Geldes 163
Kapitel 13 Deflation 177
Kapitel 14 Ein vernünftiges System der
 bedarfsgerechten Geldversorgung 183
Kapitel 15 Der Tilgungsirrtum 222
Kapitel 16 Wachstum ist auch keine Lösung 229
Kapitel 17 Geld kann man nicht essen 241

Vorwort

Das hier vorliegende Buch war anfänglich als eigenständiger Titel geplant. Dass es nun doch mit dem Untertitel „Über das Geld" zum dritten Band von „Wolf's wahnwitzige Wirtschaftslehre" geworden ist, war das Ergebnis vielfacher Abwägungen, über die ich an dieser Stelle kurz berichten will. Die wichtigste Frage, ob nämlich die Ausführungen zum Geld von der Sache her noch in den Rahmen passen, der mit dem Titel der beiden ersten Bände vorgegeben war, ließ sich noch relativ einfach beantworten: Ja, natürlich gehört die Auseinandersetzung mit dem Geld in diese Wirtschaftslehre, die den weiten Bogen von den einfachsten betriebswirtschaftlichen Zusammenhängen bis hin zur Problematik der Globalisierung schlägt.
Doch es kamen andere Aspekte hinzu. Dem Geld alleine ist in diesem Buch soviel Raum gewidmet worden, dass es in der Relation zu den Einzelthemen der beiden ersten Bände überrepräsentiert erscheint. Beinahe noch schwerwiegender ist die Veränderung in der Beziehung zwischen Leser und Autor. Von der direkten Ansprache, ja dem Dialog mit dem Leser, der sich als starkes Stilmittel durch die Texte der beiden ersten Bände zieht, ist im „Buch über das Geld" nichts mehr zu finden. Auch dass erforderlich war, an einigen Stellen langatmiger und detaillierter zu erklären als in den beiden ersten Bänden, führt – trotz der weiterhin gewohnt lockeren Sprache – zu erkennbaren Unterschieden in der stilistischen Bewältigung des Textes. Hätte es also besser doch ein eigenständiges Buch werden sollen?

Wäre ich nicht mein eigener Verleger, ich hätte mich möglicherweise auf eine lange Auseinandersetzung mit dem Lektorat einlassen müssen, um am Ende entweder einen (wegen der stilistischen Kontinuität) völlig umgeschriebenen „Dritten Band", oder ein (wegen der notwendigen Unterscheidbarkeit) völlig umgeschriebenes, eigenständiges Buch über das Geld zu veröffentlichen. So aber konnte ich – wegen des durchaus gegebenen thematischen Zusammenhangs und auch wegen des bereits gut eingeführten Reihennamens – ganz selbstherrlich entscheiden, dieses Buch als „Wolf's wahnwitzige Wirtschaftslehre Band III" in die Welt zu setzen.

In Band I hätte ich Sie an dieser Stelle direkt angesprochen: „Ich denke, nach dieser Vorrede werden Sie ganz gut zurechtkommen. Widmen wir uns also gemeinsam dem ersten konkreten Fall."
In Band II hätte das vermutlich noch so geklungen: „Was ist da eigentlich passiert? Das werden wir wohl nur herausfinden, wenn wir uns den veränderten Bedingungen stellen und unsere bisherigen Erkenntnisse darauf anwenden. Dann sollten wir auch damit ganz gut zurechtkommen."

In Band III stellt der Autor die Problematik von einem distanzierten Standpunkt aus dar, ohne durch die früher geübte, aufdringlich-direkte Ansprache erkennen zu lassen, wie wichtig ihm ist, dass seine Leser auch damit gut zurechtkommen werden.

In diesem Sinne:
Kommen Sie möglichst gut zurecht!

Egon W. Kreutzer

Einführung und Überblick

Spezialisierung und arbeitsteiliges Wirtschaften sind die unabdingbare Basis um in einer Sphäre von Freiheit und Wohlstand hohe Produktivität und allgemeine Bedarfsdeckung zu ermöglichen. Voraussetzung dafür ist aber ein System, das zuverlässig und transparent jede erbrachte Leistung und jeden daraus entstehenden Anspruch auf eine Gegenleistung erfasst und permanent kumuliert. Ein System, das die Versorgung jedes Mitglied einer solchen, hoch entwickelten und hochgradig arbeitsteiligen Gesellschaft mit Lebensmitteln, Konsumartikeln und langlebigen Wirtschaftsgütern völlig unabhängig davon ermöglicht, an welcher Stelle im Prozess der Leistungserstellung es welche Funktion ausübt, indem es dem einzelnen Individuum einen stets aktuellen Leistungssaldo zuordnet. Ein positiver Leistungssaldo innerhalb eines solchen Systems drückt aus, inwieweit das Individuum der Gesellschaft gegenüber in Vorleistung getreten ist und daher noch Ansprüche geltend machen kann, ein negativer Leistungssaldo entspricht einer persönlichen Schuld, die ausdrückt, in welchem Maße Leistungen in Anspruch genommen wurden, für welche die Gegenleistung noch geschuldet wird.

Das klingt so kompliziert, dass erst auf den zweiten Blick klar wird, dass es dieses System längst gibt. Wir nennen es Geld. Wir haben Geld und geben es aus. Für Essen und Trinken, für Telefon und Benzin, für Kleidung, Möbel, Autos und Häuser. Wir verdienen Geld durch Arbeit. Wir leihen uns Geld und zahlen unsere Schulden nebst Zinsen zurück. Wir legen Geld an, spekulieren und werden reich – oder arm.

Der Kontostand jedes einzelnen zeigt, was und wie viel er sich von dem schon verdienten Geld noch kaufen kann, oder worauf er in der Zukunft verzichten muss, weil er Schulden abzutragen hat.

Aber wird dieses Geld wirklich dem Anspruch gerecht, der eingangs formuliert wurde? Zeigt die Menge des Geldes, über die der Einzelne verfügen kann, tatsächlich an, ob er mehr für die Gesellschaft geleistet hat, als die Gesellschaft für ihn? Sind im Gegenteil nicht gerade diejenigen die Reichsten, die es verstanden haben, möglichst viel von der Gesellschaft zu verlangen, aber im Gegenzug wenig oder gar nichts dafür zu leisten? Ist unser Geld ungerecht?
Münzen, Banknoten und Kontoauszüge sind weder neutral noch harmlos. Es sind Bestandteile eines Systems, das eben nicht nur Handel und Leistungsaustausch in der arbeitsteiligen Gesellschaft unterstützt, sondern in einem ganz unglaublichen Ausmaß auch der Umverteilung und Ausbeutung, der Erpressung und Bereicherung dient.

Um dieses System so verändern zu können, dass es seine negativen Wirkungen verliert, ohne deshalb auch seine positiven Fähigkeiten einzubüßen, muss man es zunächst verstehen.

Ein erheblicher Teil der Arbeit an diesem Buch war daher dafür aufzuwenden, das real existierende Geld und das System, in dem es sich bewegt, zu beschreiben.

Der Autor hat diese Aufklärungsarbeit damit begonnen, dass er nachweist, dass es einen Unterschied macht, ob Leistungen getauscht, oder ob sie bezahlt werden. Geld ist Zahlungsmittel, nicht Tauschmittel. Geld ist der Nachweis dafür, dass zu einer erbrachten Leistung die Gegenleistung noch fehlt! Geld ist also ein Guthaben, die Banknote ein Gutschein, der seinen Wert nur daraus bezieht, dass ein Schuldner verpflichtet ist, den Gutschein einzulösen. Von dieser Erkenntnis, bis zu der Frage, unter welchen Voraussetzungen diese Gutscheine hergestellt und von wem sie bei welcher Gelegenheit in Umlauf gebracht werden, ist es kein weiter Weg, doch wird damit klar, dass Geld nicht einfach da ist, sondern – bei Bedarf – geschaffen wird. Geld entsteht – aus dem Nichts - durch Kredit. Nicht durch jeden Kredit, aber durch diejenigen Kredite, die von den Geschäftsbanken vergeben werden. Geld löst sich aber auch wieder auf, wenn der Kredit getilgt wird. Weil neben der Tilgung aber auch Zinsen fällig werden, muss Geld beschafft werden, das mit dem ursprünglichen Kredit nicht geschaffen wurde. Das erfordert – über alle Interaktionen auf den Märkten hinweg – an irgendeiner Stelle die Schöpfung zusätzlichen Geldes, wiederum durch Kredit. Wer ein wenig weiterdenkt, kommt schnell zu der Erkenntnis, dass damit ein Prozess in Gang gesetzt wird, der eine immer schnellere und immer höher steigende Verschuldung in hervorruft.

Volkswirtschaftler verharmlosen diesen Prozess, indem sie die Metapher vom „Natürlichen Zins" verwenden, um das exponentielle Wachstum von Schulden und Guthaben als unerschütterliches Naturgesetz darzustellen, das außerhalb jeglicher menschlicher Eingriffsmöglichkeiten steht. Weiterhin stellen sie die Behauptung auf, das Wachstum von Schulden und Guthaben sei nur eine Fiktion, in Wahrheit handele es sich dabei nur um den Nachweis, dass das Geld, das von der Notenbank in die Welt gesetzt wird, mehrfach verwendet wird, wodurch es Spuren in Krediten hinterlässt, die aber, umgekehrt, durch dieses Notenbankgeld auch alle wieder getilgt werden könnten.

Behauptungen, die vollkommen falsch sind und verschleiern, wie das Geld als Wohlstandspumpe die Arbeitsleistung weiter Teile der Bevölkerung aufsaugt und wenigen Reichen als puren Luxus und Überfluss ganz von alleine vor die Füße spült.

Dass eine vernünftig gestaltete Vermögenssteuer hier für ein mehr an Gerechtigkeit sorgen und gleichzeitig die Staatsfinanzen sanieren könnte, wird ebenso betrachtet, wie die Frage, ob die fortschreitende Privatisierung ehemals staatlicher Aufgaben und staatlichen Eigentums für die Bürger statt der versprochenen Vorteile nicht doch eher Nachteile mit sich bringt.

Etlichen Raum nimmt die Auseinandersetzung mit den so genannten „Regionalen Komplementärwährungen" und dem Prinzip einer – wie auch immer gearteten – „Umlauf-Sicherung" des Geldes ein. Schließlich sind die weit verbreiteten und viel beachteten Theorien der Freiwirtschaftslehre ebenfalls als Reaktion auf die Konstruktionsfehler des Geldsystems entstanden und in der Absicht verfolgt worden, der Realwirtschaft ein ehrliches, neutrales Geld zur Verfügung zu stellen, das – Dank Umlaufsicherung – vor erpresserischer Hortung sicher sein soll. Leider stellt sich bei eingehender und umfassender Betrachtung heraus, dass die bisher beschriebenen Umlaufsicherungsmodelle allenfalls im Zusammenhang mit Komplementärwährungen überhaupt funktionieren können, als Konstruktionselement eines gesetzlichen Zahlungsmittels (Primärwährung) aber vollkommen untauglich sind.

Selbstverständlich geht dieses Buch dann auch darauf ein, was Währungsstabilität nach außen, was Inflation und Deflation im Binnenmarkt bedeuten, wie sie entstehen und wie sie beeinflusst werden können. Auf der Basis dieser Erkenntnislage wird der Lösungsvorschlag des Autors verständlich und nachvollziehbar. Bestechend daran vor allem die Tatsache, dass sich das bestehende monetäre System durch vergleichsweise kleine und für die bisher Begünstigten durchaus verkraftbare Schritte, ohne „Währungsreform", ohne „Abwertung oder sonstige Enteignung" einführen lässt. Die Fähigkeit von Geldvermögen, leistungsfreie Zinseinkünfte zu erzeugen, wird dabei – was für die Akzeptanz und den Umstellungsprozess von elementarer Bedeutung ist - nur ganz allmählich reduziert, der Nutzen der ausreichenden Geldversorgung der Realwirtschaft hingegen vom ersten Tag an ermöglicht.

Der Vollständigkeit halber werden diesem Lösungsvorschlag auf der monetären Seite noch die derzeit von Politik und Wirtschaftswissenschaftlern bevorzugten Ansätze gegenübergestellt, die helfen sollen, die Finanzkrise zu bewältigen.

Dabei wird aufgezeigt, dass der Versuch, die Staatskassen durch Ausgabenbeschränkung und forcierte Tilgung zu sanieren, misslingen muss, dass im Bereich der sozialen Sicherung der Wechsel von staatlich organisierten Umlagesystemen zu privatwirtschaftlich organisierten, auf Kapitaldeckung basierenden Instrumenten für die Bevölkerung nur Nachteile bringt und dass der Versuch, mit aller Gewalt in Produktion und Konsum ein reales Wachstum zu erzeugen, das mit dem völlig irrealen Wachstum der Zinsforderungen Schritt hält, von vornherein zum Scheitern verurteilt ist.

Vom Unterschied zwischen Tauschen und Bezahlen

„Zahlen, bitte!", mit diesen Worten nähert sich der Besuch im Restaurant dem Ende. Der Gast hat Speisen und Getränke erhalten und – so hoffen wir – mit Genuss verzehrt. Nun ist er bereit, die Gegenleistung zu erbringen. Kaum ist die Summe ermittelt, zückt er das Portemonnaie, rechnet sich überschläglich aus, wie weit er aufrunden sollte, damit die Bedienung ein angemessenes Trinkgeld erhält, holt dann den passenden Schein heraus, sagt gönnerhaft: „Stimmt so!", und verlässt gesättigt die gastliche Stätte.

Ein trivialer Vorgang? Keineswegs. Hätten wir nicht verlernt, genau genug zu beobachten, käme uns das Geschehen höchst seltsam vor. Ganz objektiv betrachtet ist auf Wunsch des Gastes eine nützliche Ware – das Essen – hergestellt und zusammen mit dem gewünschten Getränk am hübsch gedeckten Tisch von einer freundlichen Bedienung serviert worden. Der Gast hat alles bis auf ein paar unbrauchbare Reste verzehrt und als Gegenleistung ein kleines Stückchen Altpapier abgeliefert. Ein ziemlich unausgewogener Tausch. Dagegen wirkt die hanebüchene Geschichte von „Hans im Glück", der seinen in sieben langen Jahren Arbeit verdienten Klumpen Gold auf dem Umweg über Pferd, Kuh, Schwein und Gans zwar mit herben Verlusten aber letztlich in einen immer noch nützlichen Schleifstein tauschte, noch ziemlich harmlos. Doch genau hier liegt auch der kleine, aber wichtige Unterschied. „Hans im Glück" tauschte tatsächlich; wenn hingegen ein Gast die Rechnung für seinen Verzehr mit Geld *bezahlt*, ist das kein Tausch, sondern ein *Zahlungs*vorgang.

Diese Feststellung klingt trivial und wirkt haarspalterisch, doch die Klarstellung ist erforderlich, um das Wesen des Geldes erkennen und Irrtümer und Denkfehler vermeiden zu können, die oft genug damit beginnen, dass Geld eben nicht als Zahlungsmittel, sondern „*gleich-gültig*" auch als Tauschmittel bezeichnet wird. Es bedarf nur einer geringfügigen Änderung des vorherigen Beispiels, um den Unterschied zu verdeutlichen:

Der Gast trägt jetzt einen Zylinder, ein schwarzes Sakko, ein schwarzes Hemd, schwarze Hosen, schwarze Schuhe, und er hat vor dem Essen den Kamin des Gasthofes gefegt. Mit dem Wirt ist er sich darüber einig, dass sein „Kaminfegen" und das vom Wirt angerichtete und servierte Essen einen ungefähr gleichen Wert darstellen und dass man sich nach diesem Tausch, *Kaminfegen* gegen *eine gute Mahlzeit*, gegenseitig nichts schuldet. Mit dem Verzehr der Mahlzeit wurde ein vollständiger Tausch abgeschlossen. Die Arbeit des Kaminfegers zeigt sich in einem veränderten Zustand des Kamins. Es ist dem Wirt unmöglich, diese Arbeit, die dem Wirkungsgrad seiner Heizung ebenso wie dem vorbeugenden Brandschutz dient, aus dem Kamin herauszulösen und als eigenständiges Gut weiter-

zugeben. Der Kaminfeger seinerseits hat Fleisch, Soße und Beilagen verzehrt, dazu ein Glas alkoholfreies Bier getrunken und ist auch beim besten Willen nicht in der Lage, den Zustand vor dem Verzehr wieder herzustellen. Beide sind zufrieden und haben aus ihrem Tausch keinerlei Ansprüche gegeneinander und schon gar nicht gegen irgendwelche Dritte erworben.
(Klar, es gibt auch Tauschvorgänge, bei denen handfestere, langlebigere Güter getauscht werden, z.b. Gas aus Sibirien gegen Pipelinerohre aus Deutschland, doch wenn ein Tausch vereinbart war, hat am Ende der eine das Gas, der andere die Rohre. Damit ist das Geschäft abgeschlossen und es existieren, soweit die Tauschgüter in Qualität und Menge den Vereinbarungen entsprechen, keine weiteren, über diesen Tauschakt hinausgehenden Ansprüche.)
Anders ist es, wenn nicht Gut gegen Gut, Leistung gegen Leistung getauscht werden, sondern der Erwerb eines Gutes, bzw. die Nutzung oder Inanspruchnahme einer Leistung *mit Geld bezahlt* werden. In solchen Fällen – und die sind die Regel – wird immer nur eine Hälfte des Handels vollzogen. Daraus folgt:

Wer mit Geld bezahlt, erbringt die im Tauschgeschäft übliche Gegenleistung nicht. Er bleibt sie schuldig.

Allerdings steht derjenige, der mit Geld bezahlt dem Handelspartner gegenüber nicht persönlich in der Schuld. Es ist vielmehr so, dass derjenige, der Geld als Entgelt für eine Leistung akzeptiert, dies im Vertrauen darauf tut, dass er – durch Verwendung eben dieses Geldes – bei nächster Gelegenheit auch selbst einem beliebigen Partner die eigentliche Gegenleistung schuldig bleiben darf. Geld kann also als der „papierene" Nachweis dafür betrachtet werden, dass der jeweilige Besitzer des Geldes in der Vergangenheit eine Leistung erbracht, eine Ware herausgegeben hat, ohne dass er dafür im Gegenzug die

Gegenleistung erhalten hätte. Das alles klingt immer noch ganz trivial und manchem mag die Unterscheidung zwischen Tausch und Bezahlung nach wie vor als überflüssige Haarspalterei erscheinen, doch ein Rest von Unbehagen lässt sich nicht verleugnen. Irgendetwas stimmt da nicht:

Wenn Geld kein Tauschgegenstand, sondern ein Zahlungsmittel ist, wenn Geld folglich immer derjenige in Besitz hat, der eine Leistung erbracht hat, für die ein anderer die Gegenleistung noch schuldig geblieben ist, stellt sich schnell die Frage, wann, wie und wo dieses Bezahlen mit Schuldscheinen seinen Anfang genommen hat. Die Logik sagt: Wenn die bisherigen Annahmen über das Wesen des Geldes wahr sind, dann muss sich, wenn der Weg des Geldes bis an seinen Ursprung zurückverfolgt wird, zwangsläufig ganz am Anfang der Kette ein Ur-Schuldner finden lassen. Einer, der – zu dem Zeitpunkt, als er das Geld in Umlauf brachte, zwar selbst (noch) nichts geleistet hatte, der aber dennoch in der Lage war, die Leistung des Zweiten in der Kette mit Geld zu bezahlen. Alles Nachdenken über andere, eventuell zur Führung des Gegenbeweises nützliche Geldquellen wie Erbschaften und Lottogewinne ist müßig – irgendwann gelangt man an allen Einwänden vorbei zu der Erkenntnis, dass es mindestens einen allerersten Ur-Schuldner gegeben haben muss, der Waren und Leistungen angenommen hat, ohne dass er vorher selbst schon eine Leistung erbracht hätte.

Mit etwas Fantasie gelangt man zu einer zweiten Möglichkeit: Es könnte genau so gut auch ein Geldfälscher gewesen sein, der am Anfang der Kette steht. Es macht, zumindest für die Existenz und die Verwendbarkeit des Geldes als Zahlungsmittel, keinen Unterschied.

Wer diesen gedanklichen Schritt vollzogen hat, beginnt zu begreifen, dass das Geld tatsächlich keinen eigenen Wert besitzt, kein reales, materielles Gut ist, sondern immateriellen Charakter hat. Er wird auch feststellen, dass Geld „nur" ein Anspruch ist, „nur" ein Recht auf Leistung, und folglich - je nach Standpunkt - entweder als Schuldschein oder als Gutschein anzusehen ist. Daraus folgt zwingend, dass sich der Wert des Geldes nur über die *Nutzung* als Zahlungsmittel realisieren lässt, nicht aber durch seinen bloßen Besitz. Allerdings widerspricht diese Erkenntnis der erlebten Realität, in welcher der bloße Besitz von Geld dem Besitzer durchaus großen und größten Nutzen verschafft – und wer darüber nicht einfach hinweggeht, sondern versucht, den Widerspruch zu begreifen, der wird auf der ansonsten so wunderbar glatten und glänzenden Oberfläche unseres Wirtschaftssystems bald einen blinden Fleck entdecken, der verbergen soll, wie es kommt, dass der Großteil der Menschen, trotz aller Arbeit und Mühen in immer tiefere Armut und Abhängigkeit stürzt, während wenige Superreiche ganz ohne Mühen allen Luxus und allen Besitz dieser Welt für sich gewinnen. Geld hat keinen eigenen materiellen Wert. Geld existiert zusätzlich, „neben" den Gütern und Leistungen. Geld ist Nachweis von Schuld, auch wenn dem einzelnen Geldschein nicht anzusehen ist, wer ihn einst als erster Schuldner in die Welt gesetzt hat – von den Urhebern der Guthaben auf dem Girokonten noch ganz zu schweigen.

Dieses Buch will Sie auf sicheren Pfaden mitten hineinführen in die Höhle des Geldes. Dort warten weder unverdauliche volkswirtschaftliche Formelmonster noch endlose Ausführungen in unverständlichem Fachchinesisch – die Tatsachen und die daraus abzuleitenden Folgerungen sind aufregend genug. Alles was es zu sehen und zu begreifen gibt, ist so dargestellt, dass es, mit viel Spaß beim Lesen, auch ohne spezifische Vorbildung verstanden und nachvollzogen werden kann. Dabei handelt es sich aber beileibe nicht um eine oberflächliche und vereinfachende Darstellung. Alle wesentlichen Fakten und

Randbedingungen werden angeführt und berücksichtigt; viele Argumente aus den widerstreitenden Hauptrichtungen der klassischen Volkswirtschaftslehre werden in die Betrachtung eingeführt und kritisch gewürdigt, aber niemals so, dass der gesunde Menschenverstand dabei unter den Müllbergen ehrgeiziger wissenschaftlicher Beweisführungen und reiner Glaubenskriege begraben würde, oder sich mühsam von Fußnote zu Fußnote durchhangeln müsste.

Kapitel 1
Das unendliche Beziehungsdrama zwischen Geld und Gut

Es gibt haufenweise Bücher, die sich mit der Geschichte des Geldes befassen. Bücher, die mit großer Akribie den Tauschbedürfnissen von Urmenschen und Südseeinsulanern nachspüren und dabei die Spuren des Geldes im Wüstensand des Zweistromlandes ebenso ausgraben, wie den Münzverruf des Mittelalters, Bücher, in denen finster verschworene englische Goldschmiede bemüht werden, um die Entstehung des Buch-, oder Giralgeldes zu erklären, Bücher, in denen vor lauter Ehrfurcht vor dem Geld das staatliche Gewaltmonopol mit dem staatlichen Münzregal in einen Topf geworfen wird, Bücher, die sich darin gefallen, die Unabhängigkeit der Notenbanken hochzuhalten und andere, die nur in umlaufgesicherten Regionalwährungen das Heil der Welt sehen.

Dieses Buch befasst sich mit dem offiziellen Geld der Gegenwart, mit dem gesetzlichen Zahlungsmittel der kapitalistischen Gesellschaften. Das Geld der Vergangenheit zu betrachten mag für Wirtschaftshistoriker und Archäologen interessant sein. Zum Verständnis der aktuellen Verfassung des Geldes ist der Blick in die Vergangenheit nicht hilfreich. Zu leicht wird dadurch der Eindruck einer „ewigen Kontinuität" des Geldes erweckt und damit die Illusion vermittelt, Geld hätte immer noch eine materielle Deckung und damit den Charakter einer Ware. Daher führt der Versuch, das Wesen des Geldes von der Vergangenheit her zu begreifen, regelmäßig zu irrigen Annahmen, wie zum Beispiel der, dass die Gesamtheit der Kontoauszüge einer Bank nichts anderes sei, als das Inhaltsverzeichnis ihres Tresorraumes.
In der Einleitung („Zahlen, bitte!") wurde festgestellt, dass das Vorhandensein von Geld, so wie wir es kennen, das Vorhan-

densein eines Erst- oder Ur-Schuldners voraussetzt. Dass man eventuell auch ohne diesen Urschuldner auskommen könnte, belegt der erste Teil der folgenden Geschichte, die bereits in „Wolf's wahnwitzige Wirtschaftslehre Band II" verwendet wurde:

Wie Geld funktioniert

Wir wissen, dass ein einziger, einzelner Mensch in der Lage ist, auch ohne besondere technische Hilfsmittel, ohne Kunstdünger und ohne EU-Richtlinien soviel Land zu bewirtschaften, dass von seiner Ernte zwanzig Menschen satt werden. Damit ist dieser Mensch aber noch nicht einmal das ganze Jahr beschäftigt. Zwischen dem Einbringen der Ernte und der nächsten Aussaat hat er ein paar Monate Zeit, um Bäume zu fällen, Bretter zu schneiden und Möbel zu bauen, mit denen er ebenfalls den Bedarf von zwanzig Menschen befriedigen kann.

Um ein einfaches Modell für das Funktionieren des Geldes zu konstruieren, lassen wir diese zwanzig Menschen in vier Familien mit je fünf Mitgliedern organisiert sein, von denen jeweils nur ein Mitglied für Arbeiten frei ist, die nicht direkt den Bedürfnissen der eigenen Familie dienen. So können wir neben dem Tischlerbauern vielleicht auch noch einen Weberschneider, einen Maurerfischer und einen Töpferschmied installieren, von denen jeder in seinen Gewerken soviel hervorbringt, dass der jeweilige Bedarf der ganzen zwanzigköpfigen Gemeinschaft gedeckt werden kann

Solange man sich untereinander einig ist, braucht es überhaupt kein Geld, um die Ernährungsgrundlage zu sichern und darüber hinaus in arbeitsteiligem Wirtschaften einen immer größeren Vorrat an Möbeln, Töpfen und Bekleidung anzusammeln, der in immer neuen Anbauten an die Häuser aufbewahrt werden kann.

Selbst wenn die vier Familien untereinander eine Währung einführen würden, um damit die wiederkehrenden Ärgernisse und Unvollkommenheiten des Tauschens zu überwinden, wäre dazu nicht mehr erforderlich,, als jeder Familie einmalig einen Geldbetrag von vielleicht 1000 Einheiten zur Verfügung zu stellen. Das könnten zum Beispiel 1000 Zettelchen sein, auf denen alle zwanzig Bürger dafür unterschrieben haben, dass das ein Original-Geld-Zettel mit dem Wert 1 ist. Solche Zettel kann man überall in Umlauf bringen. Es müssen keine Dollars oder Euros dafür herangeschafft oder gesammelt werden, es reicht, wenn dieses Zettel-Geld von denen akzeptiert wird, die mit diesem Geld ihren Tauschhandel modernisieren wollen. Dieser einmal in das System eingespeiste Geldbetrag von insgesamt 4000 Einheiten sollte eigentlich, wenn der Tauschhandel mit den Erzeugnissen der vier Familien weiterhin einen ausgeglichenen Verlauf nimmt, auf ewige Zeiten ausreichen. Mit diesen 4000 Einheiten können sich die zwanzig Menschen über hundert Jahre und länger ernähren, kleiden, ein Dach über dem Kopf schaffen, und sich die Häuser mit Möbeln voll stellen. Schließlich kann man doch das gleiche Geld, das man gestern für eine neue Hose an die Familie Weberschneider weggeben hat, und das man heute für den Verkauf eines großen Tontopfes von den Weberschneiders zurückbekommen hat, morgen schon wieder benutzen, um damit Brot und Wurst vom Tischlerbauern zu kaufen.

Erst wenn dieser Austausch gestört ist, was sich dadurch zeigt, dass bei mindestens einer Familie das Geld regelmäßig zu knapp wird, dann muss das als Hinweis darauf angesehen werden, dass das Preisgefüge nicht stimmt, oder dass eine Familie begonnen hat, zu sparen.

Nehmen wir den schlimmsten Fall: Die Gattin des Tischlerbauern hat ein ganzes Jahr kein Stück Bekleidung gekauft, weder für sich, noch für ihre Kinder, noch für den Tischlerbauern selbst. Sie hat auch keinen neuen Topf geholt und keine Pfanne, und sie hat den Bauern dazu überredet, auf den von ihm so geliebten Fisch zu verzichten, und lieber die eigenen Kartoffeln zu essen, und auch den Anbau am Stall noch ein Jahr hinauszuschieben.

Auf diese Weise hat sie es geschafft, dass nach einem Jahr alle 4000 Zettelchen, auf denen geschrieben stand, dass es sich um 1 Stück Geld handele, im Besitz der Tischlerbauers waren.
Für den Fortgang der Geschichte gibt es unterschiedliche Varianten:

- *Die Tischlerbauers sehen ein, dass das Sparen ein Blödsinn war und verteilen die Zettelchen neu unter alle Familien und schwören, dass sie nie wieder einen solchen Ärger an-zetteln werden.*
- *Die Weberschneiders, die Töpferschmieds und die Maurerfischer verlassen Haus und Hof und suchen anderswo Arbeit und Lohn...*
- *Die Weberschneiders, die Töpferschmieds und Maurerfischer rotten sich zusammen und holen sich mit Gewalt Brot und Wurst aus den Kellern der Tischlerbauern, die Tischlerbauerfamilie leistet erbitterte Gegenwehr, wird aber besiegt und mit Schimpf und Schande davongejagt*
- *Das alte Geld wird von den Weberschneiders, Töpferschmieds und Maurerfischers für ungültig erklärt. Es werden viertausend neue Geldscheine verteilt und die alten Scheine werden zusätzlich im Verhältnis 4:1 in neue umgetauscht, so dass das Spiel mit jetzt 5000 Stück Geld weitergehen kann.*
- *Die Tischlerbauern erhören das Jammern ihrer Nachbarn und leihen jeder Familie 1000 Scheine, mit der Auflage, nach genau 1 Jahr je 1.100 Scheine zurückzuzahlen, womit der Zins erfunden wäre.*

Die letztbeschriebene Variante ist zugleich die wahrscheinlichste, denn so und nicht anders ist der Umgang mit fehlendem Geld fast überall auf der Welt geregelt.

Das Geld, das zunächst nichts anderes war, als 4000 gemeinschaftlich hergestellte Zettel, hat mit dem Verleihen gegen Zins eine neue Qualität gewonnen. Aus vorgefertigten Merkzetteln, die man sich zur Erinnerung und zum Nachweis darüber gab, dass zu einer Leistung noch die Gegenleistung fehlte, weil beispielsweise die zwei Tauschgüter nicht gleichzeitig am gleichen Ort zur Verfügung standen, ist ein eigenständiger, unabhängiger Wert geworden, dessen Besitz nun genauso wichtig ist, wie der Besitz von Brot.

Seit alles Geld im Besitz und Eigentum der Tischlerbauern steht, hat sich die Welt verändert. Aus vier Familien mit gleichem Wohlstand und Lebensstandard ist in kürzester Zeit ein Szenario entstanden, in dem eine Familie, die mit ihrem Geldbesitz alles kaufen kann, drei Familien gegenübersteht, die verhungern müssen, wenn sie nicht schnellstens zu Geld kommen. Und dies, obwohl sich am Arbeitsverhalten und der Produktivität nichts verändert hat. Aber sehen wir weiter zu:

Das Geld ist verliehen, jede Familie fängt wieder mit 1000 Einheiten an, alle wirtschaften wieder vernünftig, so wie vor jenem schwarzen Jahr, das drei Familien an den Rand des Abgrundes getrieben hatte. Nach einem weiteren Jahr besten Einvernehmens und regen Handels hat auch wieder jede Familie 1000 Scheine im Kasten. Dummerweise kann damit am Ende des Jahres zwar der geliehene Betrag zurückgegeben werden, aber für die Zinsen ist kein Geld da. Wo hätte es auch herkommen sollen?

Es haben also alle ein Jahr lang genauso vernünftig gewirtschaftet wie in all den Jahren vorher und trotzdem ist Situation prekärer als zuvor. Einfach zusätzliche, neue Zettelchen zu schreiben, wollten die Tischlerbauern nicht mitmachen. Warum denn auch. Es waren ja genug da. Es wäre ja noch schöner, wenn man einfach neue Zettel schreiben könnte, wenn man alle ausgegeben hat.

Weil nun zusätzliches Geld nicht beschafft werden und die Zinsen nicht bezahlt werden konnten und sich jede Familie für das nächste Jahr sowieso wieder 1000 Scheine von den Tischlerbauern leihen musste, sah sich die Tischlerbauerfamilie gezwungen, ein Schuldenbuch zu erfinden, in dem jede Familie ihre eigene Seite bekam, auf der aufgeschrieben wurde, wie viel Geld sie den Tischlerbauern schuldete und wann das zurückzuzahlen sei und wie hoch die Zinsen inzwischen waren und wie viel Zinsen nun schon auf die ausstehenden Zinsen angefallen sind.

Schon wieder vollzieht sich eine Revolution. Zuerst war aus harmlosen Merkzetteln ein neuer, zusätzlicher Wert entstanden, der alle anderen Werte ersetzte. Jetzt ist die Geldmenge gewachsen, ohne dass man neue Scheine geschrieben hätte, nur durch die Einführung eines Schuldbuches, in das Zinsforderungen eingetragen werden, für welche die im Umlauf befindlichen Zettel nicht ausreichen. Obwohl es nach wie vor nur 4000 Einheiten Geld gibt, haben die Tischlerbauern ein Vermögen, das nach dem ersten Jahr auf 4300 Einheiten angewachsen ist und mit jedem weiteren Jahr des Wirtschaftens in diesem System weiter wächst.

Die Frau des Maurerfischers wurde nervös, sie hat sich lange mit ihrem Mann besprochen, und beide haben begriffen, dass dem Tischlerbauern auf diese Weise heute schon ein Teil der Fische gehörte, die erst noch zu fangen waren, und dass dem Tischlerbauern auch schon jetzt ein Teil des Hauses zustand, das noch gar nicht errichtet war. In größter Sorge vor dem

Fortgang dieser Entwicklung, die doch nur dazu führen konnte, dass in wenigen Jahren der Punkt erreicht sein würde, an dem alle Fische, die der Maurerfischervater in seinem ganzen Leben noch fangen würde, und alle Häuser, die er noch bauen könnte, schon dem Tischlerbauern gehörten, noch bevor er auch nur einen dieser Fische gefangen und nur eines dieser Häuser gebaut hätte, suchten sie verzweifelt einen Ausweg.

Endlich haben sie dem Tischlerbauern angeboten, ihm Haus und Hof und das Fischerboot zu übereignen, wenn er dafür die Schulden im Schuldenbuch löschen würde. Natürlich müssten sie vorerst weiterhin dort wohnen bleiben, bis der Maurerfischervater ein Stück weit weg vom Dorf ein neues Haus gebaut haben würde, aber sie wollten ihm für dieses Wohnrecht einen monatlichen Zins bezahlen, ganz gewiss. Damit der Plan aufging, und die Maurerfischers nicht wieder ins Schuldbuch einzuschreiben waren, fing jetzt die Maurerfischerin an zu sparen und kaufte ein Jahr lang weder Topf noch Pfanne noch Tuch noch Kleid, und als das Jahr um war, war das neue Haus fertig, die Miete war bezahlt, und im Kasten lagen 1500 Zettel. Beim Tischlerbauern aber weinten der Töpferschmied und der Weberschneider, weil sie diesmal weder die Zinsen, noch die Tilgung bezahlen konnten, was der Tischlerbauer mit großem Stirnrunzeln in dem Schuldenbuch vermerkte, und vorsorglich schon einmal darauf hinwies, dass er im nächsten Jahr das Risiko, die 1000 Zettel zu verleihen, wohl nicht mehr eingehen könne, wo doch immer deutlicher zu erkennen sei, dass die beiden Versager ihre Schulden niemals würden abtragen können. Man müsse gemeinsam darüber nachdenken, ob nun nicht die Häuser übereignet werden müssten.....

Auch wenn, wie hier im Beispiel, Geld anfänglich ohne einen Urschuldner in die Welt gesetzt wird, ergibt sich schnell eine Situation, in der sich über die ursprüngliche, unbelastete Geldmenge hinaus, eine zusätzliche, durch Verschuldung her-

gestellte Geldmenge bildet. Wodurch sich auch hier der Grundsatz: „Geld ist der Nachweis einer erbrachten Leistung, deren Gegenleistung noch geschuldet ist", Geltung verschafft. Dies geschieht selbst dann, wenn keine zusätzlichen Scheine hergestellt werden. Alleine dadurch, dass eine Kontenführung aufgenommen wird, die Schuldner und Gläubiger, Schulden und Ansprüche festhält und fortschreibt, entsteht – vollkommen unabhängig von der Menge der vorhandenen Münzen und Banknoten – zusätzliches Geld.

Soweit die Erkenntnisse aus einfachen theoretischen Erwägungen. Das nächste Kapitel befasst sich mit der üblichen Praxis der Geldschöpfung und den ganz selbstverständlichen Auswirkungen dieser Praxis.

Kapitel 2
Wo und wie das Geld in der Realität entsteht

Wir haben bereits den Gedanken verfolgt, dass Geld ganz grundsätzlich einen Ur-Schuldner braucht, um überhaupt in die Welt zu kommen. Ist es aber erst einmal da, scheint es vollkommen unzerstörbar zu sein, sieht man davon ab, dass marktschreierische Journalisten immer wieder gerne von „Geldvernichtung" sprechen, wenn Aktienkurse einbrechen oder Unternehmen in die Insolvenz rutschen. Das ist natürlich Unfug. Wer Aktien kauft, gibt dafür Geld aus. Das hat dann ein anderer und bei dem löst es sich ganz bestimmt nicht in Nichts auf, nur weil der Kurs der Aktien, die er rechtzeitig verkauft hat, in den Keller geht.

Aber hat das Geld wirklich ein „ewiges Leben"?

In Lehrbüchern und Seminaren zur Makroökonomie wird gerne unterstellt, das Geld liefe praktisch endlos im Kreis und könne daher immer wieder für Transaktionen verwendet werden. Es wird daraus gefolgert, dass es eine Umlaufgeschwindigkeit des Geldes gäbe, die prinzipiell ermittelt werden kann, indem die Gesamtleistung des betrachteten Wirtschaftsraumes während des Beobachtungszeitraumes durch die in diesem Wirtschaftsraum vorhandene Geldmenge dividiert wird. Ein Bruttosozialprodukt von 100 Milliarden Euro bei einer Geldmenge von 20 Milliarden Euro ergibt also eine Umlaufgeschwindigkeit von 5, ist die Geldmenge im Verhältnis zum Sozialprodukt kleiner, erhält man eine höhere Umlaufgeschwindigkeit und umgekehrt.

Dass das Geld nicht überall und nicht zu allen Zeiten gleich schnell umläuft, hat mindestens ebenso viele Gründe, wie es Menschen gibt, die Geld ausgeben bzw. nicht ausgeben. Die Wissenschaft fasst alle diese Einzelgründe in dem so genannten „Kassenhaltungskoeffizienten" als General-Buhmann zusammen. Der Kassenhaltungskoeffizient ist schuld daran, wenn das Geld mehr oder weniger lange in Kasse und Geldbeutel verweilt, damit die Umlaufgeschwindigkeit bremst und letztlich das Leistungsvermögen der Volkswirtschaft bestimmt. Diese Theorie fördert das Verharren in einem fatalen Missverständnis, weil sie dem Geld einen Warencharakter zubilligt, also seine materielle Gegenwart ebenso voraussetzt, wie seine Dauerhaftigkeit, die nur durch physische Gewaltanwendung (Zerreißen, Verbrennen, etc.) gefährdet sei. Eine realistische Betrachtung der Geldbewegung innerhalb der realen Wirtschaft ergibt ein ganz anderes Bild:

Das in unserem Geldsystem ausschließlich vorhandene Kreditgeld läuft nicht um. Es wird bei Bedarf geschaffen, verweilt danach für unbestimmte - meist sehr kurze - Zeit in einem kleinen Ausschnitt des Wirtschaftens, bis es sich durch einen „zufälligen" Tilgungsvorgang für einen beliebigen Kredit definitiv auflöst oder bis es durch Sparen zu Geldvermögen gerinnt und damit, mangels Beweglichkeit, seine Funktion als Zahlungsmittel einbüßt.

Die vorstehende Behauptung über die Eigenschaft des Geldes, sich durch Tilgungs- oder Sparvorgänge aufzulösen, ist im Rahmen dieses Buches bisher nur eine Hypothese. Doch kann in Bezug auf die Sparvorgänge vorläufig die Erkenntnis aus dem Modell „Tischlerbauer & Co." als hinreichender Hinweis betrachtet werden, dass „bösartiges" Sparen, also das *Horten von Geld, um es anderen vorzuenthalten*, die Möglichkeiten des Geldes, als Zahlungsmittel verwendet zu werden, vollkommen stilllegt.

Im Hinblick auf den Untergang des Geldes im Zuge der Tilgung könnte fürs Erste in Erwägung gezogen werden, dass eigentlich immer dann, wenn ein von einem Urschuldner ausgestellter Schuldschein wieder bei diesem selbst ankommt, der Schuldschein zu einem wertlosen Papier werden muss, das getrost weggeworfen werden kann, weil die anfänglich geschuldete Leistung nun (endlich) erbracht ist.

Es gilt, in der weiteren Beschäftigung mit der Thematik den Beweis zu führen, dass Geld durch Tilgungs- und Sparvorgänge tatsächlich vernichtet wird. Gelingt dieser Beweis, dürften die im Zeitraum eines Jahres innerhalb einer Volkswirtschaft erfolgreich abgewickelten Transaktionen nämlich nicht mehr als das Produkt aus fixer Geldmenge und variabler Umlaufgeschwindigkeit betrachtet werden. Es wäre stattdessen anzunehmen, dass die Summe der Transaktionen dadurch begrenzt wird, in welchem Maße es gelingt, der ständigen Geldvernichtung (durch Tilgung bzw. durch Bildung von Geldvermögen) durch ein ausreichendes Maß an Neuverschuldung soweit entgegenzuwirken, dass das für Handel und Wandel erforderliche Geld jeweils im rechten Augenblick zur Verfügung steht.

Anders formuliert: Wenn Geld durch Tilgungs- und Sparvorgänge tatsächlich vernichtet wird, dann ist die Gesamtheit der innerhalb eines Jahres abgewickelten Transaktionen in erster Linie vom Umfang der Brutto-Neuverschuldung (der Nichtbanken) abhängig, wobei wir unter Brutto-Neuverschuldung die Summe aller ausgereichten Kredite, einschließlich aller Überziehungsvorgänge auf Girokonten verstehen, ohne Tilgungsleistungen oder die Wiederauffüllung von Girokonten dagegen zu rechnen. Tendenziell führt das dazu, dass sich das immer stärker auf unbaren Zahlungsverkehr ausgerichtete Wirtschaften auf einen Zustand zu bewegt, in dem der absolut überwiegende Teil der gesamten Geldschöpfung (Brutto-Neuverschuldung) dem Wirtschaftkreislauf nur noch für eine einzige Transaktion zur Verfügung steht, was sofort zu neuerlichem Geldmangel und Kreditbedarf führt.

Ohne komplexe wissenschaftliche Beweise führen zu müssen, lässt sich alleine aus den *Motiven* für jegliche Art von Kreditnahme und aus den *Bedingungen* der Kreditgewährung zweifelsfrei ableiten, dass eine kreditgeldbasierte Volkswirtschaft - solange ihr nicht von außen Geld zugeführt wird - insgesamt immer einen Geldmangel aufweisen wird, was nicht ausschließt, dass auf Teilmärkten zeitweise oder dauerhaft Geldüberfluss herrscht.

Motiv für Kreditaufnahme ist stets die Notwendigkeit, Geld für den Erwerb von Waren und Werten (Konsum- und Investitionsgüter, aber auch Spekulationsobjekte wie Aktien, Optionsscheine oder Schweinehälften), von Leistungen (für den betrieblichen, wie für den privaten Bereich) und für die Bezahlung von Löhnen, Zinsen, Mieten und Pachten (ebenfalls im betrieblichen, wie im privaten Bereich) zu beschaffen, weil es der Bedarfsträger zu diesem Zeitpunkt nicht hat, also auf der Nachfrageseite Geldmangel herrscht.

Bedingung für die Kreditgewährung ist stets eine ausreichende Bonität, also entweder die Verfügbarkeit ausreichender Sicherheiten oder ein (pfändbares) sicheres Einkommen oder ein wohlbegründeter, erfolgversprechender Businessplan. Nur wenn die kreditgewährende Bank unter Abwägung aller Risiken zu dem Schluss kommt, der Schuldner könne die geliehene Summe samt Zinsen und Gebühren termingerecht aufbringen und zurückzahlen, kommt ein Darlehensvertrag zustande.

Folglich bleibt der auf der Nachfrageseite festgestellte Geldmangel zumindest überall da bestehen, wo weder Einkommens- noch Gewinnerwartungen bestehen und/oder die erforderlichen Sicherheiten nicht gestellt werden können. Den davon betroffenen Menschen bleibt, wenn sie das fehlende Geld anderweitig beschaffen wollen, theoretisch die Möglichkeit, zu versuchen, durch zusätzliche Arbeit zusätzlichen Lohn zu erwerben. Praktisch ist das, wie wir noch sehen werden, jedoch nur im Einzelfall im gewünschten Umfang möglich.

Weil der Kredit der Vater des Geldes ist, sind die verschiedenen Arten, einen Kredit herzustellen, im Folgenden näher dargestellt und unter der Fragestellung betrachtet, wie diese sich in ihren Auswirkungen auf die Geldversorgung der Volkswirtschaft unterscheiden. Positiv ist dabei zu werten, wenn die Geldversorgung der Realwirtschaft durch die Kreditgewährung bei möglichst niedriger Zinsbelastung verbessert wird. Negativ sind Kredite zu beurteilen, die keine oder nur geringe Auswirkungen auf die Geldversorgung der Realwirtschaft haben und/oder gegen besonders hohe Zinsen ausgereicht werden.

1. Der private Kredit

Wenn der Vater seinem Sohn, die Tante dem Neffen oder der Opa der Enkelin Geld leiht, dann ist diese Kreditvergabe selbst ohne Auswirkung auf die Geldversorgung, es wird dadurch kein Geld geschaffen. Die Herkunft des Geldes für den privaten Kredit ist eine Angelegenheit, die unabhängig von dieser Kreditvergabe betrachtet werden muss. Es soll aber darauf hingewiesen werden, dass es ein Unterschied ist, ob das Geld für den privaten Kredit aus dem Sparstrumpf kommt und über die Darlehensgewährung in den Wirtschaftskreislauf zurückfindet, oder ob z.b. erst Pfandbriefe verkauft werden müssen, um über die Rückverwandlung von Geldvermögen in Geld etwas verleihen zu können, oder ob der Kredit gewährende Vater gar das eigene Gehaltskonto überzieht, um z.b. dem Sohn das Geld für die Reparatur des Autos vorzustrecken, wodurch - im Vorfeld des privaten Kredits - das benötigte Geld durch die Inanspruchnahme des Überziehungskredits erst geschaffen wird.

2. Das festverzinsliche Wertpapier
   - ausgegeben von der Nichtbank

Unternehmen, die größere Geschäfte finanzieren wollen, wählen zur Geldbeschaffung manchmal die Ausgabe festverzinslicher Wertpapiere. Dieser Vorgang ist dem Privatdarlehen sehr ähnlich. Mit dem festverzinslichen Wertpapier wird Geld eingesammelt und gegen einen besonderen Schuldschein (das Wertpapier) eingetauscht. Der Anleger hat mit dem Wertpapier Geldvermögen in Verwahrung. Das eingesammelte Geld wird vom Schuldner in aller Regel zur Finanzierung von Investitionen verwendet und als Geld wieder ausgegeben, es steht dem Wirtschaftskreislauf also zu einem sehr hohen Anteil weiterhin zur Verfügung und wird regelmäßig sogar früher und umfassender für Transaktionen benutzt, als es bei den vorherigen Geldbesitzern, die das Geld üblicherweise aus ihren gehorteten, nicht für den Konsum bestimmten Beständen abziehen, der Fall gewesen wäre.

3. Das festverzinsliche Wertpapier
- ausgegeben von der Bank

Gibt eine Bank festverzinsliche Wertpapiere heraus, dann wird damit das Geld der Anleger ebenfalls durch die Aushändigung besonderer Schuldscheine (Wertpapiere) in Geldvermögen umgewandelt. *Ob*, und *wie*, und vor allem *wann* die Bank die ihr zur Verfügung gestellten Gelder nutzen wird, ist ungewiss. Höchstwahrscheinlich werden sie der Refinanzierung von Darlehen dienen, welche die Bank vergeben wird, was bedeutet, dass die Bank auf Basis dieser Einlagen neue Kredite schöpfen wird. „Auf Basis" meint an dieser Stelle explizit nicht, dass die Bank das als Einlage erhaltene Geld als Darlehen weitergibt, sondern nur, dass die Bank, wegen der Mindestreservepflicht in einer bestimmten Relation zum Kreditvolumen Einlagen (bzw. Eigenkapital) braucht, um Geld schöpfen zu können.

4. Das festverzinsliche Wertpapier
- ausgegeben vom Staat

Anleihen des Staates werden, wenn sich kein anderer Käufer findet, üblicherweise ohne vorhergehende Bonitätsprüfung und ohne jegliche Sicherheitsgestellung von der staatlichen Notenbank aufgekauft, die so das Geld schafft, das dem Staat die Finanzierung seiner Aufgaben ermöglicht. Im Euroraum ist diese „elegante" Form staatlicher Geldversorgung nicht mehr zulässig. Es müssen sich also andere Käufer, als die staatliche Notenbank finden. Deren Geld wird beim Kauf der Staatsanleihe in Geldvermögen umgewandelt. Wichtig für unsere wertende Betrachtung ist allerdings, dass vom Staat aufgenommenes Geld (soweit es nicht für Zins- und Tilgungsleistungen aus der bestehenden Verschuldung gebraucht wird) sehr schnell wieder als Geld an die Wirtschaft weitergegeben wird, weil der Staat weder Geldhortung betreibt, noch in der Lage ist, Geld in Geldvermögen umzuwandeln - dafür hat der Staat nämlich kein Geld übrig.

5. Das Hypothekendarlehen und ähnliche, langfristige Kredite

Gegen Grundschulden oder andere, wertbeständige Sicherheiten (z.b. festverzinsliche Wertpapiere) reichen Geschäftsbanken langfristige Darlehen aus, die mit unterschiedlichen Tilgungsmodalitäten ausgestattet sein können. Neben dem Annuitätendarlehen, mit gleich bleibenden Jahresraten bei stetig zunehmenden Tilgungsanteil, wird häufig auch eine lineare Tilgung, ggfs. mit anfänglicher Tilgungsaussetzung vereinbart. Seltener sind Verträge, bei denen die Endfälligkeit der gesamten Darlehenssumme vorgesehen ist. Mit langfristigen Darlehen werden relativ große Geldbeträge zur Verfügung gestellt, die über einen langen Zeitraum relativ gemächlich durch die Tilgung wieder aufgezehrt werden. Nicht selten übersteigt bei solchen Darlehen die Gesamtzinslast über die gesamte vereinbarte Laufzeit gesehen, den Darlehensbetrag. Das ursprünglich durch den Kredit geschaffene Geld verbleibt damit zwar relativ lange im Umlauf, allerdings werden durch die immensen Zinslasten schon während der Laufzeit in erheblichem Maße neue Kredite zur Geldschöpfung erforderlich.

5. Der Ratenkredit von der Bank

Gegen relativ schlechte Sicherheiten, z. T. nur gegen einen Einkommensnachweis und eventuell die Verpfändung der Lebensversicherung gewährt die Bank (auch die Bank des Automobil-Konzerns oder des Versandhändlers) Ratenkredite mit Laufzeiten, die sich üblicherweise im Rahmen von 2 bis 5 Jahren bewegen. Die Schuldner finanzieren damit in der Regel private Anschaffungen, wie eine neue Wohnungseinrichtung oder einen neuen Pkw. Im Unterschied zu den langfristigen

Darlehen wird hierbei relativ zügig getilgt und damit das Risiko der schlechten Sicherheiten schnell gemindert. Daneben tragen höhere Zinssätze zu höheren Finanzierungskosten bei. Trotzdem tritt bei Ratenkrediten nur selten der Fall ein, dass die Zinsen - über die gesamte Laufzeit gesehen - den ursprünglichen Kreditbetrag übersteigen.

6. Der Dispokredit

Der Dispositionskredit auf dem Gehaltskonto bzw. das Kontokorrent des Firmenkunden sind das klassische Beispiel für einen Kurzschluss zwischen Geldschöpfung und Geldvernichtung durch Tilgung. Kaum hat der Arbeitgeber das Firmenkonto „geldschöpfend" überzogen, um Löhne und Gehälter zu zahlen, schon ist das Geld wieder vernichtet, weil es auf den weit überzogenen Gehaltskonten der Mitarbeiter sofort als Tilgung verzischt. Ähnlich ist es bei vielen Zahlungseingängen auf Konten von Firmen, die wegen chronischer Liquiditätsschwäche des Unternehmens nur zur Veränderung des Soll-Saldos führen und damit die reine Geldvernichtung sind.

7. Lieferantenkredite - Zahlungsziele

Räumt ein Lieferant, ohne Einschaltung einer Bank, ein Zahlungsziel ein, was in der Wirkung für den Kunden einem Kredit gleichkommt, wird dadurch weder Geld geschaffen, noch Geld vernichtet.

8. Kreditkarten

Wer mit Kreditkarte zahlt, kann zwar eine Zeit lang ohne „Geld" einkaufen, nimmt jedoch dabei keinen Kredit des Karteninstituts in Anspruch. Es wird stattdessen nur durch die Einschaltung der Kreditkartengesellschaft ein Zahlungsziel mit dem Verkäufer vereinbart und gleichzeitig eine Zahlungsgarantie übernommen. Kommt die Abrechnung, muss das Konto schnellstens ausgeglichen werden. Hier springt dann gewöhnlich wieder der Dispokredit ein, mit dessen Hilfe nachträglich das Geld für die Einkäufe geschaffen wird. Zu bedenken ist, dass der Händler durchschnittlich so lange auf sein Geld warten muss, wie es dauert, die Karte abzurechnen und den Saldo einzuziehen. Weil die Kartengesellschaften von den Akzeptanzstellen, also den Lieferanten bzw. Händlern eine Provision verlangen, ist es für die Händler oft schon wieder ein gutes Geschäft, bei Vorlage der Kreditkarte einen Barzahlungsrabatt anzubieten, um die Kosten des Kreditkartensystems zu vermeiden.

9. Tauschringe mit Verrechnungsmodalitäten

Solche Tauschringe sind ein Weg, um mit Hilfe einer „Ersatzwährung", und sei sie noch so weich, den Geldmangel zu überwinden und den steuereintreibenden Staat zu überlisten. Es wird hier ganz klar immer dann „Geld" geschaffen, wenn der Empfänger einer Leistung mit einer auf sich selbst oder auf ein anderes Mitglied des Tauschrings bezogenen Tauschquittung bezahlt. Egal ob die Tauschquittung, ähnlich richtigem Geld, einen festen Wert hat, oder ob lediglich ein individuelles Leistungsäquivalent geboten wird (z.B. der übertragbare Gutschein für 1xDauerwelle bei Friseuse Gabi Müller, als Bezahlung für zwei antiquarische Bücher). Das Geld, das hier entsteht, ermöglicht begrenzte, von der übrigen Wirtschaft völlig losgelöste Transaktionen, die allerdings auf Grund des unzureichenden und zumeist sehr einseitigen Angebots von Leistungen und des mangelnden Vertrauens in die Ersatzwährung praktisch nie ein nennenswertes Volumen erreichen. Käme ein solcher Tauschring auch nur annähernd in die Nähe einer tatsächlich funktionierenden Privatwährung, müsste er, wegen drohender Gefahr für den Staat und die Stabilität der Wirtschaft unverzüglich verboten werden.

10. Auslandsschulden

Wer sich bei einer Bank in den USA 100.000 Dollar leiht, sorgt zu Anfang für das Anwachsen der Geldmenge im Dollar-Raum. Lässt er sich diese Dollars dann bei seiner Raiffeisenbank in Niederoberauendorf auf einem Euro-Konto gutschreiben, sorgt er mit dem Transfer der Devisen in den Euro-Raum dafür, dass die Währungsreserven des eigenen Währungsraumes um 100.000 USD anwachsen und die Geldmenge im Euroraum um den gleichen Wert in Euro ebenso. Denn die Raiffeisenbank wird das Dollarguthaben höchstwahrscheinlich an die Zentralbank weitergeben, die dafür das entsprechende Euro-Guthaben zur Verfügung stellt. Aus der ursprünglich geschaffenen Dollar-Geldmenge ist damit eine Währungsreserve, also „Geldvermögen" der Zentralbank geworden.

Der direkte Vergleich der bisher besprochenen Kreditformen in Tabelle auf der nächsten Seite soll eine schnelle Unterscheidung und Wertung ermöglichen. Dabei stehen vor allem die Wirkung auf die Geldversorgung und die Wirkung auf die Gesamtzinslast im Wirtschaftsraum im Fokus der Betrachtung.

Kreditform	Kommentar	Geldversorgung	Zinslast	Gesamtwertung
Langfristiges Hypotheken Darlehen	Geldschöpfung, langsame Tilgung, relativ niedriger Zins	+++++	-	++++
Festverzinsliche vom Staat	Positiv für Geldversorgung, niedriger Zins	++++	-	+++
Privat an Privat	Keine Geldschöpfung meist zinslos,	++		++
Festverzinsliche von Nichtbanken	Keine Geldschöpfung: relativ niedriger Zins	+++	-	++
Tauschring	Geldschöpfung nur bedingt (in Hilfswährung), meist zinslos,	++		++
Kreditkarte	Keine Geldschöpfung, keine Zinslast, jedoch verschuldungsfördernd	+		+
Ratenkredit	Geldschöpfung, schnelle Tilgung, rel. hohe Zinsen	+++	- -	+
Lieferantenkredit	Keine Geldschöpfung, verdeckte Verzinsung ist im Warenpreis kalkuliert	+	- -	-
Dispo-Kredit	Geldschöpfung, Geldvernichtung bei Tilgung, hoher Zins	+	- - -	- -
Festverzinsliche von Banken	Stilllegung von Geld, niedrige gesamtwirtschaftliche Zinslast	- - -	-	- - - -

Für die Wertung der Kreditformen wurden die Kriterien „Geldversorgung" und „Zinslast" wie folgt beurteilt:

Geldversorgung:
Zuwachs durch Geldschöpfung und/oder Umlaufverbesserung ist positiv, erfolgt durch die Kreditnahme Umwandlung von Geld in Geldvermögen, so ist das negativ.

Zinslast:
Je höher der Zinssatz in Relation zu anderen Kreditformen, desto negativer die Bewertung. Zinsloser Kredit ist neutral.

Als Ergebnis dieses Vergleichs ist zu erkennen, dass die gesamtwirtschaftlich positivste Form der Kreditgewährung der langfristig ausgereichte Kredit einer Geschäftsbank ist, und dass die gesamtwirtschaftlich negativste Form der Kreditgewährung darin besteht, einer Geschäftsbank - durch den Ankauf eines von dieser Bank herausgegebenen, festverzinslichen Wertpapiers - einen Kredit zu gewähren. Doch ausgerechnet die hier als besonders negativ eingestuften, langfristigen Refinanzierungsinstrumente der Banken werden – als Einlage – benötigt, um die besonders positiv eingestuften, langfristigen und zinsgünstigen Instrumente zur Geldversorgung überhaupt herstellen zu können. So macht diese Betrachtungsweise deutlich, dass jegliche, vom Geld abhängige wirtschaftliche Aktivität unweigerlich dazu beitragen muss, Umfang und Ertrag des Geldvermögens – und damit die allgemeine Abhängigkeit vom Geldvermögen – zu vergrößern.

Phänomen Chipkarte

Wer Geld vom Konto auf die Chipkarte lädt, tut das in aller Regel in der Annahme, er würde nichts anderes tun, als die Erscheinungsform seines Geldes zu verändern. Bei Chipkarten von Banken wird dieser Denkfehler keine schwerwiegenden Folgen haben, doch selbst da könnte – illegal – genau das passieren, was bei den Geldkarten, die von großen Einzelhändlern, von Freizeitparks und anderen Dienstleistern verwendet werden, die ganz legale Regel ist. Es wird mit jeder Einzahlung auf die Chipkarte neues Geld geschaffen, das existiert, bis der Geldbetrag sich durch eine Abbuchung von der Chipkarte wieder in nichts auflöst. Schließlich werden damit, kaum erkennbar, geldschaffende Kredite gewährt.

Ganz langsam, zum Mitdenken: Der Kunde zahlt dem Anbieter einen bestimmten Betrag. Dieser Betrag steht dem Anbieter der Karte sofort als Geld zur Verfügung. Der Kunde erhält im Gegenzug eine Karte, die ihm ebenfalls „Geld" zur Verfügung stellt. Das vom Kunden eingebrachte Geld wurde also nicht nur verschoben oder in eine andere Erscheinungsform transformiert, nein: Es hat sich glatt verdoppelt. Die Einzahlung auf die Karte ist nichts anderes, als eine Kreditgewährung mit gleichzeitiger Auszahlung des Kreditbetrages an den Kartenanbieter. Damit entsteht neues Geld in Höhe des gewährten Kredits, worüber der Kartenanbieter frei verfügen kann, während der Kunde über den gleichen Betrag in „Kartengeld" im Gültigkeitsbereich der Karte ebenso frei verfügen kann. Das so geschöpfte Geld wird durch die Nutzung der Karte zwar relativ schnell wieder abgebaut, doch über die Summe aller eingesetzten Karten wird sich beim Kartenanbieter nach kurzer Zeit ein in seiner Höhe ziemlich stabiler, Sockelbetrag ergeben, der ihm zinsfrei zur Verfügung steht und ohne jede Einschränkung (wie eigenes Geld) verwendet werden kann. Auch Prepaid-Karten für Mobiltelefone sind nichts anderes als Geldschöpfung, weil der Kunde eben nicht eine Leistung *bezahlt*, sondern einen zinslosen Kredit gibt, der dem Schuldner zur Verfügung steht und dessen Tilgung durch die Verrechnung mit den Telefongebühren erfolgt. Das Gleiche geschieht, wenn ein Patient bei der Aufnahme ins Krankenhaus die Chipkarte lädt, mit der er telefonieren, fernsehen und seine Einkäufe in der Cafeteria bargeldlos bezahlen kann. Auch hier erhält das Krankenhaus zunächst ein zinsloses Darlehen, das umso höher ausfällt, je größer der kleinste Einzahlungsbetrag festgesetzt wird.

Die „Lizenz zum Gelddrucken" ist also mehr als nur eine Redewendung, die gelegentlich bemüht wird, um ein Geschäft mit ganz exorbitanten Gewinnaussichten zu beschreiben. Die Lizenz zum Gelddrucken kann man sich heutzutage jederzeit selbst ausstellen. Man braucht nur ein System mit Guthabenkarten zu installieren. So lange sich solche „Privatwährungen" nur im kleinen Rahmen und hauptsächlich zur Rationalisierung beim Kassieren von Kleinstbeträgen etablieren, solange der dabei erzielte Zinsgewinn also nur als erfreuliche Nebenwirkung, nicht als Hauptmotiv auftritt, ist die Gefahr, die davon ausgeht, gering. Doch das elektronische Plastikgeld ist auf dem Vormarsch, und die Möglichkeiten zur Geldschöpfung per Chip sind noch längst nicht ausgelotet. Allerdings soll es bereits Notenbanker geben, die ernsthaft daran denken, den Markt mit Hilfe einer eigenen Karte im Range des (einzig zulässigen) gesetzlichen (Plastik-)Zahlungsmittels abzudecken, bevor die in privaten Händen entstehenden Geldsysteme nicht mehr einzudämmen sein werden.

**Kapitel 3
Was ist Geld wirklich?**

Die bisher behandelten Hypothesen über die Natur des Geldes dienten dem Einstieg in die Thematik. Sie zu verifizieren und dabei belastbare Erkenntnisse zu gewinnen, ist ein Ziel dieses Buches. Das zweite, noch wichtigere Ziel ist, aus diesen Erkenntnissen heraus ein neues Regelwerk für die Geldversorgung zu entwickeln, das die notwendigen Funktionen des Geldes unterstützt und dabei die Probleme des heute etablierten Geldwesens vermeidet. Doch dieses Regelwerk muss, um nicht unerreichbare Utopie zu bleiben, eine weitere, wichtige Anforderung erfüllen: Es muss sich, ohne zusätzlichen technischen und/oder administrativen Aufwand und vor allem ohne die Vorbedingung eines revolutionären Umsturzes, in einem für Arm und Reich gleichermaßen erträglichen, allmählichen Prozess der positiven Veränderung einführen lassen.

Die meisten Menschen wissen über das Geld gerade einmal soviel, dass es ihnen gelingt, im alltäglichen Gebrauch ohne größere Havarie mit dem eigenen Geld über die Runden zu kommen. Dabei ist die folgende Vorstellung wohl am weitesten verbreitet:

Geld ist einfach da. Wenn es nicht in der Ladenkasse, im Geldbeutel oder unter dem Kopfkissen deponiert ist, liegt es im Tresor der Bank. Dort bleibt es liegen, bis es vom Kontoinhaber wieder abgehoben wird oder bis es die Bank verleiht. Geld vermehrt sich durch Zinsen. Der Kontoauszug informiert darüber, ob der Geldautomat vor dem nächsten Ersten noch ein paar Scheine ausspucken wird, oder ob die Gefahr besteht, dass die Karte einbehalten wird.

Trotz jahrzehntelanger Gewöhnung an das Girokonto und trotz des umfassenden Systems des bargeldlosen Zahlungsverkehrs wird immer noch angenommen, die Kontoführung der Banken gäbe Auskunft darüber, wie sich der in ihren Tresoren verwahrte Berg von Münzen und Scheinen, die der Staat zur Geldversorgung der Wirtschaft herstellen ließ, aktuell auf die einzelnen Kontoinhaber verteilt. Dabei ist es de facto so, dass der allergrößte Teil des modernen Geldes keinerlei körperliche, materielle Existenz hat und völlig unabhängig von Banknoten und Münzen, ausschließlich als nackte Information existiert. Doch diese Tatsache, dass nämlich der Großteil des Geldes keine andere Substanz und keine andere Basis hat, als die von der Bank in den Konten notierten Ziffern, ist kaum zu vermitteln. Ganz hartnäckig hält sich die Vorstellung, die Kontenführung der Banken sei eine Art „Inhaltsverzeichnis" für den Tresor, weil es eine Zahl auf dem Konto doch nur geben könne, wenn es irgendwo auch das dazugehörige „richtige Geld" gibt.

Dazu eine nüchterne und einigermaßen aktuelle Information: Im April 2004 betrug der Bargeldumlauf im Bereich der Europäischen Währungsunion 409,5 Milliarden Euro. Die Sichtguthaben, also die Bestände an sofort fälligem Giralgeld, waren mit 2.363,5 Milliarden Euro annähernd sechsmal so hoch. Beide zusammen ergeben die Geldmenge M1 die von der EZB zum gleichen Zeitpunkt mit 2.772, 5 Milliarden Euro ausgewiesen wurde.

Das am häufigsten betrachtete Geldmengenaggregat ist jedoch die sogenannte Geldmenge M3. Mit der Geldmenge M3 werden über die Geldmenge M1 hinaus auch noch Einlagen mit kurzen Laufzeiten und Kündigungsfristen, also Spareinlagen und Termingelder erfasst, die relativ schnell (im Zeitrahmen von bis zu zwei Jahren) in Bargeld umgewandelt werden können, sowie auch kurzlaufende Bankschuldverschreibungen mit einer Ursprungslaufzeit von bis zu zwei Jahren. Das Volumen dieser Geldmenge M3 belief sich im April 2004 im Euroraum auf 6.276 Milliarden Euro. Das sich ständig verändernde Verhältnis von umlaufendem Bargeld zur Geldmenge M3 liegt also ungefähr bei 1:15.

Das bedeutet im Klartext: Auf jeden Euro, der in Form von Bargeld im Umlauf ist, kamen im April 2004 weitere 14 Euro, die nur und ausschließlich auf dem Papier stehen. Wortwörtlich genommen: Auf dem Papier, aus dem die Kontoauszüge der Banken sind. Kein vernünftiger Mensch, der diese - immerhin von der Deutschen Bundesbank veröffentlichten - Zahlen kennt, wird noch bestreiten wollen, dass nur ein kleiner Teil des modernen Geldes in Form von Scheinen (Noten) und Münzen körperlich existiert.

Der große Rest des Geldes ist nichts als Information über Guthaben und Schulden auf den Konten.

Von da aus ist es nur ein kleiner gedanklicher Schritt bis zu dem Schluss, dass Scheine und Münzen völlig überflüssig sein werden, sobald sich der elektronische Zahlungsverkehr und insbesondere die Chipkartentechnik endgültig durchgesetzt haben wird. Das heißt aber auch, dass man die Scheine und Münzen dann, sobald ihr Gegenwert einem Konto gutgeschrieben ist, einfach vernichten könnte, ohne dass damit wirklich „Geld" verloren[1] ginge.

Daraus folgt dann im letzten Schluss, dass auch der *Schein als solcher* und *die Münze an sich* im Grunde „wertlose" Gegenstände sind, die für uns nur deshalb einen Wert repräsentieren, weil sie die *Ikonen* sind, an denen sich der Glaube an das Geld festhalten kann. Dieser Glaube beschränkt sich auf die Annahme, dass jedermann innerhalb eines Währungsgebietes bereit sein wird, eine ziemlich präzise vorhersehbare Menge an Gütern und Leistungen aus seinem Angebot gegen eine bestimmte Summe Geldes abzugeben. Der aufgedruckte Wert eines Geldscheines ist folglich - genau wie die Zahlen auf dem Konto - nichts anders, als eine zuverlässige Information über die Kaufkraft, die dem Besitzer des Geldscheins bzw. dem Inhaber eines Kontos als Zahlungsmittel zur Verfügung steht.

Wie entsteht die Information „Geld"?

Geld erleichtert den Handel, es ermöglicht ihn zum großen Teil überhaupt erst. Also ist Geld für jeden, der Handel treiben will, für Käufer und Verkäufer, für Produzenten und Konsumenten ein sehr wichtiges Instrument, das seinen Wert verlöre, könnte man es einfach an der nächsten Straßenecke finden, aufheben und einstecken. Es muss also selten und knapp und schwer zu

---

[1] Dass die Bundesbank ihrerseits in Veröffentlichungen argumentiert, „Giralgeld" sei, obwohl nicht stofflich existent, alleine deshalb auch „Geld" weil es jederzeit als „Bargeld" ausgezahlt werden könne, ist, wie wir später noch sehen werden, ein ziemlicher Unfug. Ganz abgesehen davon, würden die bisher hergestellten Banknoten nicht ausreichen, um dieses „Versprechen" einzulösen.

beschaffen sein. Zu Zeiten, als Geld noch aus Edelmetallen hergestellt wurde, war der Wert des Geldes einfach durch den Wert des seltenen, knappen und schwer zu beschaffenden Edelmetalls repräsentiert[2]. Das galt auch noch, als die Währungen durch Goldreserven der Notenbanken gedeckt waren, als man also von der Notenbank verlangen konnte, ihre Banknoten in Gold einzutauschen.

Heute, in einer Zeit, in der das Geld völlig losgelöst von jedem materiellen Wert existiert, entsteht die Knappheit daraus, dass Geld nur demjenigen zur Verfügung gestellt wird, der glaubhaft machen kann, dass er in der Lage sein wird, das Geld nach dem Gebrauch zurückzugeben und für die Dauer des Gebrauches eine Leihgebühr zu entrichten, den Zins. Doch meist steht der „Herstellung" des benötigten Geldes erst dann nichts mehr im Wege, wenn der Schuldner ausreichende Sicherheiten anbietet, aus denen sich die Bank bedienen kann, falls die Rückzahlung doch nicht gelingt.

Geld ist also nicht einfach da.

Geld wird erst bei Bedarf und nachgewiesener Bonität zur Verfügung gestellt. Diese Funktion nehmen die Geschäftsbanken wahr. Die Idee dahinter ist einfach: Die Bank erklärt - durch Buchung auf dem Konto - dass ein Kunde berechtigt sei, eine gewisse Menge Geldes, sagen wir 10.000 Euro, zu benutzen. Sie schreibt diesen Betrag dem Girokonto des Kunden gut. Doch gleichzeitig führt sie eine weitere Buchung durch. Sie belastet nämlich das Kreditkonto des Kunden ebenfalls mit 10.000 Euro und dokumentiert damit, dass dieser das soeben

---

[2] In diesem Zusammenhang nicht relevant, aber interessant: Es gab durchaus auch Münzen aus Edelmetall, deren Metallwert weit unter dem aufgeprägten Wert lag. Das war Teils Betrug, meist aber wohlbekannte Münzeigenschaft.

per Gutschrift auf dem Girokonto erhaltene Geld der Bank schuldet.

Die Bank hat damit ein *„Guthaben-Schulden-Paar"* in die Welt gesetzt; ein Begriff, der uns noch des Öfteren beschäftigen wird.

Der Kaufmann wird dieses Guthaben-Schulden-Paar so interpretieren, dass sich Soll- und Haben-Buchung in gleicher Höhe bei Konsolidierung aller Konten des Kunden vollständig aufheben und sich der Saldo aus Guthaben und Schulden gegenüber der Bank durch diese Aktion nicht um einen Cent verändert hat.

Der Mathematiker, der Gott näher ist als der Kaufmann, beginnt seine Gleichung aufzustellen:

$$10.000 \text{ € Guthaben} - 10.000 \text{ € Schuld} = 0 \text{ €}$$

Und weil der Mathematiker auch verspielter ist als der Kaufmann, stellt er seine Gleichung so lange um, bis er versteht, was der Banker getan hat:

$$0 \text{ €} = 10.000 \text{ €} - 10.000 \text{ €}$$

Aus der Null, also aus dem Nichts, wurden ein Guthaben *und* eine Schuld erzeugt. Mathematisch korrekt und auch in der doppelten Buchführung der Kaufleute zweifelsfrei darstellbar.

(Hätten Architekten die gleiche abstrakte Fähigkeit bei der Errichtung von Bauwerken, wie die Banker bei der Herstellung von Geld, sie könnten mühelos die halbe Welt an einem Tag mit Häusern voll stellen, müssten aber gleichzeitig die andere Hälfte der Welt mit hausförmigen Löchern im Raum, also „negativen Häusern" verwüsten.)

Doch mit Herstellung des Guthaben-Schulden-Paares ist das Geld noch nicht wirklich entstanden. Solange der Saldo in der Kunden-Bankbeziehung unverändert bleibt, können sich Kunde und Bank jederzeit darauf einigen, die Buchungen, die zum Guthaben-Schulden-Paar geführt haben, wieder rückgängig zu machen. Alles wäre wie vorher.

Die Kreditgewährung ist ein unabdingbarer Schritt im Prozess der Geldschöpfung, so wie der aus Mehl, Wasser, Hefe und Salz angerührte Teig ein unabdingbarer Schritt im Prozess der Herstellung von Brot ist. So, wie der Teig erst durch das Backen im Ofen zu Brot wird, entsteht auch Geld erst dadurch, dass der Schuldner über den Kreditbetrag, der seinem Girokonto gutgeschrieben wurde, verfügt. Eine Überweisung, die Einlösung eines Schecks oder die Auszahlung des Kreditbetrages als Bargeld an der Kasse der Bank lösen das Guthaben-Schulden-Paar auf. Der Saldo der Beziehung zwischen Kunde und Bank verändert sich dadurch. Der Bankkunde ist jetzt eindeutig Schuldner, während das von der Bank, gleichzeitig mit der Schuld erzeugte Guthaben, völlig losgelöst von der Schuld, als Geld im Umlauf ist.

Erst wenn sich das Guthaben vom Kredit getrennt hat, wenn es also bei einem Dritten angekommen ist, der von der Tilgungsverpflichtung aus dem ursprünglichen Kreditvertrag nicht betroffen ist, oder wenn es als Bargeld ausbezahlt wurde, ist Geld entstanden.

Dieses Geld nimmt dann seinen Weg durch die Wirtschaft. Es bewegt sich mehr oder weniger schnell, dem Sog der allgegenwärtigen Tilgungsverpflichtungen folgend, von Konto zu Konto und kann dabei – je nachdem, welchen Weg es nimmt – großen Schaden anrichten oder großen Nutzen stiften. Es verhält sich genauso wie das Wasser, das auf seinem Weg von der Quelle zum Meer Mühlräder und Generatoren antreibt, das zum erfrischenden Bade einlädt, schwer beladene Schiffe trägt und den Fischen einen Lebensraum bietet, das aber unter unglücklichen

Umständen auch als reißender Sturzbach, als Flutkatastrophe oder als zerstörerisches Treibeis daherkommen kann.

Der Weg des Geldes durch die Welt endet abrupt, sobald es benutzt wird, um einen Bank-Kredit zurückzuzahlen. Es hat dann seinen Zweck erfüllt und ist restlos verschwunden, auch, und das ist die Regel, wenn der Kredit, der damit getilgt wird, ein ganz anderer ist, als der, aus dem es ursprünglich entstand. Auch hier sind sich der Kaufmann und der Mathematiker einig. Während der Kaufmann für sich ganz selbstverständlich feststellt, dass seine Verbindlichkeiten mit dem Bezahlen von Rechnungen in dem Maße sinken, wie sein Guthaben auf dem Bankkonto sinkt, und dabei weiß, dass sich sein Vermögen dadurch absolut nicht verändert, weil ja nicht nur das Geld, sondern auch die Schulden verschwunden sind, besinnt sich der Mathematiker auf seine Gleichung, die – nachdem das Guthaben als Geld aus dem Guthaben-Schulden-Paar verschwunden ist, zunächst so aussieht:

$$- 10.000 \text{ € Schuld} = - 10.000 \text{ € Schuld}$$

Die Tatsache der Tilgung ist für ihn ganz leicht zu berücksichtigen:

$$+ 10.000 \text{ € Tilgung} - 10.000 \text{ € Schuld} = 0 \text{ €}$$

So, wie anfänglich Guthaben und Schulden aus der Null, also aus dem Nichts, von der Bank erzeugt wurden, heben sich jetzt Tilgung und Schuld wieder zu Null, also zu Nichts auf.

Die vor ein paar Zeilen bereits bemühten Architekten mit der magischen Fähigkeit, abstrakte positive und negative Häuser herzustellen, hätten die Welt damit wieder in ihren Urzustand zurückversetzt. Das Abenteuer des Zauberlehrlings (von „walle, walle ...", bis „sei's gewesen!") wäre ohne langfristige Folgen geblieben.

Beim Geld hat die Sache allerdings einen kleinen, aber verhängnisvollen Haken, denn das Geschäft des Kunden mit der Bank ist mit der Rückzahlung des Kreditbetrages noch keineswegs abgeschlossen. Kaufmann und Mathematiker haben in ihrer schönen, im Gleichgewicht von symmetrischen Gleichungen und Bilanzen befindlichen Welt völlig vergessen, an den Zins zu denken. Fatal, denn:

Das Geld, das benötigt wird, um die Zinsen darzustellen, wird im ursprünglichen Kreditvertrag nicht geschaffen.

Es existiert nicht. Die Zinsen können gar nicht bezahlt werden. Keine Chance!

Dass trotzdem überall auf dieser Welt an jedem Tag riesige Beträge an Zinsen gezahlt werden können, beruht auf einem einzigen glücklichen Umstand: Es werden in stetig steigendem Maße neue, zusätzliche Kredite gewährt, so dass zu jedem Zeitpunkt genügend Geld vorhanden ist, um fällige Tilgungsraten und fällige Zinsen zu bezahlen. Das in Umlauf befindliche Geld wird dadurch nicht zwangsläufig mehr, die Geldmenge M1 kann sogar schrumpfen (siehe Kapitel 13, Deflation) – aber eines ist sicher:

Der Gesamtbetrag der Schulden muss wachsen, solange von den Gläubigern Zinsen und Zinseszinsen gefordert werden.

Weil stets Geld aus neuen, zusätzlichen Krediten gebraucht wird, um Zinsen für bestehende, alte Kredite zahlen zu können, erschwert sich die Rückführung ausgeliehener Gelder von Kreditgeneration zu Kreditgeneration immer mehr. Dieser Schuldenspirale ist nicht zu entkommen, solange Schulden nur mit Geld getilgt werden können, weil auch zusätzliche Arbeit nur mit Geld (Lohn) bezahlt werden kann, das durch Kredit in die Welt gesetzt wird.

Geld, so wie wir es kennen und einsetzen, kann also nur existieren, weil die ebenso stillschweigende, wie vollkommen verrückte Übereinkunft existiert, fest daran zu glauben, dass in der Zukunft mehr Geld vorhanden sein wird, als in der Gegenwart, dass also die Schulden (!) im Währungsgebiet mindestens in dem Maße wachsen werden, wie die Bedienung der Zinsverpflichtungen die Herstellung zusätzlichen Geldes erfordert.

Es gibt aus diesem System keinen Ausweg.

Um es am Leben zu erhalten, ist das ständige Wachstum der Verschuldung erforderlich, denn auch das Bargeld, die schönen bunten Banknoten, die im Auftrag der Zentralbanken von darauf spezialisierten Druckereien möglichst fälschungssicher hergestellt werden, sind zunächst kein Geld, sondern nur besondere Formulare. Formulare, die erst dadurch zu Geld werden, dass eine Geschäftsbank sich in entsprechender Höhe bei der Zentralbank verschuldet und sich den Darlehensbetrag zur Auffüllung der eigenen Kassenbestände als Bargeld auszahlen lässt. Bargeld ist also tatsächlich nichts anderes als eine besondere Erscheinungsform des Giralgeldes. Eine Erscheinungsform, deren Reiz darin besteht, dass sich das von den Banken gehütete und kontrollierte Giralgeld durch die Verwandlung in Bargeld von der Bindung an das Bankkonto lösen und über eine gewisse Zeit eigene und völlig unkontrollierbare Wege gehen kann.

Sobald das Bargeld allerdings wieder am Schalter einer Bank einbezahlt wird, steht es in höchster Gefahr, erneut zum wertlosen Formular zu werden. Wenn der Bargeldbestand einer Bank nämlich die geplante Bandbreite überschreitet, werden die schönen bunten Scheine tatsächlich gegen Gutschrift von Giralgeld an die Zentralbank zurückgegeben, wo sie im Keller verschwinden und dort solange das Dasein wertloser Formulare fristen, bis sie erneut verliehen oder (wegen allzu grober Gebrauchsspuren) sang- und klanglos vernichtet werden.

Halten wir fest: Geld entsteht dadurch, dass ein Kredit gewährt und in Anspruch genommen wird. Geld verschwindet vollständig, wenn es zur Tilgung eines (solchen) Kredites verwendet wird. Übrig bleibt die Zinsforderung, die nur durch einen weiteren, zusätzlichen Kredit befriedigt werden kann.

Diese eher theoretischen Ausführungen über das Entstehen und Verschwinden des Geldes sind gar nicht so schwer zu verstehen – schwieriger wird es, wenn die Erkenntnis auf die tatsächlich ablaufenden Vorgänge in der realen Welt übertragen werden soll. Die Annahme „Geld ist einfach da", verhindert nämlich, dass sich die Aufmerksamkeit überhaupt dahin wendet, wo die Prozesse der Geldschöpfung und Geldvernichtung ablaufen, und die verbreitete Unkenntnis über das Zusammenspiel der Banken untereinander, verleitet zu der bequemen Annahme, dass das schon alles seine Richtigkeit haben wird. Hat es auch, aber eben doch etwas anders, als vermutet.

Wenige konkrete Fallbeispiele sollen helfen, die ganz grundsätzlichen Vorgänge auch in der Realität zu erkennen.

1. Wie Geld „gemacht" wird

Das Gehaltskonto eines kaufmännischen Angestellten, mit einem Dispositionsrahmen von 2.500 Euro, weist einen Habensaldo von 100 Euro aus.

Der Angestellte bewegt sich also durchaus im Rahmen der mit seiner Bank getroffenen Vereinbarungen, wenn er 1.100 Euro auf das Konto eines Versandhandelsunternehmens überweist. Ein ganz trivialer Vorgang, der sich so oder ähnlich Tag für Tag hunderttausendfach ereignet.

Dass in dem hier geschilderten Fall Geld im Betrag von 1.000 Euro geschaffen wird, das es vorher nicht gab, erscheint unglaublich, doch der lückenlose Nachvollzug des Geschehens liefert den Beweis:

Das Konto des Angestellten weist anfänglich ein Guthaben von 100 Euro aus. Um 1.100 Euro überweisen zu können, ist es erforderlich, dieses Guthaben um 1.000 Euro zu erhöhen, es muss also ein Guthaben-Schulden-Paar aus plus und minus 1.000 Euro geschaffen werden. Das geschieht auch, wird aber aus den Kontoauszügen nicht explizit erkennbar, weil das Gehaltkonto die Beziehungen des Bankkunden zur Bank nicht in ein Guthabenkonto und ein Kreditkonto auflöst, sondern immer nur den jeweiligen Saldo ausweist. Der Saldo des Guthaben-Schulden-Paares ist aber solange Null, bis das Guthaben vom Kredit getrennt wird. Ist das der Fall, nämlich dann, wenn der Überweisungsbetrag dem Konto belastet wird, bleibt die Schuld alleine stehen.

Dies ist natürlich noch kein Beweis für die Geldschöpfung, Zweifler können immer noch entgegnen, dass nicht – wie behauptet - frisch geschöpftes Geld, sondern Geld, das ein anderer Bankkunde als Einlage zur Verfügung gestellt hat, verwendet wurde, um es an die Bank des Versandhauses weiter zu reichen.

Um diesen Einwand zu entkräften, wird es nötig, die Abläufe, die sich bei einer Überweisung zwischen zwei beteiligten Banken vollziehen, zu beleuchten:

Jede Bank unterhält bei der Zentralbank ein Girokonto. Jede Überweisung zwischen zwei Bankinstituten verändert das Zentralbank-Guthaben beider Banken. Das Zentralbankguthaben der abgebenden Bank sinkt, das der empfangenden Bank wächst um den Überweisungsbetrag. In der Realität werden zwar nur die täglichen Salden ausgeglichen, doch das ändert am Prinzip nicht das Geringste.

Eigentlich sollte sich aber dadurch, dass eine Bank eine Überweisung ausführt, an ihrem Vermögen nichts ändern. Wenn also die abgebende Bank Guthaben auf dem Zentralbankkonto verliert, muss sie entweder von irgendwo anders her ein Ersatz-Guthaben erhalten, oder ihre Verbindlichkeiten müssen sich vermindern. Ein Ersatz-Guthaben ist weit und breit nicht in Sicht, auch niemand, der es der Bank freiwillig zuwachsen ließe. Ein Weg zur Verminderung der Schulden ist leichter zu erkennen. Im konstruierten Fall hatte die Bank vor der Ausführung der Überweisung Schulden bei dem Kunden, der die Überweisung veranlasst hat. Die 100 Euro Guthaben auf dessen Konto waren schließlich zugleich Schulden der Bank. Doch das Guthaben der Bank bei der Zentralbank ist um mehr als diese 100 Euro gesunken. Noch ist die Entlastung für die übrigen 1.000 Euro offen. Die Erklärung klingt verzwickt:

➢ Es hat eine Kreditgewährung stattgefunden.

➢ Aus der Kreditgewährung ist ein Guthaben-Schulden-Paar über 1.000 Euro entstanden.

➢ Über das Guthaben wurde verfügt.

➢ Damit ist Geld erzeugt worden, das (gemeinsam mit den ursprünglich vorhandenen 100 Euro des Kunden) nun zunächst auf dem Zentralbankkonto der empfangenden Bank zu finden ist.

Dieses 1.000 Euro Guthaben aus dem neuen Guthaben-Schulden-Paar ist damit aber auch aus der Beziehung zwischen der abgebenden Bank und ihrem Kunden verschwunden. Dadurch ist die Bank entlastet und das Sinken ihres Guthabens auf dem Zentralbankkonto kompensiert.

Auch am Vermögen der empfangenden Bank hat sich nichts verändert. Dem Zuwachs auf dem Zentralbankkonto steht die Erhöhung ihrer Schulden beim Versandhaus gegenüber, denn das Konto des Versandhauses weist ein um 1.100 Euro höheres Guthaben auf, das die Bank dem Versandhaus schuldet und jederzeit auf Anforderung auszahlen muss.

Wir können nun also festhalten, dass sich weder am Vermögen der beteiligten Banken noch an der Gesamtsumme der von diesen Banken bei der Zentralbank gehaltenen Guthaben etwas verändert hat.

Wir können darüber hinaus festhalten, dass sich durch diese Überweisung außer den angesprochenen Buchungsvorgängen an keinem anderen von diesen Banken geführten Guthaben- oder Kreditkonto auch nur im Geringsten etwas verändert hat. Kein anderer Bankkunde hat durch diesen Vorgang eine Veränderung seines Vermögens erlebt.

Unter allen Strichen stellen wir fest:

Anfänglich existierten 100 Euro Geld als Sichtguthaben auf dem Gehaltskonto des Angestellten.

Nach Ausführung der Überweisung existieren auf dem Bankkonto des Versandhauses 1.100 Euro Geld mehr, als vorher.

1.000 Euro davon sind Geld, das es vorher nicht gab. Dem stehen 1.000 Euro Schulden des Angestellten gegenüber, die es vorher auch nicht gab.

Quod erat demonstrandum.

2. Wie Geld sich von selbst in Luft auflöst

Betrachten wir erneut das Gehaltskonto unseres Angestellten, das nach der Überweisung an das Versandhaus einen Soll-Saldo von 1.000 Euro aufweist. Wenige Tage später, an Ultimo, überweist der Arbeitgeber des Angestellten das Netto-Gehalt, volle 2.500 Euro, auf dieses Konto.

Das Girokonto (Kontokorrent) des Arbeitgebers wies vor der Überweisung einen Haben-Saldo von 10.000 Euro auf. Nach der Überweisung stehen dort nur noch 7.500 Euro zu Buche, 2.500 Euro Geld haben also das Konto des Arbeitgebers verlassen. Das Girokonto des Angestellten weist nach Eingang der Gehaltszahlung ebenfalls einen Haben-Saldo auf, allerdings sind dort nur 1.500 Euro Geld zu finden. Wer hat die Differenz von 1.000 Euro erhalten?

Wieder spielt sich im Hintergrund die Übertragung von Zentralbankguthaben ab. Die Bank des Arbeitgebers mindert Ihre Schuld bei diesem und gleichzeitig ihr Guthaben bei der Zentralbank, dort sind die 2.500 Euro also vollständig abgeflossen. Das Vermögen dieser Bank ist per Saldo unverändert.

Bei der Bank des Angestellten sieht die Situation unübersichtlicher aus. Auf ihrem Zentralbankkonto sind die 2.500 Euro angekommen. Dieser positiven Veränderung, nämlich der Erhöhung des Zentralbankguthabens stehen zwei negative Veränderungen gegenüber:

Zum einen schuldet sie dem Angestellten nun die auf seinem Konto ausgewiesenen 1.500 Euro, zum anderen hat sich ihre Forderung gegen den Angestellten in Höhe von 1.000 Euro aufgelöst. Auch am Vermögen der Bank des Angestellten hat sich also per Saldo nichts geändert.

Überflüssig zu erklären, dass auch in diesem Fall kein anderes Konto, weder ein Kreditkonto, noch ein Einlagekonto irgendeines Bankkunden von dem Vorgang berührt worden ist. Es ist lediglich Geld im Betrag von 1.000 Euro in dem Augenblick vollständig verschwunden, in dem es mit der Schuld auf dem Girokonto des Angestellten in Berührung kam.

Tilgung vernichtet Geld.

Falls noch Zweifel bestehen: Das Guthaben auf dem Zentralbankkonto der Bank des Angestellten ist zugegebenermaßen um 2.500 Euro angewachsen. Das stimmt. Aber das Guthaben auf dem Zentralbankkonto der Bank des Arbeitgebers ist um den gleichen Betrag vermindert worden. Das Volumen des Zentralbankgeldes hat sich nicht verändert, es ist nur anders verteilt. Dass hier die vermeintliche Differenz von 1.000 Euro auch nicht aufgefunden werden kann, wird leichter verständlich, wenn wir unterstellen, Angestellter und Arbeitgeber unterhielten ihre Konten beim gleichen Institut. Dann bliebe das Zentralbankkonto nämlich völlig unberührt. Trotzdem ergibt sich das gleiche Bild: Von anfänglichen 10.000 Euro Geld beim Arbeitgeber überstehen die Gehaltsüberweisung nur 9.000 Euro. 7.500 Euro davon verbleiben auf dem Konto des Arbeitgebers, 1.500 erscheinen auf dem Konto des Angestellten. 1.000 Euro haben sich durch die Tilgung vollständig aufgelöst.

3. Spargeld - der Mist, auf dem Kredite wuchern

Doch nicht nur Tilgung lässt Geld verschwinden, das gleiche Schicksal widerfährt auch allem Geld, das verwendet wird, um einer Bank eine längerfristige Einlage zu gewähren.

Das vollzieht sich in diesem Beispiel folgendermaßen:

- Der Arbeitgeber, auf dessen Girokonto nach der Gehaltsüberweisung ein Sichtguthaben in Höhe von 7.500 Euro verblieben war, hat in seiner kurz- und mittelfristigen Liquiditätsplanung für dieses Geld keine Verwendung. Er telefoniert mit seinem Banker und beschließt, Geld in Höhe von 5.000 Euro auszugeben, um einen von der Bank angebotenen Sparbrief mit einer Laufzeit von 10 Jahren zu kaufen. Der Banker veranlasst, dass 5.000 Euro vom Konto des Arbeitgebers abgebucht werden und dass dem Depot des Arbeitgebers ein Sparbrief über 5.000 Euro zugeschrieben wird. Damit ist die Schuld der Bank gegenüber diesem Kunden der Höhe nach vollkommen unverändert geblieben, wie sich auch am Guthaben des Bankkunden nichts verändert hat. Allerdings hat sich in der Struktur der Schulden und Guthaben einiges verändert. Im mindestreservepflichtigen Bereich der täglich fälligen Sichteinlagen sind nur noch 2.500 Euro Schulden der Bank zu finden, die andererseits dem Arbeitgeber als „Geld" jederzeit zur Verfügung stehen. Die übrigen 5.000 Euro sind für die Bank längerfristige Schulden und für den Bankkunden Geldvermögen, mit dem er nun zehn Jahre lang, bis zur Fälligkeit des Sparbriefes, nichts mehr bezahlen kann. Somit ist unter dem Strich Geld verschwunden. Vor dem Kauf des Sparbriefes war die Geldmenge um 5.000 Euro höher.

Zusammenfassung
Die vorstehende, detaillierte Betrachtung der realen Abläufe zeigt, wie die Banken ganz konkret durch einfache Buchungen Geld schöpfen und es durch einfache Buchungen wieder vernichten, bzw. stilllegen. Dass die Banken für alle bei Ihnen geführten Konten mit kurzfristigen Kundenguthaben (Fälligkeiten bis 2 Jahre) eine Mindestreserve in Höhe von 2% dieser Guthaben vorhalten müssen, behindert die Geldschöpfungskraft der Banken solange nicht, wie es gelingt, ein Fünfzigstel der auf den Girokonten durch Geldschöpfung entstandenen kurz-

fristigen Guthaben durch längerfristige Einlagen von Anlegern abzudecken.

Praktisch bedeutet das, dass die Banken in jedem vom Markt geforderten Umfang neues Geld durch Kreditvergabe nach der Formel $0 = 1 - 1$ schöpfen können.

Alleine dadurch, dass die Bank im vorstehenden Beispiel durch den Kauf des Sparbriefes eine zusätzliche Einlage von 5.000 Euro erhalten hat, ist es ihr möglich, unter Einhaltung der Mindestreserve, neue Kredite von bis zu 250.000 Euro auszureichen. Dies ist aber nur der Anfang. Ein erheblicher Teil des durch Kredite in den Markt gebrachten Geldes landet als Zins- und Tilgungsleistung erneut in der Verfügung von Anlegern, die nur darauf warten, auch dieses Geld einer zinsbringenden Anlage zuzuführen. So wird mit der Einlage einerseits Geld aus dem Umlauf genommen, das durch Kredite ersetzt werden muss, und andererseits die Mindestreservebasis für enorme zusätzliche Kreditmengen geschaffen.

Einlagen ermöglichen also Geldschöpfung. Dieses frisch geschöpfte Geld wird zu einem bestimmten Anteil ebenfalls zur Einlage, die wiederum Geldschöpfung ermöglicht. Die im Umlauf befindliche Geldmenge wächst also durch Kreditgewährung und schrumpft durch Tilgung und durch die Verwandlung in Einlagen. So stehen sich stetig wachsende Einlagen als Guthaben und die Schulden aus den ausgereichten Krediten in gleicher Höhe, ebenso stetig wachsend gegenüber, während die im Markt befindliche Geldmenge an diesem Wachstum nur unterproportional teilnimmt, ggfs. sogar schrumpfen kann.

So viel zum modernen Geld in seiner Funktion als Zahlungsmittel. Wir kennen und schätzen das Geld aber nicht nur als Zahlungsmittel, sondern – trotz aller seltsamen Eigenschaften des Kreditgeldes - auch als Wert an sich. Wir legen Geld an, wir haben Geld auf dem Konto, wir haben ein Wertpapierdepot, festverzinsliche Schuldverschreibungen und Aktien. Wir haben Lebensversicherungen und Bausparverträge. Alles unser Geld, oder?

Das Geld als Wertaufbewahrungsmittel

Diese Eigenschaft des Geldes, die es ihm erlaubt, nicht nur Zahlungsmittel, sondern auch Wertaufbewahrungsmittel zu sein, zwingt uns zu einer neuen Unterscheidung. Wir müssen nun endgültig und definitiv zwischen wirklichem, liquidem „Geld" und den terminierten Ansprüchen auf Geld, also dem „Geld-Vermögen" differenzieren.

Als Zahlungsmittel muss das Geld liquide sein. Also können nur das Bargeld und die sofort verfügbaren Guthaben auf den Girokonten, eben genau das, was die Zentralbanken als Geldmenge M1 ausweisen, als Geld bezeichnet werden. Die darüber hinausgehenden Geldmengenaggregate, in denen – nach einigermaßen willkürlichen Festlegungen – auch Sparguthaben mit kurzen Kündigungsfristen und sonstige kurzfristige Einlagen enthalten sind, geben an, wie viel „Geld" innerhalb eines relativ kurzen Zeitraumes, durch Ablauf der Festlegungs-/bzw. Kündigungsfristen maximal verfügbar wäre, würde es weder zur Wiederanlage, noch zur Auflösung durch Tilgung (0 = 1 - 1) kommen. Es handelt sich also um eine komplexe statistische Größe, die sowohl in ihrer zum jeweiligen Zeitpunkt festgestellten inneren Struktur, wie auch in der Veränderung innerhalb der Zeitreihe wichtige Aussagen über die Geldversorgung ermöglicht. Der Inhalt der Aggregates M3 (April 2004: 6,276 Mrd. €) ist aber bereits eine etwa hälftige Mischung aus Geld (M1; 2.772,5 Mrd. €) und Geldvermögen.

Als Geldvermögen bezeichnen wir alle Guthaben und Forderungen auf Geld, die nicht als Zahlungsmittel verwendet werden können, weil sie nicht als Bargeld oder sofort fällige Sichtguthaben verfügbar sind, sondern erst aus ihrer Anlageform heraus in ein Zahlungsmittel umgewandelt werden müssen. Man kann im Supermarkt nicht mit dem Sparbuch bezahlen, auch dann nicht, wenn es ein Sparbuch mit gesetzlicher Kündigungsfrist ist. Wer mit „Geldvermögen" vom Sparbuch bezahlen will, muss vorher das Sparguthaben um den gewünschten Betrag mindern und diesen dem Girokonto gutschreiben oder sich bar auszahlen lassen. Gleiches gilt für alle Festgeldkonten, auch für das so genannte Tagesgeld. Geldvermögen, und sei es noch so kurzfristig gebunden, ist als Zahlungsmittel nicht verwendbar.

Geldvermögen bringt in aller Regel Zinserträge. Zum Geldvermögen zählen festverzinsliche Wertpapiere ebenso, wie kurz- und langfristige Spareinlagen. Auch die Rückkaufswerte der Lebensversicherungen und die angesparten Summen im Bausparvertrag sind Geldvermögen, weil sie einen Anspruch auf Geld dokumentieren. Aktien, als Anteile an Unternehmen, begründen keine Forderung auf einen Geldbetrag und zählen daher nicht zum Geldvermögen, sondern zu den Sachwerten, auch wenn dieser feine Unterschied von vielen Volkswirten inzwischen nicht mehr beachtet wird.

Zur Problematik der Funktion des Geldes als Wertaufbewahrungsmittel ist grundsätzlich zu sagen: Je munterer das Geld von Hand zu Hand, von Konto zu Konto fließt, je mehr Transaktionen also zwischen dem Entstehen des Geldes und seinem Verschwinden im Zuge einer Tilgung damit vollzogen werden können, desto geringer ist die direkte Zinsbelastung der einzelnen Geschäfte, die vom Geld ermöglicht werden. Je träger sich das Geld bewegt, weil es über lange Zeiträume festgehalten wird, desto schwieriger wird es, den Geldbedarf der Realwirtschaft preiswert sicherzustellen. Was geschieht da im Einzelnen?

Geld, das als Bargeld unbewegt im Safe liegt, ist dem Währungsgebiet als Zahlungsmittel entzogen. Damit entsteht die Notwendigkeit, zusätzliche Kredite auszureichen, um den Geldbedarf zu befriedigen. Da die Kreditschöpfung der Banken restriktiv und zudem durch das Instrument der Mindestreserve begrenzt ist, wird der wachsende Kreditbedarf – bei entsprechendem Volumen der Bargeldhortung – zu einem Anstieg der Zinsen führen. Wird das im Safe gehortete Bargeld dann Zeitpunkt in eine langfristige Anlage umgewandelt, die es der Bank erlaubt, ihre Kreditschöpfung zu erweitern, trägt es - dank der vorherigen Hortung - höhere Zinsen.

Geld, das als Guthaben auf dem Girokonto liegt, hat exakt die gleichen negativen Folgen, wie gehortetes Bargeld. Zusätzlich wird dadurch die Mindestreservehaltung erhöht, was die Geldschöpfung zusätzlich bremst und Kredite verteuert.

Geld, das in langfristigen Anlagen steckt, das also als „Geldvermögen" in der Verfügungsgewalt der Banken liegt, erfordert einerseits den Ersatz der auf diese Weise stillgelegten Liquidität durch zusätzliche Kredite und ist gleichzeitig als Einlage potenzielle Geldschöpfungskraft für einen vielfachen Betrag. Der *Joker* des Bankensystems schlechthin. Die Geldschöpfungskraft der Einlagen wird von den Banken aber nur in dem Maße eingesetzt, wie es ihre aktuelle Strategie der Gewinnerzielung erfordert. Ob der gewünschte, absolute Zinsertrag aus hohen Ausleihungssummen (gute Geldversorgung der Wirtschaft) zu niedrigen Zinsen, oder aus niedrigen Ausleihungssummen zu hohen Zinsen (Geldverknappung) entsteht, ist für sie nur insoweit von Bedeutung, als sich dadurch Verwaltungskosten und Kreditausfall-Risiko verändern. Wenn es z.B. gelingt, in der Verfolgung einer langfristigen Strategie zuerst viele Kredite auszureichen (die Fische anzufüttern) und dann das Geld zu verknappen (die Fische am Haken zappeln zu lassen), lässt sich aus den Tilgungs- und Zinsnöten, denen die Geldbenutzer unterliegen, der preiswerte Zugriff auf die gestellten Sicherheiten verwirklichen. Damit lassen sich sehr schöne Zusatzrenditen - oft auch direkt in den Händen von mit der Abwicklung betrauten Insidern - generieren.

Der Mindestreservesatz in Euro-Land liegt derzeit bei 2 %. Er wird angewandt auf täglich fällige Einlagen, kurzfristige (maximale Laufzeit 2 Jahre) festgelegte Einlagen sowie Geldmarktpapiere und Schuldverschreibungen mit Laufzeiten von bis zu zwei Jahren. Das Bankensystem insgesamt - nicht die einzelne Bank - ist somit theoretisch in der Lage, aus jeder Milliarde Einlagen bis zu 50 Milliarden Euro Kredit zu generieren und als zusätzliche Geldmenge M3 auf ihren Konten zu halten. Die Einschränkung auf „das Bankensystem" ist erforderlich, weil die Gesamtmenge der mindestreservepflichtigen Einlagen durch Kundenverfügung im Bankensystem permanent umverteilt wird, die Banken also untereinander zu ausgleichenden Geschäften gezwungen werden. Es wäre aber naiv, jener Argumentation zu folgen, die im Geldschöpfungsvermögen des Bankensystems nicht auch den Vorteil und das Geldschöpfungsvermögen jedes einzelnen Institutes sieht. Wenn das Bankensystem insgesamt größere Geldmengen herstellt, dann muss sich diese Geldschöpfung vollständig auf die einzelnen Institute verteilen, denn das „Bankwesen an sich" ist nur eine abstrakte Größe. Die Aktivitäten gehen von den einzelnen Instituten aus.

Es ist also nicht falsch, zu behaupten, dass jede Bank auf Basis der ihr zur Verfügung gestellten Einlagen, bei einer 2%igen Mindestreservepflicht, tatsächlich bis zum 50-fachen der ursprünglichen Einlage als zusätzliche, zinstragende Geldmenge in den Markt bringen kann.

Da lohnt es sich doch, möglichst viele Einlagen zu sammeln, also das Geld aus der Wirtschaft herauszuziehen und dieses zu Geldvermögen geronnene Geld durch zusätzliche, eigentlich überflüssige, jedoch zusätzlichen Zinsertrag schaffende Kredite zu substituieren!

Der böse Witz dabei ist, dass umso mehr Zinserträge generiert werden können, je öfter und schneller es gelingt, das Geld aus einem frisch ausgereichten Kredit durch Umwandlung in Geldvermögen wieder stillzulegen. Geldvermögen steht für die Tilgung nicht zur Verfügung, daher ergibt sich mit jedem Sparvorgang automatisch die Notwendigkeit einer neuen Kreditaufnahme.

Halten wir fest: Geld, das als Geld gehortet oder in Geldvermögen umgewandelt wird, erfordert zur Aufrechterhaltung der Wirtschaftskreisläufe eine zusätzliche Aufblähung der Verschuldung, die wiederum zu zusätzlichen Zinserträgen führt. Daher wird die Geldhortung und die Umwandlung von Geld in Geldvermögen von den Banken, die daran verdienen, nach Kräften unterstützt. Die Transaktionen der Wirtschaft werden so in hohem Maße durch die Kosten des Geldes belastet.

Dies hat Folgen für alle Angehörigen des Wirtschaftsgebietes: Weil die zur Aufrechterhaltung von Produktion und Handel erforderliche Geldmenge nur durch ständig wachsende Verschuldung erhalten werden kann, steigt auch die Belastung der Lebenshaltung aller Haushalte durch die Zinslast des Gesamtsystems stetig an.

Bleiben wir in Deutschland:

Die Zahlen des Statistischen Bundesamtes besagen, dass die Ausleihungen der deutschen Banken, Bausparkassen und Versicherungen die Summe von 3 Billionen Euro überschritten haben. Dazu kommen in Umlauf befindliche, festverzinsliche Wertpapiere der öffentlichen Hände und der Industrie in Höhe von ca. 1 Billion Euro. Auslandsschulden, insbesondere auch aus steuerlichen Gründen im Ausland aufgenommene Darlehen, sowie private Ausleihungen und die Darlehen aus dem grauen Kapitalmarkt dürften vorsichtig geschätzt eine weitere Billion Euro umfassen.

Die daraus insgesamt entstehende Zinslast, bereinigt um die Kosten der Banken, dürfte jährlich bei mindestens 400 Milliarden Euro liegen. Weitere „Zinsen", nämlich der Pacht- und Mietzins, bereinigt um die Zinslasten der Finanzierung können mit weiteren ca. 300 Milliarden Euro angenommen werden.

Diese immensen Zinsen belasten - vermutlich relativ gleichmäßig - jeden Konsum und jede Investition. Weil die Gesamtverschuldung (Öffentliche Hand, Wirtschaft und Private Haushalte zusammengenommen) inzwischen deutlich schneller wächst, als die volkswirtschaftliche Leistung, ist eine ständige Ausweitung der über das Sozialprodukt zu erwirtschaftenden Zinslast unausweichlich.

Das System des modernen Geldes führt zwangsläufig dazu, dass seine Kosten ständig wachsen, völlig unabhängig von der Anzahl und dem Ausmaß der mit Hilfe des Geldes tatsächlich ausgeführten Transaktionen. Das liegt daran, dass aus Zins und Zinseszins eine unauflösliche „Sockelverschuldung" entsteht, eine Verbindlichkeit die niemals abgetragen werden kann, weil sie, trotz aller Tilgungen mit jedem Geldbedarf weiter wächst.

Daraus ergibt sich die unglaubliche Tatsache, dass die meisten Bürger, auch diejenigen, die selbst nicht verschuldet sind, sondern sogar über eigene Guthaben verfügen, noch zu den Netto-Zinszahlern der Volkswirtschaft gehören, weil die von ihnen über Preise, Steuern und Abgaben mitzutragenden Zinslasten von Unternehmen und Öffentlichen Händen höher sind, als die auf das eigene Guthaben entfallenden Zinsen. Als Daumenwert kann gelten: Erst wenn das Netto-Geldvermögen des einzelnen privaten Haushalts (also nach Abzug eventuell vorhandener

Schulden) eine Größenordnung von etwa 200.000 Euro erreicht und durchschnittliche Zinsen abwirft, kann bei sparsamer Haushaltsführung erwartet werden, dass sich Zinserträge und versteckte Zinszahlungen aufheben.

Die eigentlichen Nutznießer des Geldsystems, die Netto-Zins-Empfänger finden sich folglich erst unter den Besitzern von Geldvermögen deutlich über 200.000 Euro, einer Grenze, die sich aufgrund der Zinseszinsdynamik ebenfalls stetig weiter nach oben verschiebt.

Diese Entwicklung ist das Kernproblem aller kapitalistisch organisierten Volkswirtschaften. Der nicht aufhaltbare Prozess des Schuldenwachstums ruiniert Unternehmen und Staatshaushalte unweigerlich, sobald es nicht mehr gelingt, die zur Tilgung und Zinszahlung erforderlichen Geldmengen durch neue Kredite zu generieren. Neue Kredite werden aber nur ausgereicht, wenn erfolgversprechende Geschäftsideen, Umsätze, Gewinne und Wachstum prognostiziert werden. Das ist der Grund, warum Jahr für Jahr neues Wirtschaftswachstum benötigt wird; das ist der Grund, warum es unmöglich ist, auf dem Höchststand einer prosperierenden Wirtschaft ohne weiteres Wachstum zu verharren. Fehlt es am Wachstum müssen zu Gunsten unaufhaltsam steigender Zinsbelastung andere Kostenfaktoren beschnitten werden. Dies trifft zuerst und am härtesten die Beschäftigten, weil es die Personalkosten sind, die immer noch am einfachsten begrenzt bzw. reduziert werden können.

Das Problem wird durch die Rückführung der Staatsverschuldung nicht gemindert, sondern verschärft. Es gelingt vielleicht, unter Inkaufnahme rezessiver Tendenzen, die Zinslast innerhalb des Staatshaushaltes zu reduzieren. Das führt aber direkt zu massiven Ausfällen bei der Geldversorgung insgesamt. So war der Kurzschluss zwischen Geldschöpfung und Geldvernichtung bei der Vergabe der UMTS-Lizenzen, wo innerhalb weniger

Tage etwa 50 Milliarden Euro durch Kreditgewährung geschöpft und durch Tilgung von Staatschulden wieder vernichtet wurden, die wesentliche Ursache dafür, dass dem UMTS-Geschäft die Luft auszugehen drohte. Die immense Anschubfinanzierung, die sich über einige Jahre als zusätzliche Kaufkraft im Markt hätte bewegen können, bevor sie sich in einem allmählichen Tilgungsprozess verabschiedet hätte, konnte sich aufgrund der Strategie des Finanzministers in keiner Weise entfalten, denn der Weiterentwicklung der neuen Technologie und ihrem flächendeckenden Einsatz standen die dafür erforderlichen Mittel im Wirtschaftskreislauf einfach nicht mehr zur Verfügung. Hätte Eichel das Geld ausgegeben, um Investitionen und Konsum zu finanzieren, hätten wir die Sparziele zwar nicht erreicht, aber der deutschen Wirtschaft ginge es deutlich besser und die Zahl der Arbeitslosen wäre um einiges geringer.

Wenn große Schuldner massiv tilgen, müssen zwangsläufig andere in die Bresche springen und durch Kreditaufnahme die Geldversorgung bewerkstelligen. Die bedrohlich gewachsene Verschuldung der privaten Haushalte ist ein deutliches Indiz für die bereits eingetretene Wirkung.

Die vernünftigen Verabredungen zur Lockerung der Maastricht-Kriterien, die – zumindest temporär - stärkere Neuverschuldung in Deutschland, Frankreich und Portugal und damit eine Erhöhung der umlaufenden Geldmenge in der gesamten Euro-Zone ermöglichen, werden zwar eine gewisse Entlastung bringen, eventuell sogar Wachstum und Arbeitsplätze schaffen, können aber das Grundproblem der erdrückend wachsenden Schuldenlast ebenso nicht lösen, wie ein strikter Sparkurs mit forcierter Tilgung. Es ist das klassische Dilemma.

Solange sich alle wirtschaftlichen und monetären Aktivitäten an die Spielregeln dieses wahnwitzigen Systems halten, gibt es keine Rettung. Der Ausweg liegt in der Veränderung der Spielregeln, in der Aufhebung willkürlich getroffener, schädlicher Festlegungen. Aber hier liegt eines der Hauptprobleme: Bevor die Bürger von ihrem Staat fordern können, das Geldwesen zu reformieren, müsste der sich zunächst einmal wieder dafür verantwortlich fühlen und – Euro hin, Euro her – die Geldversorgung der Realwirtschaft als seine wichtigste wirtschaftspolitische Aufgabe ansehen, die nicht weiterhin vollständig den Profitzielen der Geldinstitute untergeordnet bleiben darf.

Nur eine Gesellschaft, die sich die Hoheit über ihr Geld verschafft, bewahrt und selbstbewusst ausübt, kann sicher sein, auch massiven Einsatz fremden Kapitals unbeschadet zu überstehen.

Kapitel 4

Die heiligen Kühe der Volkswirtschaft
Der „Natürliche Zins" und das „Notenbankgeld"

Wenn kluge Analytiker hier, und einfache Menschen da, immer wieder mit Entsetzen auf die verheerenden Folgen des dem Zinseszinsmechanismus eigenen, exponentiellen Wachstums stoßen, und aus diesem guten Grund Maßnahmen zur „Entschärfung" der Zinswirtschaft fordern, kommt garantiert nach kurzer Zeit von irgendwo ein Volkswirt daher, und erklärt, der Zins sei ein naturgesetzliches Phänomen, vergleichbar der Schwerkraft, und könne nicht einfach durch Gesetz und Vorschrift wegdefiniert werden. Punktum.

Ähnlich ist es, wenn die Frage gestellt wird, ob den wachsenden Schulden in der Welt, die aus der Geldschöpfungsmechanik der Banken stammen, nicht durch Änderungen im monetären Konzept Einhalt geboten werden könnte. Es dauert nicht lange und es kommt ein Volkswirt daher und erklärt, die Banken schöpften gar kein Geld, Schulden seien nur ein Anzeichen für beschleunigten Umlauf, also für die Mehrfachnutzung des gleichen Geldes, durch mehrere Marktteilnehmer, die es sich untereinander verleihen, denn nur das Notenbankgeld sei richtiges Geld und mit eben diesem Notenbankgeld würden letztlich auch alle Schulden wieder getilgt werden, es müsse eben nur der letzte Schuldner seinem Gläubiger, dieser, als vorletzter Schuldner wiederum seinem Gläubiger und dieser als drittletzter Schuldner seinem Gläubiger das geliehene Geld zurückgeben, bis am Ende das Notenbankgeld wieder beim Erstbesitzer angekommen und damit alle je entstandenen Schulden vollständig wieder aus der Welt verschwunden seien. Beides ist falsch, obwohl es so faszinierend einfach und einleuchtend klingt.

1. Der natürliche Zins

Seit langem hält sich an den volkswirtschaftlichen Fakultäten die aus Empirie und Hypothetik gleichermaßen abgeleitete Idee, es gäbe so etwas, wie einen natürlichen Zins. Die Idee ist so alt, dass sie längst unter einer dicken Staubschicht zur nie mehr hinterfragten Gewissheit geronnen ist.

Der natürliche Zins, so heißt es, repräsentiert einen der „Liquidität innewohnenden" Wert und der wiederum soll - so ungefähr, ziemlich genau, circa - einem Zinssatz von drei Prozent pro Jahr entsprechen. Die Nationalökonomie hat weite Teile ihres Theorie-Gebäudes auf dem schmalen Fundament dieses natürlichen Zinses errichtet und fällt darauf letztinstanzlich immer dann zurück, wenn es darum geht die Phänomene überschießender oder unzureichender Geldversorgung zu erklären und das kurzsichtig-egoistische Handeln der Verursacher als verantwortungsbewusste Reaktion im Rahmen naturgesetzlich ablaufender Prozesse zu rechtfertigen. Mit Hilfe von vielen, oft seitenlangen, dem Laien unverständlichen, mathematisch jedoch zumeist vollkommen korrekt aufgestellten Formeln wird eine angebliche Wahrheit über Zins und Kapital begründet, die da heißt:

„Immer dann, wenn der auf dem Kapitalmarkt angebotene Zinssatz unter den Satz des natürlichen Zinses sinkt, braucht der Kapitalist sein Geld nicht mehr zu verleihen, weil ihm der natürliche Zins durch den „Wert der Liquidität" eine ebenso große, oder gar noch höhere Rendite bringt, als durch Verleihen zu erwirtschaften wäre."

Diese angebliche Wahrheit ist völliger Quatsch.

Für nicht verliehenes Geld gibt es keinen Zins, hat es nie einen Zins gegeben und wird es auch nie einen geben. Auch ein an den Haaren herbeigezogener „Wert der Liquidität" als Vater des natürlichen Zinses erweist sich bei genauem Hinsehen als Humbug. Was ist das denn, Liquidität?

Liquidität, das ist in aller Regel nicht mehr, als der Kontoauszug für ein sehr niedrig oder gar nicht verzinstes Guthaben, über das jederzeit verfügt werden kann. Liquidität kann sich aber natürlich auch im Besitz eines Packens (im Auftrag der Notenbank) bedruckten Papiers manifestieren. Dieses Notenbankpapier nimmt allerdings einigen Platz weg und muss mit nicht unerheblichem Aufwand gegen Diebstahl und Verlust geschützt werden. Liquidität ist also eigentlich nichts als der Glaube daran, mit Hilfe eines Kontoauszugs (oder unter Verwendung des in einer bestimmten Weise bedruckten Altpapiers) Kaufkraft ausüben zu können. Liquidität mag ein schönes Gefühl vermitteln, aber Liquidität bringt nichts hervor, nicht das Geringste.

Oder sollten die Banker vielleicht vorsätzlich lügen, wenn sie uns erklären, es sei nur ein Gebot der Vernunft, ihnen den unverzinsten, der Inflation somit rettungslos ausgelieferten Inhalt unserer Sparschweine anzuvertrauen? Da ist doch Liquidität drin, im Sparschwein! Bräuchten wir vielleicht in Wahrheit nur geduldig abzuwarten, bis der „Natürliche Zins" den Sparstrumpf unter der Matratze ganz von selbst bis zum Bersten anschwellen lässt?

Sehen Sie, es ist Quatsch.

Der Volkswirt wird nun erklären wollen, so banal hätte er es ja auch nicht gemeint. Der „Natürliche Zins" sei natürlich kein wirklicher Zins, weil es ja keinen Schuldner gibt, der den Zins zahlt, sondern eher eine Prämie, die dem Liquiditätshalter zufällt, weshalb der „Natürliche Zins" oft auch „Liquiditätsprämie" genannt werde. Letztlich sei das alles nur die Folge einer Vielzahl von Einflüssen, die insgesamt – und dafür gäbe es auch eine schöne Formel – dazu führen, dass Geld unterhalb eines Mindestzinssatzes nicht verliehen wird, weil der Wert der Liquidität eben höher eingeschätzt wird, als der mögliche Zinsertrag. Dann wird er zugeben, dass Liquidität natürlich keinen Zins trägt, dass auch niemand eine Liquiditätsprämie gutschreibt, aber dass doch hierzulande jedem Kind völlig klar sei, dass der Geldbesitzer auf seine Liquidität erst verzichtet, wenn ihm dafür ein ausreichender Zins – und das eben sei dieser „Natürliche Zins" versprochen und bezahlt wird. Hat der Volkswirt nun doch recht?

Der „Natürliche Zins" ist so etwas wie ein modernes Rumpelstilzchen der Nationalökonomie. Genau wie das wunderliche Männlein aus dem Märchen hilft der „Natürliche Zins" zwar dabei, aus dem Stroh wertlosen Papiers über Nacht Gold zu machen, aber niemand darf seinen wahren Namen, sein eigentliches Geheimnis kennen, sonst ist es mit der Zauberkraft vorbei. Es ist doch nicht die Liquidität, die das Kapital des Kapitalisten mehrt. Es ist - so viel zu den empirischen Quellen des weit verbreiteten Irrtums - allenfalls so ähnlich:

Das Sammeln von Kapital entzieht dem Markt Liquidität. Folglich herrscht Geldmangel. **Weil die Wirtschaft das Transfermedium Geld aber braucht, um arbeiten zu können, gelingt es, den Preis für das verknappte Gut Geld, also die Zinssätze, wieder in die Höhe zu schrauben.** *Je größer der Geldmangel, desto höher die erzielbaren Zinsen.*

Der Wucherer mit seiner Bande brutaler Geldeintreiber nimmt doch nicht deshalb die höchsten Zinssätze, weil er das höchste Risiko trägt, oh nein. Dem stinknormalen Peanuts-Banker gehen weit mehr Kredite verloren, als dem kriminellen Wucherer. Der Wucherer nimmt die höchsten Zinssätze, weil er sein Geld an diejenigen verleiht, bei denen der Geldmangel bereits lebensbedrohliche Formen angenommen hat.

Solange es möglich ist, dem Markt in erpresserischer Absicht Geld zu entziehen und vorzuenthalten, solange wird sich ein Mindestzinssatz für Ausleihungen durchsetzen lassen.

Dies ist aber kein Naturgesetz sondern ein brutales, egoistisches und nach meinem Verständnis verbrecherisches Kalkül, dem durch den weltweiten Abbau von schützenden Regularien (Globalisierung und Deregulierung) immer neue Gelegenheiten zur legalisierten, aber trotzdem durch nichts gerechtfertigten, ethisch und moralisch verwerflichen Bereicherung eröffnet werden.

Der „Natürliche Zins" ist nichts anderes als die verharmlosende Umschreibung für ein Lösegeld, das erpresserische Kidnapper verlangen, um dem notleidenden Markt die von ihnen beiseite geschaffte Liquidität wieder zur Verfügung zu stellen. Aus einem anderen Blickwinkel lässt sich das Geschehen so interpretieren: Wenn zu wenig Geld im Umlauf ist, kann das Produktions- und Leistungspotential einer Volkswirtschaft nicht optimal genutzt werden. Die marktferne Anhäufung ungenutzter Liquidität erzeugt Geldmangel. Geldmangel bedeutet Illiquidität, Zahlungsunfähigkeit und Insolvenz. So wird über die Geldverknappung künstlich Arbeitslosigkeit hergestellt. Selbst dringend notwendige und wünschenswerte Arbeiten werden nicht mehr ausgeführt und die dazu befähigten und willigen Menschen werden entlassen, weil das verdammte Geld gerade mal wieder beim Kapitalisten gehortet wird, der glaubt, sein angestammtes Recht auf einen Mindestzins durchsetzen zu müssen.

Für Millionen von Menschen bedeutet die zurückgehaltene Liquidität nichts anderes, als ein rigoros durchgesetztes Arbeitsverbot. Erst mit der Ausreichung von Darlehen aus der vorenthaltenen Liquidität erteilt der Kapitalist dem Darlehensnehmer die Betriebs- und Arbeitserlaubnis. Diese Arbeitserlaubnis ist durch die Höhe des Darlehens und die Konditionen zur Rückzahlung auf eine Höchstzahl von Mitarbeitern und auf einen festgesetzten Zeitraum beschränkt.

Nur wer bereit ist, Zins zu zahlen, darf arbeiten.

Hierin liegt die Ursache für die Massenarbeitslosigkeit. Alle anderen Argumente, so zutreffend sie auch immer sein mögen, sind demgegenüber in ihrer Wirkung auf den Arbeitsmarkt nahezu bedeutungslos. Weil in unserem Wirtschaftssystem die alleinige Verfügungsgewalt über das Geld in der Hand des Kapitals und des Bankwesens liegt, bestimmt einzig das Kapital über das Maß der möglichen Beschäftigung in der Realwirtschaft.

Die offenen Stellen reichen heute – Anfang 2005 - bundesweit nicht für ein Zehntel der Arbeitslosen. Selbst die Kirchen und die gemeinnützigen Vereine müssen inzwischen Mitarbeiter entlassen, weil es an Geld fehlt. Das Geld ist beiseite geschafft. Aus dem Markt herausgenommen. Für alle Zweifler die Gegenfrage: ***Wo ist das Geld denn sonst geblieben?***

Warum sind der Staat, die Sozialkassen, die Länder und Gemeinden, die Unternehmen und die große Mehrzahl der Bürger in den letzten beiden Jahrzehnten Jahr für Jahr ärmer geworden? Die Arbeiter und Angestellten, die Rentner und Arbeitslosen, auch die Sozialhilfeempfänger haben das Geld nicht gebunkert. Die meisten sind froh, wenn das bisschen, das man ihnen gibt, ausreicht, um die nötigsten Ausgaben bestreiten zu können.

2. Das Notenbankgeld

Bevor die Frage nach dem Verbleib des Geldes und der Liquidität beantwortet werden kann, muss auch die zweite Theorie entkräftet werden, der etliche Geldtheoretiker in einer an Aberglauben grenzenden Naivität anhängen. Es geht um die Frage, wie Liquidität eigentlich entsteht und wer sie wann hat.

Die große Naivität dieser konservativen Geister besteht darin, dass sie stur wie eine ganze Herde störrischer Esel darauf beharren, als wirkliches Geld dürfe nur angesehen werden, was als Münze oder Banknote körperlich existiert und wirkliche Liquidität sei an das Vorhandensein eben solchen Geldes gebunden. Für die Puristen dieser Lehrmeinung ist schon der Haben-Saldo auf dem Girokonto weder Geld noch Liquidität, sondern lediglich ein (per Überweisung abtretbarer) Anspruch auf Geld. Ein solches, so genanntes Guthaben aber, so wird behauptet, verhalte sich zu richtigem Geld ungefähr so, wie das Foto eines Wasserfalls zu einem realen Wasserfall. So viel Geld, wie behauptet wird, könnten die Kapitalisten also gar nicht horten, weil es vom richtigen Geld nachweisbar gar nicht so viel gäbe. Schließlich - so behaupten die unbelehrbaren Anhänger dieser Theorie in aller Unschuld - stünde die Schöpfung allen Geldes und folglich auch die Entwicklung der Geldmenge ausschließlich im Ermessen der Notenbanken, wo sie auch in den besten Händen sei.

Auch das ist Quatsch.

Selbst wenn das ganze schöne Bargeld, das die EZB über die Euroländer ausgestreut hat, zum nächsten Ersten gegen Gutschrift auf Girokonten vollständig eingezogen und körperlich vernichtet würde, änderte sich an der Geldmenge, an der Liquidität und an den Funktionen des Geldes nicht das Geringste. Das schöne bunte Notenbankgeld wäre weg, aber unser „Geld", unser Zahlungs-, Wertaufbewahrungs- und Wertbestimmungsmittel wäre doch weiterhin verfügbar.

Klar, viele kleine Einzelhändler und einige wenige Supermärkte müssten technisch ein wenig nachrüsten, um am Electronic-Cash teilnehmen zu können. Aber das war's dann auch. Der ganze große Rest des Zahlungsverkehrs läuft doch längst schon per Lastschriftverfahren und Überweisung von Konto zu Konto.

Wer nach der Abschaffung des Bargeldes noch versuchen wollte herauszufinden, welches Geld auf welchem Konto legitimer Abkömmling „richtigen" Geldes ist und welches nicht, dürfte schon bei der Formulierung der Untersuchungskriterien Schiffbruch erleiden. Wissenschaftler, die den Versuch dennoch hartnäckig fortsetzen und weiterhin die Geldschöpfungskraft des Bankensektors leugnen, müssten sich dann, ohne dass eigens Experten befragt werden müssten, ganz erhebliche Zweifel an ihrer Zurechnungsfähigkeit gefallen lassen.

Aber eigentlich könnte man in den Formulierungen des vorstehenden Absatzes auch schon heute auf den Gebrauch des Konjunktivs verzichten. In Wahrheit befinden wir uns doch längst in diesem Zustand. Die marginalen Bargeldbestände sind längst nichts anderes mehr, als „umlauffähige Kontoauszüge in normierter Stückelung". Ansichten über ein Geld mit Warencharakter und innerem Wert, wie sie aus den Zeiten des Goldstandards in die Gegenwart mitgenommen wurden, sind untauglich, um unser gegenwärtiges Geldwesen zu erklären. Sie gehören, je nach Einstellung, entweder auf den Schrotthaufen oder auf den Heldenfriedhof der Wirtschaftsgeschichte. In der Auseinandersetzung um das Geld der Gegenwart sind sie nichts als ärgerliche, immer wieder auftauchende Irrtümer.

Die heute gültigen Spielregeln sehen so aus:

1. Alle Mitspieler haben Konten bei Banken.
2. Banken sind Mitspieler, die Geld schöpfen, Geld vernichten und Geld stilllegen.
3. Spieler, die Geld übrig haben, lassen es von der Bank in Geldvermögen umwandeln, also stilllegen, und erhalten von der Bank Zinsen.
4. Spieler, deren Konten Schulden aufweisen, haben nicht nur kein Geld, sie sind auch noch verpflichtet, der Bank Geld in Höhe ihrer Schulden zu beschaffen und sie müssen auf ihre Schulden Zinsen zahlen.
5. Von der Bank verwahrtes, stillgelegtes Geld berechtigt die Bank, auf dieser Basis Darlehen bis zur 50-fachen Höhe der Einlage zu vergeben, eine Verpflichtung zur Darlehensvergabe besteht aber nicht.

Spielverlauf:

Die Salden von - ansonsten unbewegten - Geldvermögenskonten erhöhen sich alljährlich durch die Zinsgutschriften der Banken. Diese Erhöhung führt mit einer gewissen Wahrscheinlichkeit jeweils innerhalb von 15 Jahren zu einer Verdoppelung der Guthaben. Auf der anderen Seite der Bilanz erhöhen sich zwangsläufig die Schulden um mindestens den gleichen Betrag, um den die Guthabenkonten gewachsen sind.

Spieler mit Geldvermögen erhalten folglich mit der Zeit immer höher steigende - leistungsfreie - Einkünfte aus Zinsen, die von den leistungsgebundenen Einkünften aus Arbeit abgezweigt werden müssen.

Zwangsläufig sinkt die Kaufkraft der Reallöhne um den Betrag, der von der Kaufkraft der Zinseinnahmen beansprucht wird. Solange diese Verschiebung noch gering ist, wird sie nicht als Problem wahrgenommen, weil sie durch Wirtschaftswachstum und Produktivitätssteigerung überlagert wird.

Über die ersten Runden funktioniert dieses Spiel daher auch tadellos und bringt gelegentlich sogar ein echtes Wirtschaftswunder hervor, ein Phänomen, das aber überhaupt nur zu Spielbeginn möglich ist!

Doch neben der Verschiebung der Kaufkraft von leistungsgebundenen zu leistungsfreien Einkommen gibt es von Anfang an noch einen zweiten kleinen Schönheitsfehler: Wachsende Guthaben auf den Konten der Banken bedeuten nämlich nicht, dass auch die am Markt vorhandene Liquidität wächst. Ganz im Gegenteil. In dem Maße, in dem sich die Relation der Einkünfte verschiebt, verschiebt sich auch die Verwendung der flüssigen Mittel aus neu ausgereichten Darlehen. Immer größere Anteile daraus müssen verwendet werden, um die Zinsen aus dem Schuldensockel bezahlen zu können. Die eigentlich ganz vernünftige Idee, die unserem heutigen, immateriellen/virtuellen Geld zu Grunde liegt, dass Geld nämlich bedarfsabhängig durch Darlehensgewährung geschaffen und nach Gebrauch durch Tilgung wieder aus der Welt geschafft wird, ist durch die Notwendigkeit, alleine zur Bezahlung der Zinsen immer wieder und immer mehr zusätzliches Geld schaffen zu müssen, zu einer teuflischen Spirale geworden.

Das wäre allerdings immer noch erträglich und alleine durch Inflation beherrschbar, hätte diese Spirale nicht auch noch die Tendenz, die Bereitstellung neuer Darlehen mit fortschreitender Zeit immer mehr zu erschweren. Die Ursache dafür ist leicht zu erklären:

Sobald die Zahl der Individuen in einer Volkswirtschaft langsamer steigt, als der Schuldenstand, erhöhen sich die durchschnittlichen Schulden der Individuen und ihre Bonität sinkt. Das könnte durch eine ausreichende Inflation korrigiert werden (!), doch wenn der Geldwert genauso stabil bleibt, wie die Bevölkerungszahl, steigen die Schulden der einzelnen Individuen nicht nur nominal, sondern auch real an. Dadurch sinkt die allgemeine Bonität vom unteren Einkommens-Rand der Bevölkerung her stetig, was wiederum eine vorsichtigere Kreditvergabe der Banken zur Folge haben muss. Das daraufhin langsamer wachsende Volumen der Ausleihungen trifft auf einen weiter wachsenden, zumindest aber unveränderten Bestand an Guthaben mit ebenso unveränderten Zins- und Tilgungsforderungen. Daraus folgt eine Verkürzung der Verweilzeit des Geldes im Wirtschaftskreislauf. Immer häufiger kommt es zu direkten Kurzschlüssen, d.h., dass die Mittel aus neu ausgereichten Darlehen schon nach einer einzigen Transaktion wieder verloren sind. Wenn z.B. ein Arbeitgeber zur Zahlung von Löhnen und Gehältern seinen Kreditrahmen in Anspruch nimmt und die ausgezahlten Netto-Gehälter auf überzogene Gehaltskonten treffen und die abgeführten Steuern und Sozialabgaben von den Empfängern unmittelbar für den Schuldendienst verwendet werden, ist das Geld - dank elektronischer Systeme - im Augenblick seiner Entstehung praktisch schon wieder vernichtet. Was sich verändert hat, ist lediglich die Bonität der Beteiligten. Der Zahlungsleistende hat seinen freien Kreditspielraum eingeschränkt, die Zahlungsempfänger dürfen ihre Konten wieder neu überziehen. Tun sie es nicht, fehlt Geld.

Weil die Schulden vieler (in der Endphase des Spiels: fast aller) Marktteilnehmer mit jedem Jahr wachsen, wird die Neigung und die Chance, sich zu verschulden, bei den von Geldmangel und einem sowieso schon hohen Zinsanteil am volkswirtschaftlichen Gesamtertrag geplagten Schuldnern, immer geringer. Schließlich lässt sich aus der weiteren Kreditaufnahme kaum noch eine zusätzliche Rendite errechnen.

Um dies vollständig zu verstehen, muss man sich vergegenwärtigen, dass die Zinsen für einen frisch aufgenommenen Betriebsmittel- oder Investitionskredit immer noch zu einer sowie schon vorhandenen Gesamtzinsbelastung der Volkswirtschaft hinzukommen. Jedes neue Geschäft muss einen gewissen Anteil an der bereits angesammelten volkswirtschaftlichen Gesamtzinslast mittragen, bevor es sich für den Unternehmer rentiert. Die abstrakte und pauschalierte Beispielrechung auf der Folgeseite verdeutlicht diese Entwicklung:

Setzen wir das Bruttosozialprodukt im Jahre Null der Betrachtung auf einen Basiswert von 100, die Summe der Guthaben in Relation dazu auf einen Basiswert von 50 und den Zinsaufwand auf den Ausgangswert 3, dann verändern sich diese Relationen bei einem jährlichen Wirtschaftswachstum von 3 % und einem durchschnittlichen Zinssatz von 6% im Laufe der Zeit alleine aus dem Zins- und Zinseszinseffekt wie folgt:

Jahr	BSP im aktuellen Jahr	Guthaben im aktuellen Jahr	Zinsaufwand im aktuellen Jahr	Zinsanteil am BSP in %
0	100	50	3,00	3,00
10	134	90	5,40	4,03
20	180	160	9,60	5,33
30	242	287	17,22	7,12
40	326	514	30,84	9,46
50	438	921	55,26	12,62
60	589	1.649	98,94	16,80
70	792	2.954	167,20	21,11
80	1.064	5.290	299,42	28,14

Nach 40 Jahren hat sich die Höhe der Guthaben alleine aus dem Zinseszinseffekt mindestens verzehnfacht. Der Zinsanteil am Ergebnis der volkswirtschaftlichen Gesamtleistung hat sich mindestens verdreifacht.

Nur 10 Jahre später sind die Guthaben auf das 18-fache des Ausgangswertes angewachsen und der Zinsanteil am BSP hat sich gegenüber dem ersten Jahr vervierfacht.

Weil die Zuflüsse zu den Vermögen aber nicht nur aus Zins- und Zinseszinseffekten, sondern ebenso aus angesammelten Unternehmensgewinnen und nicht zuletzt auch aus Miet- und Pachteinnahmen gespeist werden und die wenigen Begünstigten auch bei noch so ausschweifendem und überbordendem Konsum nicht die geringste Chance haben, das sich akkumulierende Vermögen in den Wirtschaftskreislauf zurückzugeben, sieht die Realität noch viel verheerender aus, als das abstrakte Beispiel vermitteln kann.

Es wird für alle Teilnehmer der Realwirtschaft immer schwieriger, über die bereits hohen Zinsansprüche aus dem aufgehäuften Sockel an Geldvermögen hinaus, noch weitere Zinszahlungen aus der Arbeitsleistung abzuzweigen, und in nicht allzuferner Zukunft wird es völlig unmöglich sein. Die Folge: Der Zusammenbruch des Geldsystems, der Crash.

Es sind, darauf sei an dieser Stelle am Rande hingewiesen, eben keinesfalls die Lohnnebenkosten, die den Standort Deutschland in die Knie zwingen, sondern weit mehr ist es der überproportional wachsende Zinsanteil am BSP, dessen vorprogrammiertes Wachstum auch die dramatischen, aber falschen Vorhersagen über die Veränderungen in der demografischen Zusammensetzung der Bevölkerung exorbitant übertreffen wird. Bislang wird dieses Faktum den von der Materie offenbar überforderten Politikern von ihren an Aufklärung wenig interessierten Beratern wohl nicht zur Kenntnis gebracht.

Doch zurück zum Hauptthema. Die Banken sind also, um überhaupt noch Geld verleihen zu können, gezwungen, die Verzinsung der Einlagen immer weiter zurückzufahren. Es ist damit paradoxerweise ein Zustand erreicht, in dem viel zu viel Geld(-vermögen) da ist, das Anlage sucht, als dass es dafür im marktwirtschaftlichen Wettbewerb noch eine lohnende Anlage geben könnte, während die Realwirtschaft gleichzeitig am Geldmangel erstickt. Die Banken selbst verlieren zunehmend die Fähigkeit, einen ausreichenden Teil der ihnen zur Verfügung gestellten Einlagen zu verleihen. Dies erfordert, wollen die Banken selbst der Insolvenz entgehen, entweder die Erhöhung der Kreditzinsen oder die Absenkung der Guthabenzinsen. Ersteres ist nicht mehr durchsetzbar. Die zweite Möglichkeit scheitert an der Nichtexistenz des natürlichen Zinses. Der Ausweg, den die Banken gehen, ist unschwer zu erkennen. Kundeneinlagen werden auf Rechnung der Banken für spekulative

Engagements – außerhalb der realwirtschaftlichen Kreisläufe – eingesetzt. Nur dort scheinen noch Renditen möglich.

Gäbe es die eingangs besprochene „Natürliche Verzinsung", könnten die Kapitalisten in diesem Stadium immer noch gut von ihrem „Natürlichen Zins" leben und die Lage ließe sich vielleicht auf diesem Niveau stabilisieren. Weil Rumpelstilzchen aber ohne das Kreditstroh kein Gold zu spinnen vermag, wendet sich das Kapital von den Kreditinstituten ab und den durch Globalisierung und Deregulierung weit geöffneten globalen Spekulationsbörsen und Zockerstuben zu. Die Spirale der Grausamkeiten dreht sich eine Runde weiter.

Durch die Kapitalabwanderung in spekulative Anlagen sinkt zwangsläufig das Volumen der den Banken als Beleihungsgrundlage dienenden Einlagen. Das entlastet zwar die Gewinn- und Verlustrechnungen der Branche, weil der eigene Zinsaufwand sinkt, doch gerade diejenigen Banken, deren Kreditgeschäft bis dahin überdurchschnittlich gut gelaufen war, geraten als erste in bilanzielle Bedrängnis, weil die Höhe der (nicht ad hoc rückforderbaren) Ausleihungen droht, die Summe aus verbliebenen kurzfristigen Einlagen und Eigenkapital zu übersteigen. Der Staat wird zum Eingreifen aufgefordert und es werden überdies - wie jüngst in der Bundesrepublik geschehen - in großem Maßstab Kredite aus den Bilanzen der Banken entfernt und an eigens gegründete „Verbriefungsgesellschaften" und andere, im Krisenfall zum Untergang bestimmte Risikoauslagerungsgesellschaften übertragen. Die Geldgeber, Briefkäufer und Einlagenbereitsteller dieser Risikogesellschaften werden ihr Geld aber in aller Regel dafür nicht aus den spekulativen Anlagen zurückholen, sondern eher weitere, bisher niedriger verzinste Einlagen bei den Mutter-Instituten auflösen. Das muss bei höheren Zinsaufwendungen in den Risikoanlagen wiederum zu einer Schmälerung der Kreditbasis der Mutterinstitute führen.

Wo ist also das Geld geblieben? Was hat die Notenbank mit ihren bunten Papierchen überhaupt noch damit zu tun?

3. Liquidität und Zins

Geldprobleme entstehen nicht durch einen „bösen Geist des Geldes" oder vorgebliche Naturgesetzlichkeiten des monetären Bereichs, sondern ausschließlich durch die von Menschen geplanten und ausgeführten, legalen und illegalen Handlungen mit dem Ziel individueller Bereicherung, für welche das Geld als wertübertragendes Medium geeignet ist. Dem Geld selbst wohnt weder eine Leistungsfähigkeit inne, noch hat es einen eigenen Wert. Es ist eine Zahl auf einem Konto, die etwas über den Inhaber des Kontos aussagt. Geld kann aus eigenem Antrieb weder seinen Standort verändern, noch spurlos verschwinden. Die reale Wirtschaft bedient sich der auf Dollar, Euro, Yen oder andere Währungen lautenden Zahlen, um zu notieren, dass Waren und Leistungen mit bestimmten Werten zwischen den Wirtschaftsteilnehmern hin und her gelaufen sind. Durch Saldierung wird festgestellt, wo für eine erhaltene Leistung noch der Ausgleich fehlt. Das kann aber nur in dem Maße befriedigend funktionieren, in dem es gelingt, den Wert der Leistungen nach annähernd gleichen, korrekten und vor allem neutralen Maßstäben festzulegen. Das ist in unserem Wirtschaftssystem nicht der Fall.

Unser Wirtschaftssystem setzt ein gegenteiliges Ziel. Es ist darin die Pflicht jedes Marktteilnehmers, den höchstmöglichen eigenen Gewinn anzustreben. Das heißt aber, dass stets versucht werden muss, den Wert der Leistungen zu manipulieren und zu verfälschen. Die eigene Leistung muss höher, die der übrigen Marktteilnehmer niedriger bewertet und bezahlt werden, als es bei korrekter und neutraler Bewertung der Fall wäre. Zudem ergibt sich zwingend (!) die Notwendigkeit, Gesetze und Auflagen, die das Gewinnziel tangieren, nach sorgfältiger Risikoabwägung ebenso zu umgehen, wie jegliche Belastung durch Steuern und Abgaben.

Die Forderungen nach Aufhebung des Kündigungsschutzes, nach dem Ende der Tarifautonomie, nach totaler Deregulierung, nach völliger Freiheit für den Waren-, Dienstleistungs- und Kapitalverkehr haben hier ihre Wurzeln. Der rigorose, individuelle Egoismus ist der Kern der Marktwirtschaft, die Ludwig Erhard als „Soziale Marktwirtschaft" bändigen wollte. Doch seine Zielsetzungen gelten als überholt. Gewinner wird heute derjenige, der die Ausbeutung seiner Mitmenschen und der natürlichen Ressourcen so skrupellos und umfassend betreibt, wie kein anderer.

Ein Effekt aus dieser Geisteshaltung, aus dem Versuch, möglichst viele Marktteilnehmer nach Kräften um ihren Verdienst zu bringen und damit den eigenen Gewinn zu steigern, sind zunehmende Verwerfungen in der Struktur der Bankkonten. Zwangsläufig geraten immer mehr Marktteilnehmer in eine Verschuldungssituation, während eine kleine Zahl von Marktteilnehmern die wachsende Summe der Guthaben auf sich vereinigt. Die Zahlen auf den Konten haben aber deswegen immer noch keinerlei Wert. Man kann sie weder essen noch zur Beheizung einer Wohnung verbrennen.

Um den „Nichtwert des Geldes" klar zu erkennen, braucht man sich nur vorzustellen, dass zu einem bestimmten Stichtag alle Schuldner verhaftet und in den Hungerturm gesperrt würden. Nach ein paar Wochen gäbe es - so oder so - keine Schuldner mehr. Doch das wäre nur eine Seite der zu erwartenden Veränderung. Die unausweichliche und fatale Folge des Aussterbens der Schuldner wäre der unmittelbar darauf folgende Zusammenbruch des Banken- und Geldsystems. Denn: Guthaben setzen das Vorhandensein von Schulden voraus. Außer einem zufälligen Endstand der Zahlen auf Kontoauszügen bliebe von den einstigen Guthaben nichts übrig. Weder ein natürlicher Zins käme hilfreich daher, um die einsamen Habensalden weiter wachsen zu lassen, noch wäre das „echte" Notenbankgeld, das nach der Abschaffung der Schulden natürlich noch irgendwo herumliegt, auch nur annähernd in der Lage, die früheren Geldbesitzverhältnisse wieder herzustellen und den Zahlungsverkehr aufrecht zu erhalten.

Weil unsere Gesellschaft eine egoistische Gesellschaft ist, sammelt sich das Geld bevorzugt bei ihren egoistischsten Vertretern an. Das wäre an und für sich nicht schlimm, gäbe es für die anderen eine Chance, diesen Verlust an Zahlungsmitteln zur Aufrechthaltung ihres Handels durch Ersatzbeschaffung auszugleichen. Aber genau diese Chance bietet unser Geldsystem nicht. Unserer intelligente, leistungsfähige, kreative Gesellschaft hat die Fähigkeit, sobald nur genügend Geld bereitsteht, nahezu jeden bestehenden Mangel zu beseitigen. Aber sie scheint nicht in der Lage, den primär leistungsbeschränkenden Mangel an Geld zu beheben. Lieber glauben wir in brünstiger Ergriffenheit an die Existenz eines natürlichen Zinses, als es für möglich zu halten, dass einfache Buchungen oder das Anwerfen der Druckmaschinen genügen würden, um Ersatz für das dem Markt entzogene Kapital herzustellen. Lieber belohnen wir diejenigen, die sich mehr Geld verschafft haben, als sie verbrauchen können, durch immer weiter wachsende Zinszahlungen, als uns klar zu machen, auf welch schäbige Weise die Grundlage für die leistungsfreien Einkünfte der Zinsempfänger geschaffen wurde. Gewinner wird derjenige, der die Ausbeutung seiner Mitmenschen und der natürlichen Ressourcen so skrupellos und umfassend betreibt, wie kein anderer. Aber daraus sollten nun nicht voreilig die falschen Schlüsse gezogen und das andere Extrem angestrebt werden. Es spricht nichts dagegen, Geld zu verdienen. Es spricht auch nichts dagegen, dass einzelne sehr viel mehr Geld verdienen als andere. Aber: Für Geld, das sich bei den Beziehern sehr hoher Einkommen ansammelt und von diesen (vorsätzlich) nicht mehr als Zahlungsmittel benutzt wird, muss im Interesse der Gesamtwirtschaft Ersatz geschaffen werden.

Wenn sich einzelne Mitglieder einer Gesellschaft durch die Praktiken ihres Wirtschaftens so große Vorteile verschaffen, dass dadurch bei vielen anderen Geldmangel entsteht, dann darf doch mit Fug und Recht von einer Störung des gesamtwirtschaftlichen Gleichgewichts gesprochen werden. Staat und Notenbank sollten dann miteinander den Geldbedarf der Wirtschaft ermitteln und das fehlende Geld durch die Bereitstellung zusätzlichen Geldes ersetzen. Es ist doch verrückt, dass sich Staat und Bürger das Geld heute ausgerechnet von denen leihen müssen, die es dem Markt aus egoistischen Motiven entzogen haben. Es ist doch pervers, dass sich der Staat überhaupt Geld leihen muss. Ein Staat, der seiner Aufgabe gerecht werden will, muss Zahlungsmittel im erforderlichen Umfang herstellen und an den richtigen Stellen in den Kreislauf einspeisen, wenn er schon nicht in der Lage ist, ein Steuersystem zu installieren, das ihm ausreichende Einnahmen verschafft.

Kapitel 5
Eine Lanze für die Erhebung von Steuern auf Vermögen

Die Diskussion um die Besteuerung von Vermögen lebt im Wesentlichen von zwei widerstreitenden, rein populistischen Positionen. Die Populisten „Pro" führen einen moralischen Feldzug für mehr Gerechtigkeit und die Populisten „Contra" übertreffen sich in Zynismus und Besserwisserei, wenn es darum geht, ihre grotesken Befürchtungen fiskalischer Gräueltaten als schreckliches Menetekel an die Wand zu malen. Dabei ist die Besteuerung von Vermögen eine uralte, womöglich die älteste Form einer Besteuerung, deren Höhe sich nach „objektiv messbaren" Kriterien an der Leistungsfähigkeit des Staatsbürgers orientiert. Mit Athens Demokratie, in der die Staatsaufgaben und damit unvermeidlich auch die Staatsausgaben ausgeweitet wurden, entstand ein fiskalisches System, das wiederkehrende Ausgaben, wie z.b. die Besoldung der Beamten, in einem Haushaltsplan erfasste, auf dessen Einnahmeseite über Pachteinnahmen, Zölle und Gebühren der Ausgleich gesucht wurde. Standen große Gemeinschaftsaufgaben an, wurden die wohlhabenden Bürger zur Deckung der Ausgaben herangezogen und kam es zu außerordentlichen Finanzierungsbedarfen, dann wurde von den 1.200 reichsten Bürgern eine Vermögenssteuer erhoben, deren Höhe vom jeweiligen Anlass bestimmt war, durchschnittlich aber etwa 12% des Vermögens ausmachte. Wurde die Finanzsituation aufgrund außergewöhnlicher Notfälle noch prekärer, konnte sogar auf die Kassen der Tempel zugegriffen werden.

Heute ist die Besteuerung von Vermögen als „Neidsteuer" verpönt und ihre Erhebung wegen Ungereimtheiten in der Systematik, nicht etwa wegen des Gegenstandes der Besteuerung, vom Verfassungsgericht praktisch verboten. Sie gilt als leistungsfeindlich und wachstumsschädlich und wer sich ernsthaft für die Besteuerung großer Vermögen einsetzt, muss sich Naivität vorhalten lassen, weil die Vermögenden doch immer Wege fänden, die Besteuerung zu umgehen.

Als probates Mittel, den Finanzbedarf des Staates einzuheben, werden heutzutage primär Einkommen und Verbrauch, Arbeit und Konsum besteuert. Das hat uns tatsächlich so weit gebracht, dass die nackte Existenz eines Menschen ausreicht, dem Fiskus eine Steuermindesteinnahme zu garantieren, weil kein Konsum, auch nicht derjenige, der als überlebensnotwendig angesehen werden muss, möglich ist, ohne damit Staatseinkünfte aus der Mehrwertsteuer zu generieren. Im Klartext: Jeder Bürger, der das Existenzminimum verbraucht, nur um am Leben zu bleiben, entrichtet pro Jahr mindestens 250 Euro an Mehrwertsteuer (wenn man durchgehend den verminderten Satz von 7% ansetzt). Ca. 80 Millionen Bürger garantieren dem Finanzminister also, durch nichts als die allermindesten Aufwendungen für ihr Überleben, ein jährliches Steueraufkommen in Höhe von 20 Milliarden Euro.

Wer die Hürde des nackten Überlebens genommen hat und ein Einkommen erzielt, das knapp oberhalb des Existenzminimums liegt, entwächst über kurz oder lang den schützenden Freibeträgen der Lohn- bzw. Einkommensteuer und wird – mit steigenden Einkünften – auch immer mehr an der Finanzierung der Staatsaufgaben beteiligt. Ein so genannter „abhängig Beschäftigter" kann sich der Lohnsteuer, die sein Arbeitgeber einbehalten und abführen muss, nicht entziehen und hat nur geringe Möglichkeiten im Rahmen des sog. Lohnsteuer-Jahresausgleichs oder durch die nachträgliche Einkommensteuererklärung steuermindernde Sachverhalte geltend zu machen. Außerdem steigt mit wachsendem Einkommen nicht nur die Last der direkten Steuern progressiv an, auch die Last der indirekten Steuern steigt erheblich, weil der Fiskus von jedem ausgegeben Euro 13,8 Cent (16% Mehrwertsteuer) für sich beansprucht und bei Zigaretten, Benzin, Schaumwein, Alkohol usw. durch die darauf lastenden Sondersteuern sogar ein Vielfaches davon für sich abzweigt.

Mit diesem System und seiner Systematik hat der Staat - von der Eigenheimzulage bis zur Ökosteuer, von der Tabaksteuer bis zur Grunderwerbsteuer - vielfältige Möglichkeiten, die Antriebskräfte allergrößter Teile der Bevölkerung mit fiskalisch-pekuniären Schmerz- und Glücksempfindungen zu manipulieren, ohne vorher Verständnis und Zustimmung für die zugrundeliegenden moralischen, sachlich- fachlichen oder auch nur weltanschaulichen Werte und Zwänge vermitteln zu müssen.

Im schmalen Budget der Familie des Angestellten, Beamten oder Arbeiters wird die Erhöhung der Steuer auf Benzin über kurz oder lang zu einer Reduzierung des Kraftstoffverbrauches führen. Ein staatlicher Zuschuss, vor allem wenn er zeitlich befristet ist, wird zu Investitionen bewegen, die sonst unterblieben. Das wichtigste an diesem System liegt aber darin, dass der Druck der staatlichen Lasten - solange das Gros der Staatseinnahmen aus der Besteuerung der niedrigen und mittleren Einkommen fließt - über den Transmissionsriemen der Tarifautonomie an Wirtschaft und Kapital herangetragen wird. Dieser Druck von unten wird in vielen, vielen Einzelverhandlungen, solange es die Ertragskraft der Wirtschaft erlaubt, genau den Mittelabfluss aus den Unternehmensgewinnen in die Lohntüten auslösen, der einerseits der Wirtschaft zuträglich ist und es andererseits der Gemeinschaft der besteuerten Bürger ermöglicht - ohne auf Besitzstände verzichten zu müssen - die Beträge aufzubringen, die der Staat benötigt. Dies funktioniert nicht nur in Zeiten guter Konjunktur und prosperierenden Wachstums. Es funktioniert ebenso, wenn der Verteilungsspielraum, der in der Wirtschaft entsteht, kleiner wird. Denn dann wird über das geringere Wachstum von Löhnen und Gehältern auch der Widerstand der Bevölkerung gegen ein weiteres Anwachsen der staatlichen Forderungen steigen und damit dem Anspruch des Staates auf Steuereinnahmen eine Grenze setzen, die vom Staat in Form von Ausgabenkürzungen oder durch die Ausweitung der Verschuldung ausgeglichen werden muss.

Leider ist dieser überaus sinnvolle und im Rahmen einer entwickelten Volkswirtschaft wirksame Mechanismus durch die inzwischen erreichte, nahezu vollständige Freiheit des Verkehrs von Waren, Kapital und Dienstleistungen innerhalb der EU und weiter Teile der globalisierten Welt vollständig ausgehebelt. Der Regelkreis hat seinen wohl-austarierten Sollwert verloren, weil jegliche Widerstandslinie der geplünderten Bevölkerung von schlechter bezahlten Kulis sofort unterlaufen wird und der

Staat lieber seine ureigensten Aufgaben vernachlässigt, oder privatisiert – was auf das Gleiche hinausläuft – anstatt den rasanten Absturz mit allen gebotenen Mitteln aufzuhalten.

Eines dieser Mittel wäre zweifellos die Erhebung von Steuern auf Vermögen, doch stellt sich auch dabei eine Gerechtigkeitsfrage. Nimmt man an, Vermögen seien durch das Ansammeln ordnungsgemäß versteuerter Einkünfte entstanden, dann unterlag doch bereits der Erwerb des Vermögens einer Besteuerung, die nochmalige Besteuerung des angesammelten Vermögens wäre dann eine Strafe für die Sparsamen und geradezu ein Ansporn für Verschwender und Prasser. Kein Wunder, wenn Vermögende versuchen, ihre wahren Vermögensverhältnisse zu verschleiern und Kapital nach Möglichkeit ins Ausland zu verbringen.

Solche, und ähnliche Argumente, haben einen verführerischen Charme, doch sie machen blind für den herausragendsten Makel aller großen Vermögen: Vermögen, die einen bestimmten Wert übersteigen, können nur dadurch entstanden sein, dass es dem Eigentümer gelungen ist, über lange Zeit und in vielen Fällen in ganz spektakulärem Ausmaß, nach Steuern soviel Gewinn behalten zu dürfen, dass dies, stellte man die - bei uns á priori gegebene - Legitimität beliebig hoher Gewinne aus wirtschaftlichen Transaktionen einmal in Frage, zumindest als Wucher, wenn nicht gar als Betrug oder Diebstahl angesehen werden müsste.

Dabei geht es nicht alleine um die Frage, ob ein vom Kunden geforderter Preis (z.B. für Strom, Brot, Wohnraumnutzung) noch akzeptabel sei. Es geht nicht allein um die Frage, mit welchen perfiden psychologischen Tricks die Werbung in Kinderköpfe gehämmert wird, um diese als willfährige Erpresser ihrer Eltern dazu einspannen zu können, den gewinnbringenden Absatz vollkommen wertloser und beliebig unsinniger Produkte anzukurbeln. Es geht vor allem um die Frage, wie es gelungen sein kann, den Weg von der Urerzeugung über vielfältige Bearbeitungs- und Transportschritte bis zum Abgabepreis des Zulieferers so zu gestalten, dass der große Teil des Mehrwerts nicht dort entsteht und verbleibt, wo auch der größte Aufwand menschlicher Arbeit liegt, sondern da, wo nur noch in kühler, spekulativer Abwägung, in der Entscheidung eines kleinen Viertelstündchens, alleine mit der Auswahl des am rentabelsten erscheinenden Projektes, der Gewinn abgezogen wird. Es geht genauso um die Frage, unter welchen, im Kostenoptimum hergestellten Arbeitsbedingungen die Mitarbeiter verpflichtet sind, ihre Arbeit gegen einen knappen Lohn zu verkaufen, wie um die Frage, wie daraus die Lebensbedingungen und Entwicklungschancen von Familien, von ganzen Stadtviertel und sogar von Städten, die sich aus einseitiger Abhängigkeit nicht lösen können, beeinträchtigt werden. Es geht um die Frage, wie der aufgehäufte Reichtum *hier* mit dem vielfachen Mangel *anderswo* korrespondiert und wer darauf ernsthaft antworten will, die Armut sei Zeichen von Faulheit und Dummheit, aber Reichtum sei Zeichen von Arbeit, Fleiß und Leistung, der lügt.

Reichtum, Vermögen, Kapital, wie auch immer man es nennen will, wenn sich die Verfügungsgewalt über Grund und Boden über Produktionsmittel und über die Luxusgüter dieser Welt allzu kräftig in einer Hand konzentriert, bleibt – selbst wenn legal erworben - so doch moralisch immer in der Hauptsache das Resultat der unangemessenen Aus-Nutzung vorteilhafter Positionen und damit die Folge einer unzureichenden freiwilligen Wahrnehmung sozialer und gesellschaftlicher Verantwortung.

Wer dies verurteilt, ist kein Neider.

Wer das Super-Vermögen als das Resultat vielfältiger Fehlfunktionen unseres Wirtschaftssystems begreift, darin den offensichtlichen und unbestreitbaren Beweis für das Fehlen, die Unschärfe oder die unzureichende Kontrolle von Gesetzen und Verordnungen erkennt und in einer Steuer auf Vermögen die Ultima Ratio des Gerechtigkeitsaspektes in der Steuersystematik sieht, denkt so falsch nicht.

Oder gibt es irgendeinen vernünftigen Grund, ist irgendein tieferer Sinn darin zu erkennen, dass ein Mensch (/eine Familie) ein Vermögen von mehr als 1 Milliarde Euro sein eigen nennen soll? Es gibt keinen einzigen vernünftigen Grund dafür.

Außer dem vielleicht, dass der Eigentümer mit diesem Geld durch Spenden, gemeinnützige Stiftungen, soziale und kulturelle Einrichtungen usw., usw. der Allgemeinheit dienen würde. Daran wird ihn niemand hindern. Das kann er gerne auch steuermindernd gegenrechnen, bis zur Steuerlast „Null". Gar kein Problem.

Würde man den Teil jedes Vermögens, das diese gigantische Summe von 1 Milliarde Euro *übersteigt*, mit jenem Steuersatz von 12 %, wie er im alten Athen den 1.200 Reichsten abverlangt wurde, besteuern, dann könnte kein Reicher dadurch wirklich arm werden – bei einem Freibetrag von 1 Milliarde Euro. Aber der Bundesrepublik Deutschland stünde ein zusätzliches Steueraufkommen in Höhe von etwa 17,5 Milliarden Euro pro Jahr zur Verfügung. In Deutschland gibt es ungefähr 75 Euro-Milliardäre mit einem Gesamtvermögen von über 220 Milliarden Euro. Wer muss da noch das Häuschen der Oma besteuern, wenn jeder dieser Superreichen über ein Vermögen verfügt, das sich Otto Normalbürger nicht einmal vorstellen kann, wenn man ihm sagt, dass er zwanzig Jahre lang, Woche für Woche, drei Millionen Euro im Lotto gewinnen müsste, um jene drei Milliarden aufhäufen zu können, die als das durchschnittliche Vermögen jener 75 Superreichen ermittelt wurden.

Das dümmste Argument gegen die Besteuerung von Vermögen ist das der vorgeblichen Unmöglichkeit der Durchsetzung der Besteuerung wegen des viel zu hohen administrativen Aufwandes. Selbst wenn wir die viel zu hoch gegriffene Annahme gelten lassen, die immer wieder ins Feld geführt wird, dass nämlich für die Erhebung der Vermögen und die Eintreibung der daraus folgenden Steuern ein Heer von 300.000 Finanzbeamten benötigt würde, wäre mit einem zusätzlichen Personalaufwand von etwa 15 Milliarden Euro zu rechnen, um insgesamt 17,5 Milliarden Steuern einzutreiben. Der Netto-Effekt wäre mit 2,5 Milliarden
Euro vielleicht nicht besonders groß, aber deswegen muss niemand an höhere Sätze, niedrigere Freibeträge oder gar an die völlige Aufgabe des Vorhabens denken. 300.000 zusätzliche Steuerbeamte mehr, das sind doch gleichzeitig auch 300.000 Arbeitslose weniger, das spart jährlich 5,5 Milliarden Euro Arbeitslosengeld. Es gibt 300.000 Steuer- und Beitragszahler mehr, was Lohn- und Einkommensteuer von rund 4 Milliarden und Sozialversicherungsbeiträge von weiteren 3 Milliarden einbringt. Vom Mehrertrag bei der Mehrwert-, Öko-, Mineralöl- und Schaumweinsteuer ganz zu schweigen und völlig außer Acht gelassen, dass 300.000 zusätzliche Finanzbeamte auch viele neue Arbeitsplätze in Industrie, Handel und Dienstleistungsberufen nach sich ziehen würden. Sage also niemand, es lohne sich nicht! Dabei kann realistisch davon ausgegangen werden, dass zur Erfassung und Bewertung der Vermögen von 75 Familien ein Beamtenheer von 10.000 Menschen völlig ausreichen würde, 300.000 würden allenfalls benötigt, wenn es wirklich um die Vielzahl kleiner Vermögen von 500.000 Euro aufwärts ginge. Aber das wäre völliger Unsinn.

Bleibt die Sorge vor der Kapitalflucht. Wer mit dem Kofferraum voller Geldscheine in die Schweiz fährt, um sein Schwarzgeld dort zu deponieren, der entzieht sich der Besteuerung. Was soll's? Das Geld war auch vorher nur im Safe oder unter dem Bett gebunkert. Der Wirtschaft also nicht weniger entzogen, als im Safe in Zürich. Dass jemand, wegen der Vermögenssteuer, seine Fabriken in Deutschland verschrottet und in Luxemburg neu aufbaut, dass jemand seinen Grundbesitz in Bayern veräußert und dafür Land in Argentinien kauft, ist nicht zu erwarten. Das funktioniert nicht. Wer lieber im Ausland investiert, als im Inland, der tut das unabhängig von einer Steuer auf Vermögen.

Die Frage ist einzig, ob derjenige, der keine Lust hat, als deutscher Staatsbürger für sein weltweit verstreutes Vermögen in Deutschland Steuern zu zahlen, ernsthaft daran denken würde, die deutsche Staatsbürgerschaft aufzugeben und nach Brasilien, Montevideo oder Singapur auszuwandern. Solange er das nicht tut (weil auch mit der Vermögenssteuer die deutsche Staatsbürgerschaft eine der attraktivsten der Welt bleiben wird) sollte ihm der deutsche Fiskus nachspüren und die Steuern vom Vermögen einfordern. Bei Spitzensportlern und deren Einkommensteuer ist das ja auch hin und wieder gelungen.

Kapitel 6
Über das Horten von Geld

Skeptiker tragen – aus den unterschiedlichsten Motiven – immer wieder den Einwand vor, die angebliche Hortung von Geld sei ein logischer Trugschluss. Geldanlagen der Reichen und das – über Kredite beschaffte Geld der Schuldner – seien doch immer nur zwei Seiten der gleichen Medaille. Jedem Guthaben, heißt es, steht in gleicher Höhe auch eine Schuld gegenüber, also ist das Geld doch nicht gehortet, sondern da, wo es hingehört, nämlich im Umlauf. Die abschließende Fangfrage nach solcher Argumentation lautet häufig: Wo soll das angeblich gehortete Geld denn geblieben sein?

Wer über dieser Frage ins Grübeln gerät, ist in guter Gesellschaft. Der logische Kurzschluss, der unvermittelt in den Irrtum führt, ist verlockend: *Wenn es stimmt,* dass die Existenz von Geld an die Existenz von Schulden gebunden ist, woraus folgt, dass Schulden und Guthaben zwangsläufig gleich hoch sein müssen, *dann muss doch auch* mit jeder Neuverschuldung die Summe der Guthaben wachsen, und umgekehrt muss es zu jedem neuen Guthaben auch einen neuen Kredit geben. *Folglich ist die These vom Geldmangel durch Hortung falsch,* weil ein Geldmangel überhaupt nicht auftreten kann, solange das Geld – und das tut es ja zwangsläufig und systembedingt - mit jedem Kredit wieder neu in Umlauf kommt.

Fatalerweise kommt diesem Gedankengang auch noch das Credo jener puristischen Notenbankgeld-Philosophen entgegen, die in dem Glauben leben, Geld könne dem Markt gar nicht entzogen werden, es sei denn, man holt sich tatsächlich Banknoten nach Hause und polstert die Sessel damit.

Die Argumentation wird aber dem tatsächlichen Wesen des Geldes nicht gerecht. Sie übersieht vollständig die Rolle der Banken sowie die realen Folgen internationaler Geldtransfers und sie verschließt die Augen davor, dass die Liquidität eines großen, leicht veränderlichen Anteils der Geldmenge ausschließlich für die Abwicklung spekulativer Geschäfte vorgehalten wird. Dabei ist Geldhortung so einfach.

1. Systembedingte Geldhortung durch das Bankwesen

Wer ein Guthaben bei der Bank begründet, ist in jedem Fall zum Gläubiger der Bank geworden, denn die Bank schuldet ihm Geld. Ist das Guthaben auf einem Girokonto verzeichnet, kann der Kontoinhaber sein der Bank geliehenes Geld jederzeit zurückfordern, seine Liquidität ist also davon nicht beeinträchtigt. Wer allerdings Geld - ob Bargeld oder Sichteinlagen - in langfristige Geld-Anlagen umwandelt, verfügt nicht mehr über das Zahlungsmittel Geld, sondern stattdessen über Geldvermögen, genauer gesagt, über einen terminierten Anspruch auf Geld. Die Folge: Wer eine längerfristige Anlageform wählt, kann sein Geld - ohne Verluste in Kauf nehmen zu müssen - erst nach Ablauf einer vereinbarten Frist von der Bank zurückfordern. Das Geld ist Gegenstand eines Darlehensvertrages mit festgelegtem Rückzahlungstermin zwischen der Bank als Darlehensnehmer und dem Bankkunden als Darlehensgeber. Der Bankkunde hat in diesem Fall seine Liquidität aufgegeben. Die Bank hat prinzipiell zwei Möglichkeiten, die ihr geliehenen Mittel zu verwenden:

a) zur Bezahlung der Kosten des laufenden Geschäfts

Die Bank verwendet das Geld, das sie sich von ihrem Kunden geliehen hat, um damit die Gehälter ihrer Angestellten, Rechnungen von Lieferanten oder sonstige Kosten ihres Geschäftsbetriebes zu bezahlen – immer in der begründeten Hoffnung, die ausgegebenen Gelder bis zum Ablauf der Kreditlaufzeit durch Gewinne aus dem Bankgeschäft wieder erwirtschaften zu können. In dem Maße, wie die Bank die Mittel aus dem erhaltenen Kredit für solche Zwecke verwendet, sie also als Zahlungsmittel einsetzt, bleibt das angenommene Geld im Umlauf.

b) zur Ausreichung von Darlehen

Die Bank verwendet das erhaltene Geld als Einlagebasis zur Darstellung der Mindestreserven, die sie vorhalten muss, um selbst Kredite an Bankkunden vergeben zu können. Dies erfolgt aber, wie leicht nachvollzogen werden kann, nicht zwangsläufig auf Betreiben der Bank, sondern immer nur auf den Kreditantrag des potentiellen Schuldners hin. Zwischen Einlage einerseits und von der Bank ausgereichtem Kredit an Dritte herrscht also keineswegs das behauptete Gleichgewicht von „Guthaben" und „Schulden", dies stellt sich erst ein, wenn man die Bank selbst in ihrer Doppelrolle als Schuldner der Einlage und Gläubiger des Darlehensnehmers mit einbezieht.

c) als Reserve.

Ein gewisser Anteil der Einlagen wird alleine dadurch, dass das Geld einer Bank übertragen wird, definitiv stillgelegt. Dieser Anteil entspricht mindestens der Höhe der gesetzlich vorgeschriebenen Mindestreserve auf die kurzfristig fälligen Guthaben. Theoretisch könnten die Banken die Einlagen vollständig als Mindestreserven für eigene Kreditgewährung einsetzen, doch gibt es wohl kaum eine seriöse Bank, die das mögliche Kreditvolumen auch nur annähernd ausschöpft. Im Gegenteil, üblicherweise finden wir eine Situation vor, bei der die der Bank zur Verfügung stehenden Einlagen deutlich höher sind, als die von der Bank ausgereichten Kredite. Die Differenz rührt überwiegend daher, dass die Summe der Geldvermögen die Höhe der in der Realwirtschaft als Zahlungsmittel verfügbaren Geldmenge M1 deutlich übersteigt. Daneben erfordern technische Gründe (hauptsächlich die Notwendigkeit einer stets ausreichenden Bargeldbevorratung und die unvermeidlichen Schwankungen im Zahlungsverkehr zwischen den Banken) gewisse, die Mindestreservepflicht noch deutlich übersteigende Reservehaltung der Bank. Ein Teil der Differenz zwischen hohen Einlagen und geringeren Ausleihungen führt ein freudloses Leben als Sicherheitsreserve in den Büchern der Bank. Aus ihrer Existenz erklärt sich der größte Teil der Differenz zwischen Sollzinsen und Habenzinsen. Ein Beispiel:

Eine Bank, die zugesichert hat, für ihre Einlagen in Höhe von 100 Millionen Euro jährlich 5% Zinsen zu zahlen, muss dafür alljährlich 5 Millionen Euro erwirtschaften. Hat sie gleichzeitig, was durchaus realistisch ist, durchschnittlich nur 75 Millionen Euro verliehen, kann sie aus dem eigenen Kreditgeschäft die benötigten 5 Millionen Euro nur erwirtschaften, wenn der durchschnittliche Zinssatz dafür bei mindestens 6 2/3 Prozent liegt.

Dieses Beispiel ermöglicht jedoch noch zusätzlich Erkenntnisse: Bei Bilanzierung der Vermögenswerte zeigt sich folgendes:

a) Summe der Schulden

Die Bank schuldet den Einlegern 100 Millionen Euro, die Kreditnehmer schulden der Bank 75 Millionen Euro, in Summe bestehen also Schulden in Höhe von insgesamt 175 Millionen Euro.

b) Summe der Guthaben

Die Einleger haben Guthaben von 100 Millionen Euro und die Bank verzeichnet Guthaben gegenüber ihren Kreditnehmern in Höhe von 75 Millionen Euro. In Summe wiederum 175 Millionen Euro.

Guthaben und Schulden sind also - wie erwartet - exakt gleich hoch. Die am Markt verfügbare Liquidität, also das aus Schulden und Guthaben entstandene Geld, entspricht aber keineswegs der Höhe der Guthaben. Aus ursprünglich 100 Millionen Euro Liquidität sind zwar Guthaben und Verbindlichkeiten in Höhe von insgesamt 175 Millionen Euro entstanden. In unserem Beispiel sind dem Markt davon aber nur 75 Millionen Euro als Liquidität zurückgegeben worden.

Es gilt: Geld, das von der Bank nicht selbst für Leistungen aus dem Bereich der Realwirtschaft ausgegeben, oder an Darlehensnehmer weitergegeben wird, bleibt im System „Bank" gefangen. Die daran gebundene Liquidität ist der Realwirtschaft entzogen. Das Geld ist gehortet. Dies gilt folglich auch, wenn die Bank diese Mittel auf eigene Rechnung einsetzt, um sich damit an spekulativen Geschäften an Börsen und Kapitalmärkten zu beteiligen.

Daraus ergibt sich: Nur über die zusätzliche Ausweitung von Schulden und Guthaben durch Kreditgewährung, also nur über eine <u>zusätzliche</u> Zinsbelastung ist es möglich, die stillgelegte Liquidität im Bereich der Realwirtschaft wieder zu ersetzen.

2. Stilllegung von Geld durch Außenwirtschaft

Geld lässt sich - heute leichter denn je - aus dem eigenen Wirtschaftsraum abziehen. Wer im Ausland einkauft, egal ob Ware aus dem Ausland importiert wird, oder ob im Ausland investiert wird, entzieht dem eigenen Wirtschaftsraum Kaufkraft. Technisch funktioniert das - verkürzt und bildhaft ausgedrückt - so, dass die ausländische Notenbank die zur Bezahlung der Auslandsrechnung verwendeten Euros ankauft und als Währungsreserve in den Safe legt und dafür eine entsprechende Menge Geldes ihrer eigenen Währung im eigenen Wirtschaftsraum zusätzlich in Umlauf bringt. Jeder Import ausländischer Waren und jede Urlaubsreise ins Ausland mindert also die Liquidität im Inland. Andererseits bringen Exporterlöse zusätzliche Liquidität ins Land. Da hat sich – die Anmerkung sei an dieser Stelle gestattet - mit der Einführung der Währungsunion für Deutschland einiges geändert, denn die Liquiditätsüberschüsse aus dem deutschen Export sind nicht mehr ausschließlich deutsche Liquidität, sondern seitdem gemeinsame Liquidität der Europäischen Währungsunion.

Eine besondere Rolle spielen die so genannten Auslandsinvestitionen. Wenn ein bisher auf dem Binnenmarkt tätiges Unternehmen im Ausland eine Fertigung errichtet, überträgt es nicht nur Arbeitsplätze ins Ausland, sondern gleichzeitig auch Liquidität, was in Zeiten knappen Geldes für die abgebende Volkswirtschaft eine Belastung darstellt. Investitionen von Ausländern im Binnenmarkt bringen hingegen Arbeit und Liquidität, sollten also grundsätzlich zu begrüßen sein.

Doch über die anfänglichen Effekte hinaus muss berücksichtigt werden, dass die Gewinne aus Auslandsinvestitionen unter den Bedingungen der Globalisierung zumeist dort angesammelt werden, wo es aus fiskalischen Überlegungen heraus am günstigsten erscheint, dass diese Gewinne also weder in dem Währungsraum/Binnenmarkt verbleiben, in dem sie erwirtschaftet wurden, noch in dem Wirtschaftsraum ankommen, aus dem der Global Player die Liquidität abgezogen hat. Auslandsinvestitionen sind also von beiden Wirtschaftsräumen her mit großer Vorsicht zu beurteilen. Der Zufluss von Liquidität durch Auslandsinvestitionen wird über die Zeit durch Gewinntransfer wieder abgebaut und - wenn es ein erfolgreiches Engagement war - wird dadurch sogar deutlich mehr abgezogen, als zugeflossen ist.

Der Abfluss von Liquidität zum Zwecke des Investments im Ausland bringt nur in den seltensten Fällen einen Ausgleich durch Gewinnrückflüsse in den Wirtschaftsraum der ursprünglich abgebenden Volkswirtschaft.

Gewinner sind die weltweit agierenden Zocker (Global Player) und ihre zumeist anonymen Finanziers (Shareholder). Auslandsinvestitionen entziehen in der Regel den Warenmärkten beider Volkswirtschaften Liquidität und führen sie letztlich spekulativen Anlagen zu. Wenn - im schlechtesten Fall - ausländische Investoren, um des anfänglichen Liquiditätszuwachses willen, mit großzügigen Subventionen angelockt werden und ein Großteil dieser Subventionen unmittelbar zur Bezahlung der Importe von Maschinen und Anlagen verbraucht wird, kann der Liquiditätssaldo für die Binnenwirtschaft sogar von Anfang an negativ sein.

3. Die Spekulation - Geld außerhalb der Realwirtschaft

Das Spekulationskarussell dreht täglich vielstellige Milliardenbeträge rund um den Globus und durch die Börsensäle. Gewinne und Verluste gleichen sich bei diesem Spiel aus (sieht man von Gebühren und Provisionen ab, die immer fällig werden), es geht also nirgends wirklich Geld verloren, aber trotzdem hat jegliche Spekulation ganz erhebliche Wirkungen auf die Liquidität der Realwirtschaft. Weil man auch an der Börse nicht mit dem Sparbuch bezahlen kann, sondern über M1 Geld verfügen muss, verabschiedet sich beim Einstieg in die Spekulation stets Liquidität aus der Realwirtschaft. Er verschwindet in Depots und auf Konten, die ausschließlich der Mehrung von Geldvermögen durch Aktivitäten außerhalb der realen Wirtschaft dienen. Diese Konten und Depots ziehen in Hausse-Phasen erhebliche „Geldvermögen" an, die aber prinzipiell erst in „Geld" umgewandelt werden müssen, das somit der Realwirtschaft entzogen wird. Häufig wird das für die Spekulation erforderliche Geld sogar eigens durch Kredite geschaffen, aber es findet - wenn überhaupt - nur in geringem Umfang als Liquidität zurück in die Realwirtschaft, nämlich nur soweit, wie Spekulationsgewinne, oder die Reste verspielter Vermögen, in Konsum umgewandelt werden.

Liquiditätsverluste durch Spekulation treten aber insbesondere dann ein, wenn in einer Phase stetig steigender Kurse der Geldbedarf der Spekulation so viel vom möglichen Kreditvolumen der Banken für sich beansprucht, dass für die Realwirtschaft zu wenig übrig bleibt. Dies schon alleine deshalb, weil eine langanhaltende Hausse dazu verführt, die hohe Rendite aus spekulativem Aktienhandel der niedrigeren Rendite aus dem Kreditgeschäft vorzuziehen. Eine Hausse ist also in mehrfacher Hinsicht ein Desaster für die Liquidität in der Realwirtschaft.

Das unausweichliche Platzen der Spekulationsblase stellt im Hinblick auf die Sicherung der Geldversorgung nur den Schlusspunkt einer fatalen Entwicklung dar, denn die Probleme die dann kulminieren, werden schon mit der Finanzierung der Hausse-Spekulation aufgebaut und sind - vom Crash abgesehen - kaum mehr aus der Welt zu schaffen. Werte, die es nur in der überhitzten Fantasie von Spekulanten gibt, entstehen auch nicht dadurch, dass sie in einer langdauernden Hausse immer höher und höher bewertet werden. Platzt die Spekulation, bleiben auf der einen Seite gigantische Schulden übrig, für deren Tilgungs- und Zinslasten die Realwirtschaft aufkommen muss. Auf der anderen Seite stehen riesige Forderungen aus dem Geldvermögen der Spekulationsgewinner, die jegliche Liquidität unbarmherzig aufsaugen. Warum die Realwirtschaft am Ende bezahlen muss ist klar, oder?

Arbeiter und Angestellte, die sich verspekuliert haben, tilgen emsig ihre Schulden oder versuchen, verlorenes Vermögen erneut anzusparen. Der Konsum wird entsprechend vermindert. Die Realwirtschaft schrumpft.

Unternehmer, die sich an der Börse verspekuliert haben, kürzen die Investitionen und entlassen Mitarbeiter. Die Realwirtschaft schrumpft.

Banken und Versicherungen, die sich verspekuliert haben, entlassen Mitarbeiter und erhöhen die Zinsen bzw. die Versicherungsprämien, um die Verluste auszugleichen. Die Mehrbelastung aller Darlehensnehmer und Versicherten beeinträchtigt die Realwirtschaft.

Ein reiner Spekulant, der sich verspekuliert hat, ist pleite. Hat er Schulden, bleiben diese an der Bank hängen. Die Bank entlässt Mitarbeiter und erhöht die Zinsen, um den Verlust auszugleichen, die Realwirtschaft schrumpft.

Folgerungen

Um Geld zu horten, braucht es nicht den Entenhausener Dagobert Duck und seinen Geldspeicher. Alleine durch das Funktionsprinzip des Bankensystems werden dem Wirtschaftskreislauf große Mengen Liquidität entzogen. Weitere Fluchtmöglichkeiten eröffnen sich durch den Transfer ins Ausland und nicht zuletzt durch die Anlage in Objekten der Spekulation. So entstanden - und entstehen weiterhin - riesige, aufgehäufte Ansprüche des Geldvermögens auf Geld, denen am Gütermarkt kein Äquivalent gegenübersteht. Dieses „Fehlen" der Güter und Leistungen resultiert nun aber nicht aus der Faulheit der Beschäftigten oder daraus, dass der Staat und der Kleine Mann über ihre Verhältnisse gelebt hätten. Das Fehlen der Güter hat seine Ursache darin, dass ein Großteil der Vermögen eben nicht aus produktiver Leistung, sondern aus weitestgehend leistungsfreien Einkommensquellen wie Zins, Pacht, Raub, Betrug, Erpressung, Wucher, überhöhten Gewinnen und überhaupt aus der Nutzung jeglicher Chance entstanden sind, am äußersten Rande und auch außerhalb der Legalität Profite zu machen. Die Eigentümer dieser Vermögen sind in der Lage, durch spekulative Aktionen erhebliche Störungen im wirtschaftlichen Gleichgewicht auszulösen. Sie können die Geldversorgung ganzer Volkswirtschaften beinahe nach Belieben regeln, ohne von den desaströsen Folgen für Volkswirtschaft und Bevölkerung in ihrer Lebensführung auch nur im Geringsten tangiert zu sein. Es wird Zeit, dass auch hier dem Grundgesetz wieder Beachtung geschenkt wird, das in Artikel 14 bestimmt:

(1) Das Eigentum und das Erbrecht werden gewährleistet. Inhalt und Schranken werden durch die Gesetze bestimmt. (2) Eigentum verpflichtet. Sein Gebrauch soll zugleich dem Wohle der Allgemeinheit dienen. (3) Eine Enteignung ist nur zum Wohle der Allgemeinheit zulässig. Sie darf nur durch Gesetz oder auf Grund eines Gesetzes erfolgen, ...

Kapitel 7
Der Staat und das Geld

Der Staatshaushalt frisst angeblich die Leistung der Volkswirtschaft durch seinen ungebremsten Hunger nach Steuern und Abgaben vollkommen auf. Die Anhänger liberaler Wirtschaftstheorien verlangen daher, den Staat aus allen seinen Aufgaben zurückzudrängen, um Bürger und Unternehmen zu entlasten, auf dass diese in freier Selbstverantwortung erkennen, dass sich Leistung wieder lohnt. Dies ist eine so vordergründige und törichte Argumentation, dass man sich verzweifelt fragt, wie es kommt, dass ausgerechnet diese These so viel Zustimmung findet.

Was ist denn der Staat, was sind Kommunen anderes als Dienstleistungsunternehmen, denen von den Bürgern in komplizierten und langwierigen, teils sogar historischen Willensbildungsprozessen eine ganze Reihe von Aufgaben übertragen worden ist. Aufgaben, die in dieser Organisationsform prinzipiell recht gut und vor allem unter ausschließlicher Wahrung der Interessen der Bürger erledigt werden können. Dass es bei der Wahrnehmung öffentlicher Aufgaben vorkommt, dass sich Einzelne oder Gruppen, Lobbys und Seilschaften in krimineller Absicht bereichern, ist ebenso verabscheuungswürdig, wie unvermeidlich, ändert aber an der Kernaussage nichts.

Es ist ja nicht so, dass sich in der Privatwirtschaft niemand bereichern würde. Da sind - was nur selten so wahrgenommen wird - zuallererst und ganz legal die Unternehmer selbst, die sich bereichern, indem sie jede Chance nutzen, einen besonders großen Gewinn zu machen. Großen Gewinn machen heißt aber nichts anderes, als billigst einkaufen und teuerst verkaufen, niedrigste Löhne zahlen und höchste Preise fordern, Mitarbeiter und Kunden von beiden Seiten gleichermaßen über den Tisch ziehen.

Der Staat, als Organisation im Eigentum der Bürger, kann zwar auch an der einen Stelle zu hohe Abgaben fordern und an der anderen Stelle seine eigenen Beschäftigten zu schlecht bezahlen, doch tut er das nicht mit der Bereicherungsabsicht des gewinnfixierten Unternehmers. Solche Fehljustierungen entstehen manchmal beinahe zwangsläufig als Folge der Komplexität der öffentlichen Organisation, oft sind sie aber auch die Folge des der Demokratie inhärenten Phänomens des Wahlversprechens, ohne dessen Hilfe der Gestaltungswille weniger Vordenker wohl kaum so direkt zur „Herrschaft Dank gewonnener Mehrheiten" führen könnte, wie es der Fall ist.

Der bisherige Exkurs klingt weit- und abschweifend, doch nur wer akzeptiert, dass Demokratie nur so und nicht anders funktionieren kann, wird frei werden von jenen schwärmerischen, unerreichbaren Idealvorstellungen, die von interessierter Seite hochgehalten werden, um den Staat zu diskreditieren und damit eine Stimmung zu erzeugen, die den Bürger ermuntert, *seinen* Staat nach Kräften zu demontieren um anschließend entweder auf die gewohnten Leistungen zu verzichten, oder sie stattdessen – zu weitaus höheren Preisen – vom *fremden* Unternehmer, oft sogar vom ausländischen Investor, zu beziehen. Also lassen wir alle Staatsschelte beiseite und auch die Kritik des Bundesrechnungshofes an mancher Verschwendung (Es gibt diese Kritik! Ist das nicht gut?) und befassen wir uns ausschließlich mit der Frage, ob der Staat die Leistung seiner Bürger wirklich aufzehrt.

Wenn Heinrich Mustermann seinen Gehaltszettel betrachtet und feststellt, dass ihm von seinem mit dem Arbeitgeber vereinbarten Brutto-Gehalt nach allen Steuern und Abzügen nur noch 60 Prozent verbleiben, dann ist sein Zorn verständlich und wir glauben ihm auch gerne, dass er, ohne diese Abzüge, ein größeres, schöneres, teureres Auto fahren würde, als das, was er sich vom verbliebenen Netto gerade noch leisten kann.

Und, ganz klar, hätte Heinrich Mustermann und mit ihm alle Lohn- und Einkommensteuerzahler nicht nur 60 Prozent vom Brutto, sondern vielleicht 80 oder gar 90 Prozent in der Tasche und würden daraufhin alle dazu gewonnene Kaufkraft in größere und schönere Autos umsetzen, der Autoindustrie und ihren Zulieferern ginge es gut wie nie zuvor, es wäre Wachstum zu verzeichnen, die Gewinne stiegen ganz immens und die Dividendenzahlungen an die Autoaktionäre wüchsen in den Himmel. Also: Steuern und Abgaben runter?

Fürwahr eine verlockende Vorstellung. Aber für wen? Wer, außer den Eigentümern der Automobilfabriken hat einen Nutzen davon? Wenn mehr und größere und schönere Autos produziert werden sollen, brauchen wir mehr Arbeitskräfte. Das Geld, das dem Staat verweigert wird, fließt auf diese Weise vollautomatisch in die Taschen der bis dahin Arbeitslosen. Aber nicht nur in den Automobilfabriken, auch in der Bauindustrie wird eingestellt, weil neue Fabrikhallen und neue Garagen gebraucht werden. In den Werkstätten, wo gewartet und repariert werden soll und an den Tankstellen, die das Benzin verkaufen und überhaupt überall rings um das Auto entstehen von dem Geld, das wir den Bürgern in die Hand geben, statt es dem Staat in den Rachen zu werfen, neue Arbeitsplätze und blühende Landschaften. Neue Arbeitsplätze bringen neues Geld in die Wirtschaft, die Aufwände für staatliche Unterstützungsleistungen gehen zurück, das Steueraufkommen und die Einnahmen der Sozialversicherung wachsen, das Glück ist vollkommen.

Wo ist der Haken?

Könnte es sein, dass Menschen, die vorher im Staatsdienst standen und andere, die indirekt über öffentliche Aufträge eine Arbeit und Beschäftigung fanden, nun wegen fehlender Steuereinnahmen nicht mehr vom Staat bezahlt werden können und folglich entlassen werden? Oder wird das Geld nur anders, nämlich privatwirtschaftlich und damit effizienter verteilt? Wer im Einwohnermeldeamt seinen Job verliert, der kann doch sofort in der Personalabteilung der Autofabrik wieder anfangen. Wer keine Autobahnen mehr baut, kann doch genauso gut Testrecken für die Automobilindustrie asphaltieren. Wer als Sportlehrer oder Museumswärter seinen Arbeitsplatz verliert, der kann doch Fahrlehrer werden, oder Oldtimer pflegen.

Die Vorstellung ist und bleibt verlockend. Doch schon die Grundannahmen sind falsch. Die Argumente sind die gleichen, mit denen auch klassische Strukturvertriebsanführer und Kettenbriefveranstalter immer wieder in betrügerischer Absicht auf Dummenfang gehen.

Die falschen Grundannahmen:

Der Staat vernichtet das Geld, das er von den Steuer- und Abgabenzahlern erhält.

Unfug.

Der Staat gibt das Geld, das er einnimmt, innerhalb kürzester Zeit wieder aus. Er behält davon nichts für sich zurück, ganz im Gegenteil, er verschuldet sich sogar regelmäßig noch, um zusätzlich Geld in Umlauf zu bringen, das dem Volk und seiner Wirtschaft sonst fehlen würde.

Der Staat verwendet das Geld falsch. Es geht viel zu viel in den Konsum und viel zu wenig in die Investitionen.

Unfug.

Alles Geld, das der Staat ausgibt, steht der Volkswirtschaft sofort wieder zur Verfügung. Es liegt ausschließlich in der Entscheidung der Empfänger staatlicher Gelder, wie sie damit umgehen, egal, ob der Staat es für Konsum oder für Investitionen ausgegeben hat. Es ist daher richtig, dass die Politik nach den jeweiligen Erfordernissen des Landes über die staatlichen Aufgaben und damit über die Mittelverwendung entscheidet. Für einen Vorrang der Investitionen gibt es, auch wenn man einen Zusammenhang mit der Neuverschuldung herstellt, keine stichhaltige Begründung. Diese Einstellung stammt aus rein betriebswirtschaftlichen Überlegungen und ist auf den Staat, der ganz andere Ziele und Aufgabenstellungen hat, nicht übertragbar, auch dann nicht, wenn über staatliche Einrichtungen gesprochen wird, die mit Wirtschaftsunternehmen verglichen werden können.

Der Staat ist ineffizient, zu teuer, Beamte können nicht wirtschaften, es wird Geld verschwendet.

Unfug.

Weil alles Geld, das der Staat ausgibt, der Volkswirtschaft unmittelbar wieder zur Verfügung steht, macht nicht nur die zweckmäßige, notwendige und sparsame Ausgabe, sondern auch jede verschwenderische Aktion einen Sinn, solange die Leistungsfähigkeit der Volkswirtschaft nicht ausgeschöpft ist und soweit die verschwendeten Mittel im Binnenmarkt verbleiben. Verschwenderischer Blumenschmuck sichert die Arbeitsplätze in Gärtnereien, die Errichtung verschwenderischer Rathäuser und Kläranlagen fördert die Bauwirtschaft, der Unterhalt einer Flotte von großen und teuren Dienstlimousinen hilft den Automobilunternehmen, das Festbankett am Tag der Welthungerhilfe hilft dem ortsansässigen Caterer und seinen Minijobberinnen - und alle, die heute von der Verschwendung des Staates profitieren, werden das empfangene Geld morgen in neuen Konsum umwandeln und über kurz oder lang wird es auch bei denen ankommen, die sich, weil sie das Prinzip nicht erkennen können, weiterhin über die Verschwendung mokieren.

Solche Verschwendung ist ein willkommener Beitrag des Staates zur Herstellung von Vollbeschäftigung und solange dabei die andere, die kriminelle, korrupte Verschwendung, mit deren Hilfe abartig hohe Gewinne abgegriffen und dem Wirtschaftskreislauf entzogen werden, das Maß des bei aller Vorsicht und Umsicht Unvermeidlichen nicht überschreitet, ist staatlicher Aufwand, so sehr er den Sparsamkeitsbegriff des Bürgers auch strapaziert, letztlich doch ein Segen für die Volkswirtschaft.

Vom privaten Unternehmer, der sich anheischig macht, staatliche Aufgaben preiswerter als die öffentliche Hand wahrzunehmen, wird dieser positive Effekt staatlicher Ausgabenpolitik nicht ausgehen. Privatisierung ist immer mit Ausgabenkürzung, Stellenabbau und/oder Lohnminderung verbunden und damit mehr schädlich, als nützlich.

Die falschen Argumente:

Die Wirtschaft schafft im gleichen Maße Arbeitsplätze, wie sie der Staat bei Budgetkürzungen einsparen muss, weil das Geld, die Kaufkraft des Bürgers, bei der Wirtschaft ankommt, statt beim Staat zu landen.

Unfug.

Der Zweck eines Wirtschaftsunternehmens ist die Gewinnerzielung. Gewinne - das liegt so in ihrem Wesen - werden aber ganz überwiegend angehäuft und stehen der Nachfrage nicht als Kaufkraft zur Verfügung. Geld, das die Bürger vorne, als Konsumenten, in die Wirtschaft hineinstecken, bekommen sie, auch bei völliger Steuer- und Abgabenfreiheit, als Arbeiter und Angestellte hinten nur zum Teil in Form von Lohn und Gehalt wieder zurück. Ein nicht zu unterschätzender Anteil des Geldes verschwindet als Gewinn dauerhaft aus dem Markt. Die Menge des Zahlungsmittels Geld, das der Staat, so wie er funktioniert, der Volkswirtschaft nach einer ganz kurzen Verweilzeit in der stets leeren Staatskasse zu 100 % wieder zur Verfügung stellt, wird von den privaten Unternehmen bei jeder Transaktion verkleinert, weil Teile davon für die Bildung von Geldvermögen in privater Hand abgezweigt werden.

Die Privatwirtschaft kann, mit dem gleichen Aufwand, wegen eventuell höherer Produktivität, zwar möglicherweise die gleiche Leistung erbringen, aber sie wird niemals den gleichen Beschäftigungsgrad herstellen und wenn, dann zu niedrigeren Löhnen. Irgendwo muss die Gegenfinanzierung der Gewinne schließlich herkommen.

Jeder, dank des Aufschwungs von der Wirtschaft geschaffene Arbeitsplatz zieht die Schaffung weiterer Arbeitsplätze nach sich.

Unfug.

Die Aussage ist nicht völlig falsch, aber sie suggeriert eine völlig falsche Wirkung! Erhält der Staat weniger Geld, wird er gezwungen sein, Arbeitsplätze abzubauen. Die Wirtschaft wird den Lohnausfall - wegen ihres Gewinnanspruches - niemals vollständig ersetzen. Dabei ist das Maß der bestehenden Arbeitslosigkeit nicht relevant, die Arbeitslosigkeit muss, sobald der Staat durch Etatkürzungen zu Entlassungen gezwungen ist, zwangsläufig steigen, die Lohnsumme muss sinken. Das Entstehen neuer Arbeitsplätze für den Neubau von Automobilfabriken ist zwar Faktum und entspricht der obigen These, doch können damit die zuvor vernichteten Arbeitsplätze/Lohnsummen nicht vollständig ersetzt werden. Die Rechnung geht einfach nicht auf.

Neue Arbeitsplätze schaffen zusätzliche Steuereinnahmen und entlasten die Sozialversicherungen

Das ist wahr, aber nicht in diesem Kontext

Selbst wenn Gewinne in gleicher Höhe wie Löhne besteuert würden und selbst wenn Gewinne sozialversicherungspflichtig wären, müssen Steuereinnahmen und das Beitragsaufkommen der Sozialversicherung sinken, wenn der Staat weniger Geld bekommt. Das ergibt sich zwangsläufig aus den bisherigen Ausführungen.

Es sei denn,...

Natürlich lässt sich die bisherige Argumentation - mit etwas Geschick - anhand von Beispielen widerlegen. Es ist nachweislich gelungen, durch Senkung der Staatsquote einen wirtschaftlichen Aufschwung zu erreichen und es gibt Beispiele dafür, dass sinkende Steuersätze zu Steuermehreinnahmen führen. Dies funktioniert jedoch nur, wenn zwei Voraussetzungen erfüllt sind:

1. Der sinkende Staatsanteil wird für Preissenkungen verwendet, die es ermöglichen die Außenhandelsbilanz zu verbessern (weniger Defizit genügt, es muss nicht gleich ein Überschuss entstehen)
2. Die zur Finanzierung des Wachstums erforderliche Geldmenge wird durch Neuverschuldung oder Ausgabenkürzung (Lohnverzicht) oder ausländische Investoren bereitgestellt.

Natürlich könnte man diese Bedingungen mit vielerlei Ausnahme- und Zusatzregelungen schmücken, um neben den Verhältnissen in den entwickelten Staaten Mitteleuropas auch die Belange der Demokratischen Republik Kongo oder des US-Bundesstaates Kalifornien abzubilden, für das Verständnis unserer Situation sollten sie aber ausreichen. Wichtig ist es, die Ursachen für diese Bedingungen zu erkennen.

Warum muss der sinkende Staatsanteil im Außenhandel als Preisnachlass verschenkt werden?

Ganz einfach. Wir haben - am Beispiel Deutschland - nach kraftvollen Aufbaujahren und dem Wunder des „Made in Germany" einen zur Ruhe gekommenen Binnenmarkt mit einem kaum noch wachsenden Kaufkraftvolumen. Dieses Kaufkraftvolumen reicht aus, um eine gewisse Menge Produkte und Leistungen mit Gewinn abzusetzen.

Mehr Produktion für inländische Abnehmer ist nicht sinnvoll, weil die Brutto-Löhne, die für die Mehrproduktion ausgezahlt werden, zwangsläufig geringer ausfallen müssen, als der Verkaufswert der Produktion, die erzeugten Güter also niemals vollständig verkauft werden können, es sei denn, per Preissenkung und Gewinnverzicht.

Der Gesamtgewinn aus dem Betrieb von Wirtschaftsunternehmen kann in dieser Situation nur noch wachsen, wenn es gelingt, durch preiswertere Importe die Differenz zwischen Kosten und Verkaufspreis zu vergrößern, was keinen Beschäftigungseffekt auslöst, oder wenn es gelingt, bei gleichem Gewinn pro Stück durch größere Verkaufsmengen im Export den Gesamtgewinn zu steigern. Dazu muss der Angebotspreis für den Weltmarkt durch die Weitergabe von Kostenersparnissen so niedrig gehalten werden, dass das Gewinnziel über die Mengenausweitung erreicht werden kann. In diesem Fall entsteht zwar ein Beschäftigungseffekt, aber dafür ist es erforderlich, die Lohnstückkosten unter das Niveau der ausländischen Konkurrenz zu senken. Das bedeutet - je nach erzeugtem Gut und möglichem Automatisierungsgrad - ggfs. auch, dass nur noch Löhne auf dem Niveau von Entwicklungsländern gezahlt werden können, weil die Produktion sonst keinen Gewinn abwirft und aus dieser Sichtweise keinen Sinn macht, völlig unabhängig vom Nutzen oder Gebrauchswert der Produkte.

Warum muss zur Finanzierung des Wachstums eine zusätzliche Geldmenge bereitgestellt werden?

Wenn über die gesamte Volkswirtschaft hinweg eine Ausweitung der Produktion erfolgen soll, ist für diese Ausweitung eine Vorfinanzierung erforderlich, die aus der aktuellen Geldmenge heraus nicht möglich ist, ohne an anderer Stelle einen Mangel zu erzeugen, das bedeutet, dass bei unveränderter Geldmenge zwar eine strukturelle Verschiebung, aber letztlich kein Wachstum entstehen kann.

Um die notwendige Vorfinanzierung zu bewerkstelligen, ist es erforderlich, dass entweder auf der Basis des vorhandenen Geldvermögens neue Kredite ausgereicht werden, oder dass ausländische Investoren das benötigte Geld in die Volkswirtschaft einbringen. Die dritte Möglichkeit besteht darin, dass die erforderlichen Geldmittel durch rechtzeitige Lohnkürzungen erspart werden, was nur unbefriedigend funktioniert, weil die Beschäftigten (noch) nicht überall bereit sind, Löhne zu akzeptieren, die gerade noch das eigene nackte Überleben sichern, nur um den Gewinn des Exporteurs zu sichern.

Die regulierende Rolle von Staatshaushalt und Staatsschulden

Das Bankwesen ist seit mehreren Jahren in der Vergabe neuer Kredite an Private (einschl. der privaten Wirtschaft) ausgesprochen zurückhaltend und hat diese restriktive Geldschöpfungspolitik in einer Art Kartell (Basel II), durch internationale Absprachen abgesichert. Die bereits sehr hohe Gesamtverschuldung und die schlechten wirtschaftlichen Rahmenbedingungen machen vorsichtig.

Die Stimmung in einer Bevölkerung, die bei hohen Arbeitslosenzahlen, skrupellosem Sozialabbau und hohem Druck auf die realen Löhne beginnt, das Vertrauen in die Regierung zu verlieren, wird allmählich kritisch. Trotzdem wird weiterhin massiv versucht, mit so genannten Reformen (Riester, Hartz, Gesundheit, usw.) eine stetige Absenkung des Lohnniveaus herbeizuführen, um freies Kapital aus aller Herren Länder anzulocken, von Investoren die sich bei sinkenden Löhnen steigende Renditen versprechen.

Ein im guten Sinne „national-ökonomisch" gestalteter Staatshaushalt dürfte sich niemals dem Ziel der Kostensenkung zur Förderung eines für die Bevölkerung ruinösen Außenhandels opfern. Im Gegenteil, der Staat - als Organisation seiner Bürger - wäre in dieser Situation aufgerufen, durch die eingangs erwähnte, positiv-verschwenderische Ausgabenpolitik den Weg zur Vollbeschäftigung zu ebnen und die Rückkehr zu einem regen Binnenhandel mit wachsendem Wohlstand der eigenen Bevölkerung anzustreben, statt zu Gunsten der Interessen einiger, so genannter Global Player, das genaue Gegenteil zu tun.

Zur Finanzierung stünde jederzeit die Möglichkeit einer ganz erheblichen Ausweitung der Steuereinhebung zur Verfügung, wollte man nur aufhören, die Gewinner der jetzigen Situation auch noch durch weit gehende Steuerverschonung und Steuersenkungen zu belohnen.

Eine drastische Vermögenssteuer auf Riesenvermögen, die deutliche Verlängerung der Progressionskurve bis weit in den mehrstelligen Millionenbereich hinein und die Anhebung des Einkommensteuer-Höchstsatzes bei gleichzeitiger Verbreiterung der Bemessungsgrundlage und vollständigem Einbezug von Zinserträgen und Spekulationsgewinnen brächte den Staat sehr schnell in die Lage, seine jährliche Verfügungsmasse um hundert Milliarden Euro - und notfalls auch noch viel mehr - zu erhöhen.

Sollten die Shareholder daraufhin flüchten, wäre es eine schöne Aufgabe für den Staat, ihre Anteile billig aufzukaufen und damit eine Trendwende im unseligen Privatisierungstreiben herbeizuführen. Sollten flüchtende Shareholder eine Politik der verbrannten Erde verfolgen, also voll funktionsfähige Betriebe auflösen, abreißen, verschrotten – könnte endlich einmal damit begonnen werden, den Artikel 14 GG auszuloten und an vorsorgliche Enteignung zu denken. Es darf ja auch niemand ungestraft das eigene Haus anzünden. Unternehmen gehen doch nicht alleine dadurch verloren, dass sie von der Last untätiger Nutznießer befreit werden! Alle Angestellten, samt den Vorständen, arbeiten problemlos weiter, auch wenn das Kapital seine Drohungen wahr macht und sich von den Anteilsscheinen trennt. Börsenkurse sind nur für Zocker interessant. Mit der Leistungsfähigkeit eines Unternehmens haben sie nichts zu tun.

Es spricht also viel dafür, dass der Finanzminister versuchen sollte, das Ausgabenvolumen zu erweitern und einen ausgeglichenen Haushalt durch die Erhöhung der Einnahmen aus denjenigen Quellen herzustellen, die keinen oder nur einen ausgesprochen marginalen Einfluss auf den Konsum haben. Dazu fehlt aber ganz offenkundig der politische Wille.

Zur Rettung der Lage wäre aber durchaus auch der Weg der Schuldenfinanzierung zu wählen. Gerade weil es in unserem Geldsystem sowieso nicht möglich ist, Schulden zu tilgen, wenn nicht das Geld für Zins und Tilgung vorher durch die Aufnahme neuer Schulden geschaffen wird, gerade weil das unaufhörliche Wachsen der Schulden zu den Grundvereinbarungen gehört, auf denen unser Wirtschaftssystem aufgebaut ist, darf und soll der Staat dem künstlich verknappten privaten Geld sein billiges öffentliches Geld mit aller Macht in den Weg stellen. Wenn Zinsen sinken, weil der Staat den Markt mit frischem Geld überschwemmt, dann ist das weitaus belebender für die Konjunktur, als es die Senkung der Leitzinsen durch die EZB jemals sein kann, vor allem, wenn solche Zinssenkungen von den Geschäftsbanken gar nicht mehr an den Markt weitergegeben werden.

Die Auswirkung der Verschuldung auf künftige Generationen ist dabei weitaus geringer als gemeinhin behauptet wird. Hundert Milliarden Euro neue Schulden würden jährlich ca. 5,5 Milliarden Euro Zinsen kosten. Das sind, bei einer Bevölkerung von 80 Millionen Menschen pro Nase und Jahr nur 68,75 Euro, weniger als 20 Cent pro Tag. Nur zum Vergleich: Die Mehrbelastungen der Versicherten aus der jüngsten Gesundheitsreform erreichen jährlich den Betrag von 16,5 Milliarden Euro. Das ist die dreifache Summe, aber vor dieser Last warnt niemand!

Dabei würden hundert Milliarden neue Schulden absolut ausreichen, um die Rückkehr zu einer prachtvollen Vollbeschäftigung und damit zum Ende der Krise der Sozialsysteme zu ermöglichen, die Beitragssätze könnten in Folge tatsächlich sinken und (hört, hört, das hilfreiche Gegenargument) durch die wieder ansteigende Inflation würden die Schulden - gemessen am BIP - auch von selbst geringer. Einem solchen mutigen Schritt steht nun leider einiges an internationalen Verträgen und urdeutschen Gesetzen im Wege, was erst weggeräumt werden müsste. Aber auch dazu fehlt der politische Wille.

Das Ziel eines ausgeglichenen Haushalts, das Peer Steinbrück immer noch erreichen will, ist gegen die Interessen Deutschlands gerichtet. Die Senkung der Staatsquote, der Abbau der Vermögensgegenstände durch Privatisierung hinterlässt einen Staat, der nichts mehr kostet und nichts mehr leistet. Die Plünderung des Steuersäckels zur Senkung der Gesamtkosten der Exportindustrie ist nichts anderes, als eine Sonderform des Sozialabbaus.

Die Gemeinden sind bereits weit gehend pleite. Die Länder haben Schwierigkeiten und der Bund spart und tilgt die Kaufkraft aus dem Markt. Diese Haushaltspolitik arbeitet der Deflationsspekulation in die Hand. Sie entzieht über die staatsgemachte Geldverknappung vielen Millionen Menschen die Möglichkeit, ihre Arbeit zu verkaufen und von dem Lohn ein Leben in finanzieller Sicherheit und bescheidenem Wohlstand zu führen.

Es stellt sich die Frage, wieweit sich diese Politik, trotz aller wohlgemeinten Ziele und trotz der hohen ethischen Werte, auf denen sie aufbaut, in ein paar Jahren im Ergebnis noch von der Politik solcher korrupter Regime unterscheiden lässt, die den Reichtum ihres Landes in die Tasche eines regierenden Clans wirtschaften und für das Volk nur noch Polizei und Geheimdienste, Gummiknüppel, Tränengas und Wasserwerfer bereitstellen, während die Ausgaben für Bildung, Kultur und die soziale Sicherung der Bürger kaum mehr erwähnenswert sind.

Der Staatshaushalt ist das Instrument der Bürger, sich aus Phasen der wirtschaftlichen Schwäche, auch gegen den Willen globaler Spekulanten, herauszufinanzieren. Eine Regierung, die sich weigert, dieses Instrument für das Wohlergehen ihrer Bürger anzuwenden, arbeitet letztlich gegen das Volk. Wenn zur Finanzierung erweiterter staatlicher Ausgabenprogramme Schulden aufgenommen werden müssen, wenn also frisches Geld erzeugt werden muss, ist das nicht verwerflich, sondern die einzige Möglichkeit, die unser Wirtschaftssystem überhaupt bietet, um Geld in Umlauf zu bringen. Ein Staat, der das Gegenteil tut und selbst in Zeiten hoher Arbeitslosigkeit mithilft, das Geld durch Sparsamkeit und vermehrte Tilgungsleistungen zu vernichten, statt es seinen Bürgern im erforderlichen Maße bereitzustellen, macht sich schuldig. Er macht sich doppelt schuldig, wenn er darüber hinaus im Zuge der Privatisierung hart erarbeitetes Volksvermögen an Spekulanten verschleudert, um damit Haushaltslöcher zu stopfen.

Kapitel 8
Wo bleibt die Währungsstabilität

Seit uns der Euro die Stabilitätskriterien von Maastricht beschert hat, ist die Frage der Stabilität der Währung in der Rangliste der wichtigen wirtschaftspolitischen Themen ganz nach vorne gerückt. Grund genug, sich ernsthaft mit der Frage auseinanderzusetzen, ob ein Haushaltsdefizit von mehr als 3 Prozent des BIP nun wirklich zwingend die Währungsstabilität beeinträchtigt und, falls ja, welchen „eigenen" Wert eine stabile Währung überhaupt hat.

Am 10. September 2003 veröffentlichte dpa eine Meldung zum Euro-Stabilitätspakt und über die erneut zu erwartenden Regelverletzungen durch Frankreich und Deutschland. Um den folgenden Ausführungen einen passenden und aktuellen Hintergrund zu geben, zitiere ich zunächst kurz, und deshalb überwiegend nur sinngemäß, aus diesem Artikel, in dem unter anderem die folgenden Einschätzungen von Experten und Politikern wiedergegeben wurden.

Wim Duisenberg (damals noch Chef der EZB) ist enttäuscht darüber, dass Frankreich und Deutschland die Regeln des Stabilitätspaktes verletzen, denn er sieht dadurch das langfristige Wachstum in der Euro-Zone in Gefahr. Frankreich erwartet für dieses Jahr ein Etatdefizit von 4 Prozent, Deutschland von 3,8 Prozent des Bruttoinlandsprodukts (BIP). Auch für 2004 gehen viele Ökonomen davon aus, dass beide das Ziel verfehlen werden. „Im Bereich der Fiskalpolitik haben wir einen Prozess gesehen, in dem Verpflichtungen wiederholt nicht eingehalten wurden", sagte Duisenberg in diesem Zusammenhang und erklärte: „Ich sehe die jüngsten fiskalen Entwicklungen und die Diskussionen über den Stabilitäts- und Wachstumspakt mit großer Sorge. Der Mangel an fiskaler Disziplin - und besonders der Mangel an irgendeiner klaren, mittelfristig ausgerichteten

Konsolidierungsstrategie - ist ein Faktor, der auf den langfristigen Wachstumsaussichten der Eurozone lastet."

Gerhard Schröder (am Ende des ersten Jahres der zweiten Amtszeit als Bundeskanzler) verteidigte die Verletzung der Neuverschuldungsgrenze durch Deutschland und Frankreich. Es könne Situationen geben, in denen die Defizit-Grenze nicht um den Preis eines Abwürgens der Konjunktur eingehalten werden dürfe.

Pedro Solbes, der Währungskommissar, ließ durch seinen Sprecher Gerassimos Thomas verlauten, die Kommission sei bereit, den Stabilitätspakt „intelligent" anzuwenden. Die Regeln müssten mit höchstmöglicher Flexibilität erfüllt werden, wozu die Zusammenarbeit mit den Mitgliedstaaten unabdingbar sei.

Nout Wellink, der niederländische Zentralbankchef, forderte, Deutschland und Frankreich bei einem erneut zu hohen Haushaltsdefizit 2004 mit milliardenschweren Bußen zu bestrafen. Wellink, Mitglied im Rat der Europäischen Zentralbank, sagte dem Hamburger Nachrichtenmagazin „Stern": „Strafen sind Teil des Systems, auf das wir uns alle geeinigt haben."

Soweit die Zitate aus der dpa Meldung.

Experten, Fachleute und Verantwortliche waren und sind sich weiterhin uneins; die Debatte ist zur politischen Schaumschlägerei im Range eines währungspolitischen Religionskrieges verkommen, und ausgerechnet die Prognose des Notenbankpräsidenten, eine Verschuldung oberhalb der willkürlich festgelegten 3-Prozent-Grenze gefährde das langfristige Wachstum, muss vor dem Hintergrund aller bisher gehörten Theorien als die absurdeste angesehen werden. Sicherlich ist es so, dass die Maastricht-Kriterien in einer Zeit zweifelnd-skeptischer Annäherung von den vorsichtig agierenden Hütern der europäischen Landeswährungen aufgestellt wurden, um zu verhindern, dass zuerst einzelne, später unweigerlich alle Länder der Währungsunion, in eine nicht mehr zu bremsende Inflationsspirale gerieten. Schließlich gab und gibt es in der EU immer noch zu viele einzelstaatliche Interessen, die von einzelstaatlich handelnden Finanz-, Wirtschafts- und Sozialpolitikern auch durchgesetzt werden können, wogegen die gemeinsamen, gesamteuropäischen Interessen, auch das Interesse an der Stabilität einer gesamteuropäischen Währung, im Zweifelsfall immer noch zurückstehen.

Der Stabilitätspakt ist also in Wahrheit eine Versicherung auf Gegenseitigkeit, mit der verhindert werden soll, dass einzelne Mitgliedsstaaten sich durch ausufernde Ausgaben- und Schuldenpolitik auf Kosten der Gemeinschaft unrechtmäßig bereichern. Aus dieser Denkweise heraus hat Theodor Waigel nimmermüde nach den schärfstmöglichen Stabilitätskriterien und nach harten Strafen für die Sünder verlangt und am Ende beides durchgesetzt. Aus dieser Denkweise heraus wird auch heute noch argumentiert, wenn die Strafen als unverzichtbarer Teil des Währungssystems verteidigt werden. Heute hat sich die Situation aber längst gewandelt, die Währungsstabilität stellt derzeit überhaupt kein Problem dar, aber das Wachstum ist spärlich geworden und allenthalben fehlt es an Liquidität. Daraus haben die deutsche und die französische Regierung (endlich) abgeleitet, dass dem Abfluss liquider Mittel aus dem Kreislauf der Realwirtschaft nicht ausschließlich durch Sparsamkeit, sondern in einem gewissen Maße auch durch Zufuhr frischen Geldes begegnet werden muss, soll die Wirtschaft nicht vollständig stranguliert werden.

Weil sich aber immer noch die gleichen nationalen Sonderinteressen um die gemeinsame Währung scharen, wäre der völlige Verzicht auf die Maastricht-Kriterien ein schwerwiegender Fehler, weil damit der radikalen Durchsetzung egoistischer Nationalinteressen sofort eurozonen-weit Tür und Tor geöffnet wären und die Währungsgemeinschaft innerhalb kürzester Zeit zur Inflationsgemeinschaft verkäme. Die größtmögliche Flexibilität der Handhabung, wie es der Währungskommissar formuliert, ist ebenfalls riskant, weil die allgemeine Lebenserfahrung lehrt, dass jede einmal gewährte Ausnahme dazu neigt, sich für alle Zukunft als neue Regel zu etablieren. Der Prozess der Auflösung der Stabilitätskriterien würde damit ebenfalls unaufhaltsam voranschreiten. Die Situation ist verfahren und das offenkundige Dilemma der europäischen Währungspolitik macht deutlich, dass letztlich doch diejenigen Recht behalten haben, die eindringlich davor warnten, eine gemeinsame Währung zu installieren, bevor es tatsächlich zu einer umfassenden gemeinsamen Politik (Verfassung, Parlament, Regierung, Justiz) und zu einer weit gehenden Angleichung der wirtschaftlichen und sozialen Verhältnisse in den Mitgliedsstaaten gekommen sei.

Die währungspolitische Verhaltensweise von Frankreich und Deutschland, so wie wir sie heute erleben, ist nichts anderes, als die Einführung des Faustrechts in der Währungsgemeinschaft. So wichtig es ist, dass zusätzliches Geld in die Wirtschaft kommt, so erschreckend ist es, dass dies offensichtlich nur dadurch gelingen kann, dass sich die Großen zusammentun und sich, getrieben von der nationalen Notwendigkeit, einfach über alle Vereinbarungen und Verträge hinwegsetzen.

(Gerne lasse ich mich daran erinnern, genau dieses Verhalten selbst gefordert zu haben, ich halte es zur Wahrung deutscher Interessen auch nach wie vor für unumgänglich, die Hoheit über die eigene Währung zurückzuerlangen, aber ich kann nicht umhin, an dieser Stelle die Tünche von der so hochgehaltenen europäischen Einigkeit abzukratzen und stattdessen mahnend auf die unverändert verfolgten, nationalen Interessen hinzuweisen.) Bedenklich stimmt zudem, dass offenbar niemand bereit ist, aus der verfahrenen Situation zu lernen und entsprechende Konsequenzen zu ziehen. Ganz im Gegenteil: Dieses Kartenhaus aus weitgehend inkompatiblen Partikularinteressen soll im Eiltempo von einer gemeinsamen Verfassung gekrönt werden, wobei es wiederum die Großen sind, die jede inhaltliche Debatte mit fadenscheinigen Eilbedürftigkeitsbegründungen abwürgen. So viel zur europäischen Politik.

Wenden wir uns nun der Frage zu, ob und inwieweit europäische Währungsstabilität und nationalstaatliche Haushaltsdefizite überhaupt in einem nachprüfbaren Wirkungszusammenhang stehen und wie groß der zu befürchtende Einfluss von Haushaltsdefiziten auf die Preisentwicklung im Binnenmarkt tatsächlich ist. Dazu ist es nützlich, sich - zumindest im Gedankenexperiment - von der real existierenden Konkurrenz-Situation der Europäer zu lösen und ein tatsächlich einheitliches, einem gemeinsamen politischen Gestaltungswillen folgendes Europa zu unterstellen. Damit verliert die europäische Währungsunion nämlich die Aura des Besonderen und der Konflikt wird zur ganz normalen, in jedem Staat immer wieder zu lösenden Aufgabe, Wirtschaft und Währung in einem guten Zustand zu halten. Die im Europa der Nationalstaaten so schwerwiegend erscheinenden Partikularinteressen fallen dabei im Gewicht auf den (immer noch absolut angemessenen) Rang der Belange deutscher Bundesstaaten, wie Bayern oder Brandenburg zurück.

Wirtschaft und Währung in einem guten Zustand zu halten ist einfach in einer Situation, in der sich

der Verbrauch von Gütern und Leistungen und

die Produktion von Gütern und Leistungen in etwa die Waage halten

und die Liquidität der Nachfrage ausreicht, um die benötigten Güter und Leistungen auch abnehmen zu können.

Viel schwieriger wird es in einer Situation, in der vom Strom der Liquidität beständig kleine Geldmengen abgezweigt und als Geldvermögen stillgelegt werden. Bleiben Nachfrage, Produktion und Preise unverändert, wird die auf der Nachfrageseite vorhandene Liquidität nämlich nicht ausreichen, um die Produkte und Leistungen der Angebotsseite vollständig abzunehmen. Es entsteht - im Verhältnis zur verfügbaren Kaufkraft, aber völlig unabhängig vom realen Bedarf - ein unverkäuflicher Leistungsüberschuss. Versuche einzelner Marktteilnehmer, den Leistungsüberschuss im Denkrahmen betriebswirtschaftlichen Kalküls durch Preissenkungen zu beherrschen, verlieren ihren Reiz schnell, spätestens dann, wenn die Rendite des betriebsnotwendigen Kapitals unter die Renditeerwartung des Geldvermögens sinkt. Aus volkswirtschaftlicher Sicht bleiben solche partiellen Preissenkungen jedoch wirkungslos, ein neues Gleichgewicht kann nur hergestellt werden, wenn mindestens eine der folgenden Strategien angewendet wird:

a) Der Leistungsüberschuss wird vernichtet, die Kapazitäten werden angepasst
b) Der Leistungsüberschuss wird exportiert.
c) Der Leistungsüberschuss wird im Binnenmarkt abgesetzt, die erforderliche Liquidität wird durch Kredite zur Verfügung gestellt.

Nun ist es aber die existenzielle Grundlage unserer kapitalistischen Wirtschaftsordnung, *dass* die umlaufende Liquidität beständig um kleine Beträge vermindert wird, die dann als Geldvermögen nicht mehr am Warenhandel teilnehmen können. Diese kleinen Verminderungen der Liquidität werden verursacht durch

alle Gewinne (nach Steuern), soweit sie vom Empfänger nicht zeitnah wieder für Produkte und Leistungen der Realwirtschaft ausgegeben werden, *alle Zinserträge und Miet-/Pachteinnahmen*, die nach Abzug von Kosten und Steuern von den Empfängern behalten und weder für konsumtive Zwecke noch für Investitionen in Projekte der Realwirtschaft verwendet werden,

darüber hinaus aber auch alle Sparleistungen der Bürger, die für einen längeren Zeitraum in Sparplänen und Lebensversicherungen, Bausparverträgen oder Riester-Renten-Produkten fest angelegt werden.

Es gibt kein Ausweichen vor der Tatsache: Alle in „Geldvermögen" umgewandelte Liquidität fehlt im Kreislauf der Realwirtschaft.

Um dem abzuhelfen, erbieten sich die Banken, auf der Basis der ihnen als Einlagen anvertrauten Geldvermögen - nach kritischer Prüfung der Bonität des Bittstellers - gegen Zins neue Kredite auszureichen und so wieder Geld in den Kreislauf einzuspeisen.

Sparsamkeit kann, das bestätigt sich auch hier wieder, nur dann Zinsen tragen, wenn sich jemand findet, der sich verschuldet. Die Ursachen für die Verschuldung sind vielfältig, sie beginnen dort, wo ein Unternehmer mit dem Einsatz von Fremdkapital die Chance sucht, einen Gewinn zu erwirtschaften und sie enden dort, wo die blanke Not dazu zwingt, die letzte Habe in die Pfandleihe zu tragen, um sich überhaupt am Leben zu erhalten. Jeder zusätzliche Kredit führt aber zwangsläufig zu einer Steigerung der Zinslast, in der Folge zu einer Vergrößerung des Geldvermögens und in dieser Folge zu neuerlicher Geldknappheit und zur Notwendigkeit weiterer Verschuldung. Das ist unser System.

Und weil unser System so ist, wird der Staat, wenn er seine Aufgaben wahrnehmen und die Abgabenlast nicht steigern will, auch ohne jegliche bestehende Staatsschuld innerhalb kurzer Zeit finanzpolitisch scheitern müssen.

Bitte denken Sie das Problem am folgenden Beispiel durch:

Ein ganz einfacher, kleiner Staat, der nur einen einzigen Bediensteten, nämlich den Kanzler hat, und in dem die Ausführung aller Staatsaufgaben – bis auf die vom Kanzler zu treffenden Entscheidungen – privatisiert ist, stellt seinem Kanzler einen jährlichen Etat von 500.000 Euro zur Verfügung. Stellen wir uns nun vor, die Wirtschaft hätte im ersten Jahr der Regentschaft des Kanzlers Einnahmen von 10 Millionen Euro erzielt, wovon 5 Prozent als Umsatzsteuer abgeführt wurden. Das ist exakt jene Summe von 500.000 Euro, die dem Kanzler am Ende des ersten Jahres zur Verfügung gestellt wurde, um sie im zweiten Jahr nach und nach für sich und die Ausgaben des Staates zu verwenden.

Stellen wir uns weiter vor, dass von den 10 Millionen Einnahmen der Wirtschaft 9 Millionen an Löhnen bezahlt wurden und dass die gesamte Unternehmerschaft in diesem ersten Jahr nicht mehr Gewinn erwirtschaftet hätte, als jene fünf Prozent, die man auch dem Kanzler und seinem Staat zu geben bereit war, so stellte sich doch schon im zweiten Jahr heraus, dass nur noch 9.6 Millionen umgesetzt werden konnten, weil nämlich die Unternehmer aus dem Gewinn des ersten Jahres 400.000 Euro als Rücklage aus ihrem Gewinn zur Bank getragen hatten.

Dem Kanzler standen daher zu Beginn des dritten Jahres seiner Regentschaft nur noch 5% aus 9,6 Millionen, also 480.000 Euro zur Verfügung und als ihm kurz vor Weihnachten das Geld ausging, lieh er sich die fehlenden 20.000 von der Bank, in der festen Absicht, den Betrag in spätestens vier Wochen, gleich nach Eingang der Umsatzsteuer für das ablaufende Jahr, zurückzuzahlen.

Am Prinzip lässt sich auch durch andere Formen der Besteuerung nichts verändern. Sobald Gewinne (oder Zinsen) aus dem Kreislauf herausgenommen werden, müssen Schulden gemacht werden, um die stillgelegte Geldmenge zu ersetzen.

In der viel komplexeren Wirklichkeit wird diese einfache Kette aus Ursache und Wirkung bis zur Unkenntlichkeit in Millionen von scheinbar unabhängigen Einzelereignissen zerschlagen. Ein Unternehmen macht Gewinne im Inland, ein anderes exportiert erfolgreich, ein drittes wird verkauft und zerschlagen. Grundstücke werden beliehen, um Häuser zu errichten, hier werden durch Rationalisierung ein paar Arbeitsplätze vernichtet, dort entstehen im Bereich der Genforschung neue, die Renten werden erhöht, oder auch nicht, die Krankenkassenbeiträge steigen, die Menschen nehmen ihre Dispo-Kredite mehr in Anspruch, sparen aber gleichzeitig für die Rente und für die Aussteuer und für den Hausbau. Die Müllabfuhr wird privatisiert, die Schule nicht renoviert, das Theater geschlossen. Die Steuereinnahmen steigen kaum noch, aber die Staatsausgaben steigen weiter, es gibt eine schwache Inflation und es gibt Geschrei wegen der Kapitalflucht ins Ausland - doch ein Effekt bleibt zuverlässig gleich: Das Geldvermögen wächst. Die Zinseinnahmen aus Geldvermögen und Grundbesitz wachsen. Das aus dem Kreislauf „herausgewonnene" Geld muss durch neue Schulden ersetzt werden, oder die Wirtschaft stürzt in die Deflation.

Will der Staat also seine Leistungen weiterhin ungeschmälert erbringen, muss er entweder die Steuern erhöhen, oder sich verschulden. Es geht gar nicht anders. Erhöht er die Steuern da, wo er Kaufkraft vom Markt nimmt, wird sich die gesamtwirtschaftliche Situation verschlechtern. Schränkt er seine Leistungen ein, vergibt also weniger Aufträge an die Wirtschaft, wird sich die gesamtwirtschaftliche Situation ebenfalls verschlechtern. Senkt er hingegen die Steuern, in der Hoffnung damit die Bürger zu entlasten, und wird diese Steuersenkung nicht im vollen Umfang verwendet, um die Nachfrage zu erhöhen, wird sich die gesamtwirtschaftliche Situation verschlechtern, ganz abgesehen davon, dass sich die staatlichen Leistungen verschlechtern müssen, was sich auch niemand wünschen kann.

Nimmt der Staat aber zusätzliche Schulden auf, verbessert sich die gesamtwirtschaftliche Situation. Doch angeblich droht damit erhebliches Ungemach für die Zukunft.

Sind Staatsschulden wirklich ein Risiko für zukünftige Generationen? Entgegen eines weit verbreiteten und wohlgehegten Irrglaubens entsteht Wachstum in unserem System nicht durch mehr Arbeit, sondern einzig und alleine durch die Verfügbarkeit von mehr Geld. Nur wenn Geld da ist, das als Gewinn abgeschöpft (und in Geldvermögen umgewandelt werden kann), lohnt es sich im Kapitalismus, ein Unternehmen zu betreiben. So lange der Staat nicht wagt, aus dem Wirtschaftskreislauf herausgenommenes Geld, das durch sein Fehlen die Einnahmen des Staates mindert, direkt per Vermögenssteuer und/oder per Steuern auf Zins- und Spekulationserträge dort abzuholen, wo es gehortet wird und von wo aus es nur als Darlehen gegen Zinsen wieder auf den Markt kommt, bleibt ihm nichts anderes übrig, als sich eben genau dieses Geld zu leihen, oder den Offenbarungseid zu leisten.

Aber das aus dem Wirtschaftskreislauf herausgenommene Geld mindert ja nicht nur die Einnahmen des Staates, es fehlt der Wirtschaft und der Masse der privaten Haushalte eher noch mehr, als dem Staat. Wer die Statistiken richtig liest, erkennt, dass die Öffentlichen Haushalte von Bund, Ländern und Gemeinden insgesamt weniger Schulden haben, als die Wirtschaft und die privaten Haushalte. Der weitaus größte Anteil an der Gesamtverschuldung geht also von der Veränderung der Schuldenkonten der nichtstaatlichen Marktteilnehmer aus. Wenn Schulden die Währungsstabilität gefährden, müsste man doch eigentlich hier zuerst ansetzen. Vor den Risiken für die Währung, die von der - im Verhältnis zu den Staatschulden - viel größeren Verschuldung der übrigen Marktteilnehmer ausgehen, warnt aber keine EZB und kein internationaler Währungsfond. Ist das nicht verwunderlich? Oder weiß man dort ganz genau, dass ein stetiges Wachsen der Schulden unabdingbare Voraussetzung dafür ist, dass Handel und Wandel florieren?

Es entsteht der Verdacht, dass die negative Haltung zu konjunkturbelebender Staatsverschuldung ganz anderen Ursachen und Motiven entspringt. Fragen wir uns also einfach, welche Gewinn- und Vermögensinteressen durch Staatsschulden beeinträchtigt werden und schon finden wir zumindest zwei hochinteressante Motive, sich mit Macht gegen die Staatsverschuldung einzusetzen:

1. Die Höhe der Zinserträge

Der Staat, als AAA-Schuldner, mit bestmöglichem Rating, zahlt die niedrigsten Zinsen. Die gleiche Geldmenge lässt sich an Wirtschaft und Private mit deutlich höherem Gewinn verleihen. Je größer also der Anteil des Staates an der zur Geldbereitstellung unvermeidlichen Verschuldung ist, desto geringer die Zinserträge.

2. Gemeinwirtschaftliche Aufgaben

Der Staat nimmt (immer noch) vielerlei Aufgaben in eigener Regie wahr, aus denen sich Unternehmer bei Privatisierung hohe Gewinne und Kapitalanleger hohe Renditen versprechen. Aber nur, wenn man dem Staat den Gürtel so eng schnallt, dass er der Not gehorchend sein Tafelsilber verkauft, wird der Weg frei, diese Staatsunternehmen und staatlichen Aufgaben zu privatisieren. Je mehr die zulässigen Schulden des erstklassigen Schuldners Staat durch Gesetze und Verträge beschränkt werden, desto weniger kann er gemeinwirtschaftliche Aufgaben wahrnehmen, desto größer der Marktanteil der gewinnorientierten Unternehmer.

Wo liegt also die reale Gefahr der Staatsverschuldung für die Währung? Die düstere Prognose, Staatsschulden wirkten sich langfristig negativ auf das Wachstum aus, die Wim Duisenberg ausgesprochen hat, ist falsch. Das Wachstum ist abhängig von der verfügbaren Geldmenge. Die EZB versucht, die jährliche Inflationsrate bei mindestens (!) 2 % zu halten. Weniger, das hat die EZB begriffen, bedeutet allerhöchste Deflationsgefahr! Wieso soll also ausgerechnet die Staatsverschuldung bei einer sowieso tendenziell zu niedrigen Inflation eine Gefahr für die Währungsstabilität und zukünftiges Wachstum darstellen? Das Gegenteil ist wahr: Weil der Staat den zum Scheitern verurteilten Versuch unternimmt, sich der finanzmathematisch unausweichlichen, Jahr für Jahr steigenden Mehrverschuldung zu entziehen, wirkt sich sein währungspolitisch begründetes Verhalten als Wachstumsbremse aus. Ansonsten ist alles nur ein Spiel, in dem die Werte der von der Realwirtschaft bewegten Güter und Leistungsströme mit immer größer werdenden Zahlen ausgedrückt werden, ohne dass sich die Relationen der Werte untereinander verändern müssten. Ob ein Neuwagen 10.000 oder 100.000 Euro kostet ist gleichgültig, solange die Durchschnittseinkommen im ersten Fall bei jährlich 50.000 Euro liegen und im zweiten Fall bei 500.000.

Gigantische Zahlen erreichter Schuldenstände mögen Besorgnis erregen. So lange unser System aber so funktioniert, wie es funktioniert, ist der Versuch, die Geldvermögen durch Inflation zu entwerten, während Löhne und Preise sich auf steigendem Niveau ungefähr die Waage halten, der einzige Weg, die Realwirtschaft gesund zu erhalten. Dies ist wichtiger, als eine Währungsstabilität, die nur dem Erhalt gehorteter Vermögen dient und damit als Umlaufbremse wirkt.

Kapitel 9
Regional- und Komplementärwährungen

Überall im Lande entstehen, schneller als man sich die fantasievollen Namen merken kann, neue „Währungen", die zum Wohle der regionalen Wirtschaft neben der Primärwährung in Umlauf gebracht werden. Silvio Gesell, lange als Sozialdarwinist verleumdet, ist plötzlich in aller Munde. Das über Jahrzehnte nur von wenigen Eingeweihten bestaunte Wunder von Wörgl soll sich, möglichst schon im nächsten Quartal, im Umkreis aller deutschen Kleinstädte wiederholen. Die Protagonisten der Regio-Taler und Landkreis-Dukaten behaupten, mit regionalen Komplementärwährungen ließe sich Aufschwung und Wachstum dahin bringen, wo das System der gesetzlichen Zahlungsmittel versagt. Die Hoffnungen auf ein neues Wörgl-Wunder sind jedoch unbegründet. Sowohl die bereits existierenden, wie auch die bekannten, in Planung befindlichen Regionalwährungen können die Probleme des Geldsystems nicht überwinden.

Die Gründe dafür liegen zu einem großen Teil in der Konstruktion der Regionalwährungen selbst. Doch schwerer wiegen die unüberwindlichen Schwierigkeiten, die sich aus der notwendigen Koexistenz der „Komplementärwährungen" mit dem nicht umlaufgesicherten gesetzlichen Zahlungsmittel ergeben. Alleine die Tatsache, dass die engen wirtschaftlichen Verflechtungen in Europa zu jenen kleinen, regionalen Währungsgebieten nicht kompatibel sind, für welche die Komplementärwährungen konzipiert sind, wird zwangsläufig zum Scheitern der Regionalwährungen führen, und dies paradoxerweise um so schneller und gründlicher, je mehr sich die Regionalwährung in der Region als vorherrschendes „Binnenzahlungsmittel" durchsetzt.

Bei allem Respekt vor den Forderungen nach nachhaltigem Wirtschaften, nach kleinen regionalen Kreisläufen, nach einem

Ende des Konsumterrors - die Probleme des Geldes sind Zins und Zinseszins einerseits, sowie erpresserische Geldhortung andererseits. Ein Geldsystem, ob regional, komplementär oder nur „einfach anders", als das bestehende, das diese Probleme nur unter der schützenden Käseglocke des Experiments mit wohlwollenden Teilnehmern zu übertünchen vermag, nicht aber in der Gesamtheit des notwendigen Wirtschaftens beseitigen kann, ist kein wirklicher Beitrag zur Lösung der Geldprobleme.

**Was also bewirken
regionale Komplementärwährungen?**

Regionale Währungssysteme haben ausnahmslos primär die Stärkung eines regionalen Wirtschaftsraumes zum Ziel. Um dieses Ziel zu erreichen, wird versucht, die Nutzung der Regionalwährung außerhalb der eigenen Region zu erschweren und es wird versucht, das hortende Sparen von Regionalgeld durch Maßnahmen zur Umlaufsicherung zu unterbinden, womit gleichzeitig eine erhöhte Umlaufgeschwindigkeit bzw. die Verstetigung des Umlaufs des regionalen Geldes erreicht werden soll.

Abgesehen davon, dass die Stärkung eines regionalen Wirtschaftsraumes von den meisten Befürwortern als ein Wachstumsziel (!) angesehen wird, was in sich problematisch ist, denn nichts braucht unsere Welt weniger, als weiteres Wachstum; abgesehen davon, dass die Förderung innerhalb einer Region immer auch zu Reibungsverlusten an den Gebietsgrenzen führen muss, erhebt sich die Frage, ob die regionale Einführung von Zweitwährungen für die größeren, übergeordneten Wirtschaftsräume (Chiemgau→ Bayern→ Deutschland→ Europa) und die Gesamtheit der Bevölkerung dieser Wirtschaftsräume Vorteile bringen kann.

Stärkung der regionalen Wirtschaftskraft

Es ist eine goldrichtige Strategie, das Wirtschaftsleben einer wirtschaftlich zusammengehörigen Region durch eine regionale Währung zu unterstützen. Die auf ein homogenes, regionales Wirtschaftsgebiet ausgerichtete Geldversorgung ist bei richtiger Steuerung der Geldmenge (und des Geldumlaufes) eine wichtige und unverzichtbare Säule der wirtschaftlichen Stabilität. Die ehemaligen „Regionalwährungen" Europas, der Franc, die Lira, die Deutsche Mark, der Escudo, der Schilling, haben ihre Aufgabe doch recht gut erfüllt. Das nach wie vor „regionale" Englische Pfund steht neben der neuen europäischen Einheitswährung - auch ohne deren rigorose Stabilitäts-Kriterien - immer noch recht gut da.

Der Euro hingegen, als grenzen- und folglich auch heimatlose Geldmenge, schwappt unkontrolliert - weil unkontrollierbar - durch den Wirtschaftsraum und wird - wie der US-Dollar - immer weniger da ausgegeben, wo er eingenommen wird. Das führt zu wirtschaftlichen Verwerfungen, aus welchen den Banken und Spekulanten neue Profitquellen erwachsen, während den Bürgern beständig Kaufkraft abhanden kommt. Der deflationäre Prozess, unter dem Europa leidet, ist zu einem erheblichen Teil durch die Einführung des Euro und die verheerenden Zwänge des Maastricht Vertrages hervorgerufen worden. Die Rückbesinnung auf eine regionale Geldversorgung ist daher prinzipiell eine gute Idee.

Der Rückfall auf das Niveau von Gemeinde- oder Landkreiswährungen steht allerdings in keinem vernünftigen Verhältnis zu den realen wirtschaftlichen Notwendigkeiten eines hoch industrialisierten und hochgradig arbeitsteiligen Landes. Untrennbar untereinander verflochtene Wirtschaftsbeziehungen, die sich kreuz und quer über alle Regionen austauschen, können solche währungspolitische Kleinstaaterei nicht tolerieren.

Auch unter dem Aspekt nachhaltigen, regionalen Wirtschaftens lassen sich - vom Status quo der wirtschaftlichen Verflechtungen her - derart miniaturisierte Währungsgebiete, wie sie von den Befürwortern der Regionalwährungen geplant und eingerichtet werden, nicht ernsthaft als vernünftige Lösung der Geldprobleme ansehen. Selbst wenn unterstellt wird, die einzelnen regionalen Komplementärwährungen ließen sich mit geringer Mühe über die Basiswährung Euro ineinander um- und überrechnen, haftet den Projekten doch stets das Odium des hilflosen Experimentierens im luftleeren Raum an, ein Effekt, der durch die Aufzählung der jeweiligen „offiziellen" Akzeptanzstellen rings um den Kirchturm nur noch verstärkt wird.

Müsste man aus dem Gebiet der Bundesrepublik Deutschland „mit Gewalt" kleinere, aber noch sinnvolle regionale Währungsgebiete schaffen, dann dürften nach meiner Einschätzung bestenfalls vier Währungsgebiete entstehen, denen eine eigene, dem Gesamtwohl der Region nützliche Geldadministration tatsächlich Vorteile brächte. So könnten zum Beispiel die südlichen Bundesländer Bayern und Baden Württemberg eine regionale Wirtschafts- und Währungszone bilden, während eine zweite Währungszone - ohne damit den Befürwortern der „Sonderwirtschaftszone" das Wort zu reden - für das gesamte Gebiet der neuen Bundesländer in Frage käme. Ein drittes Währungsgebiet könnte den Bereich Saarland, Rheinland-Pfalz, Hessen und Nordrhein-Westfalen umfassen und in der vierten könnte sich die Küstenregion mit Bremen, Hamburg, Schleswig Holstein sowie Niedersachsen zusammenfinden.

Wer in weit kleineren regionalen Währungsgebieten denkt und ernsthaft einen Zustand anstrebt, bei dem ein bunter Flickenteppich unterschiedlichster, praktisch nicht konvertierbarer Regionalwährungen über das Land gebreitet wird, ersetzt den euromanischen Gigantismus durch sein ebenso unsinniges Gegenteil, nämlich eine engstirnige, egoistische und bornierte Kirchturmpolitik.

Die Argumentation, mit moderner Informationstechnologie sei es problemlos möglich, alle Regionalwährungen stets korrekt und ohne Zeitverzug zu vernetzen und untereinander zu tauschen, verkennt den tatsächlichen Aufwand für die Installation solcher Systeme, er vergisst zudem völlig, dass die unvermeidliche Herausbildung stark schwankender Wechselkurse zwischen unterschiedlichsten Mikro-Währungen ein für die Marktteilnehmer nahezu unbeherrschbares Problem darstellen wird und dass die als Lösung angepriesene „perfekte Umrechenbarkeit und Austauschbarkeit" von Regionalwährungen, wäre sie denn darstellbar, die kleinen, individuell gestalteten Regionalwährungen mit dem Ziel regionaler Wirtschaftsförderung, kaum entstanden, schon wieder ad absurdum führen würde. Es muss an dieser Stelle ganz deutlich angesprochen werden, dass jede Anstrengung, Regionalwährungen leichter konvertierbar und zwischen den Regionen übertragbar zu machen, einen völlig unsinnigen und überflüssigen Aufwand darstellt, solange das gleichzeitig verfügbare, gesetzliche Zahlungsmittel ohne solche Anstrengungen europaweit verwendet werden kann. Die universelle Nutzbarkeit des parallel verfügbaren gesetzlichen Zahlungsmittels mindert die Akzeptanz der Regionalwährung. Die Bevölkerung der Region wird folglich - von wenigen Idealisten abgesehen - nur in dem Maße von der Regionalwährung Gebrauch machen, wie sich daraus lokale Einkaufsvorteile ergeben und wie es darüber hinaus der Nachweis eines geziemenden Lokalpatriotismus erfordert.

So ist es zwar richtig, dass die nur regional einsetzbare Währung auch nur regional ausgegeben wird, es ist aber ebenso richtig, dass die von Einzelhändlern und Handwerkern in Regionalwährung eingenommenen Beträge ganz überwiegend in Euro zurückgetauscht werden müssen, um Material beschaffen,

Löhne zahlen und Kredite bedienen zu können. Dadurch wird offensichtlich, warum Regionalwährungen vom Ansatz her kaum mehr sein können, als eine Sonderform der Geschenkgutscheine, wie man sie in jedem Warenhaus kaufen kann. Auch ein Geschenkgutschein kann nur beim Aussteller (oder einer Filiale des ausstellenden Unternehmens) eingelöst werden, was ihn irgendwie „regionalisiert", und so ein Geschenkgutschein ist auch absolut umlaufgesichert, denn wird er nicht eingelöst, verfällt er nach einer gewissen Zeit vollständig.

Implementierung einer Umlaufsicherung

Ganz unbestritten schafft die unbegrenzte Hortbarkeit des Geldes ein ganz eklatantes Problem. Die Implementierung einer wie auch immer gearteten Umlaufsicherung ist daher für jeden „Geld-Designer" eine nicht zu umgehende Herausforderung, die jedoch - soweit mir bekannt - bei allen Regionalwährungen durch einen mehr oder weniger sprunghaften Wertverlust der als „Geld" bezeichneten Gutscheine oder Guthaben gelöst wird. Zur Begründung wird auf die Ideen Silvio Gesells und auf das Experiment von Wörgl verwiesen. Dies sind jedoch allenfalls Hin-, keinesfalls aber Beweise dafür, dass eine - wie auch immer gestaltete Umlaufsicherung durch Wertverlust - unter den Freilandbedingungen der Bundesrepublik Deutschland erfolgreich zu etablieren sein wird. Zu bedenken ist, dass umlaufgesicherte Regionalwährungen ja nicht ausschließlich von den Idealisten, die sie ersonnen haben, verwendet werden sollen, sondern von möglichst vielen Bürgern, Konsumenten, Handel- und Gewerbetreibenden einer bestimmten Region, also auch von denjenigen, deren egoistisches Gewinnstreben durch die Einführung einer Regionalwährung nicht verändert, allenfalls zu neuen Ideen und Tricksereien angeregt wird.

Deshalb müssen einige zweifelnde Fragen erlaubt sein:

*Wer wird freiwillig einen Euro gegen einen „Regio"
tauschen, wenn er sich nicht sicher ist, dass er den gekauften
Regio vor dem nächsten Verfallsdatum auch ausgeben kann?*

Richtig: Niemand. Die Umlaufsicherung ist solange eine Mogelpackung, wie der Wechsel vom gesetzlichen Zahlungsmittel zur Regionalwährung vom Konsumenten frei gestaltet werden kann. Spätestens nach den ersten unangenehmen Erfahrungen mit der Umlaufsicherung, wird der Bürger seine Regiobestände sehr vorsichtig disponieren. Auch die Akzeptanzstellen des Einzelhandels und des Handwerks werden ihre Regio-Annahme so gestalten, dass Tausch- oder Aufbewahrungsverluste vermieden, oder - durch vorherige Preisaufschläge - kompensiert werden.

Wer wird freiwillig einen Euro gegen einen Regio tauschen, wenn er davon - außer dem berauschenden Gefühl ein exotisches Zahlungsmittel zu besitzen - keinerlei Vorteil hat?

Richtig: Niemand. Ein Regio wird also niemals ohne fortgesetzte Propaganda auskommen. Sei es, dass einfach an den Lokalpatriotismus appelliert wird, sei es, dass mit dem aus der Umlaufsicherung erwirtschafteten „Schwund" (der aber im Euro-Vermögen des Regionalwährungsvereins verbleibt) ein bestimmtes regionales Projekt gefördert wird: Sobald die intensive Werbung für die Regionalwährung aussetzt, wird sie in Vergessenheit geraten und untergehen. Die Verwendung der Regionalwährung hat somit „Spenden- bzw. Opfercharakter", ganz besonders dann, wenn man darum bitten muss, mit Regionalgeld zahlen zu dürfen.

Wer wird sich freiwillig in die ungewohnten Regeln für die Kontenführung in Regionalwährung hineindenken, wer ein umlaufsicherungsgefährdetes Girokonto in Regionalwährung führen wollen? Wer wird ein auf Regionalwährung lautendes

Darlehen aufnehmen, wenn er sich damit - z.B. als Häuslebauer - von Anfang an auf die kleine Auswahl von Handwerkern und Lieferanten einlässt, die Regionalwährung akzeptieren? Wer wird ein auf Regionalwährung lautendes Guthaben langfristig festlegen, wenn gar nicht sicher ist, ob der Währungsverein nicht übermorgen Insolvenz anmeldet?

Richtig: Niemand. Jede Form unbaren Umgangs mit Regionalwährung hat, wenn gleichzeitig das weitaus sicherere gesetzliche Zahlungsmittel zur Verfügung steht, nur ganz geringe Chancen. Die freiwillige Inkaufnahme einer Strafe für die Nichtweitergabe des Zahlungsmittels wird - solange das gesetzliche Zahlungsmittel als Alternative verfügbar ist - nur für eine bestimmte Spezies von Idealisten und Monetär-Masochisten eine gewisse Anziehungskraft ausüben. Familie Mustermann wird nach ein paar spielerischen Experimenten die Finger davon lassen.

Prosperität durch Umlaufgeschwindigkeit

Weil die Umlaufsicherung dafür sorgt, dass die Regionalwährung schnell – oder doch zumindest stetig – weitergegeben wird, können mit einer vergleichbaren Geldmenge Regionalgeld im gleichen Zeitraum deutlich mehr Transaktionen abgewickelt werden, als mit dem gesetzlichen Zahlungsmittel. Ist diese Behauptung ein korrekter Schluss oder nur eine vage Hoffnung?

Unterstellen wir, die umlaufgesicherte Regionalwährung könnte sich optimal verbreiten. Unterstellen wir zudem, alle bisher in diesem Kapitel geäußerten Zweifel träfen nicht zu, die Menschen der Region würden jeden Euro, den sie einnehmen, sofort in Einheiten der Regionalwährung eintauschen, ihre Konten überhaupt nur noch in Regionalwährung führen und Überweisungen an Empfänger außerhalb des Geltungsbereichs der Regionalwährung würden von den kontoführenden Instituten automatisch und gebührenfrei in Euro umgerechnet und in Euro zur Ausführung gebracht, weil das System ausreichende Währungsreserven (in Euro) hält - dann könnte ein solches System nahe an die Wörgl-Effekte herankommen. Leider gibt es dafür einige unabdingbare Voraussetzungen:

1. **Der Staat akzeptiert die Regionalwährung mindestens bei der Mehrwertsteuer.** Das wird er wohl nicht tun, was dazu führt, das rund 16 Prozent aller Umsätze, die mit der Regionalwährung getätigt werden, in Euro zurückgetauscht werden müssen, der Region also verloren gehen. Hierbei wirkt sich eine hohe Umlaufgeschwindigkeit sogar besonders niederträchtig gegen die Regionalwährung aus, weil auf jeden Umsatz die Mehrwertsteuer anfällt, was bedeutet, dass bei jeder Transaktion mindestens soviel Regio-Geld in gesetzliches Zahlungsmittel umgetauscht werden muss, dass damit die Umsatzsteuerschuld bezahlt werden kann. Bei einem Steuersatz von 16 Prozent verbleiben von 100 Regio nach dem ersten Umsatz 86,20, davon nach dem zweiten Umsatz 74,32, nach dem dritten 64,07 und nach dem zehnten Umsatz finden sich, nachdem die Mehrwertsteuer jedesmal ordnungsgemäß abgeführt wurde, gerade noch 22,67 Geldeinheiten der Regionalwährung im Umlauf. Immer unterstellt, die Regios lassen sich ohne Verluste in Euro umtauschen, was alles andere als sicher ist.

2. **Die Mineralölkonzerne akzeptieren die Regionalwährung bei der Bezahlung von Benzin und Heizöl-Rechnungen, ebenso müssten die Strom-, Gas- und Wasserversorger die Regionalwährung akzeptieren.** Das werden sie ganz überwiegend nicht tun, womit ein weiterer erheblicher Teil der Regionalwährung laufend in Euro zurückgetauscht werden muss.

3. **Banken akzeptieren die Regionalwährung als Tilgungs- und Zinszahlung für Alt-Kredite, Versicherungen akzeptieren die Regionalwährung bei der Prämienzahlung, Immobilienbesitzer akzeptieren die Regionalwährung als Miet- oder Pachtzahlung.** Das werden sie, abgesehen von regionalen Ausnahmen nicht tun. Die Folge: Alleine aus den drei genannten Gruppen unvermeidlicher, mit gesetzlichem Zahlungsmittel zu bezahlender Aufwendungen, resultiert ein Rücktauschvolumen von mindestens 50 Prozent der Gesamtumsätze, die in der Region mit Regionalwährung getätigt werden. Daher wird zu einem sehr frühen Zeitpunkt die Situation eintreten, dass die Region gezwungen ist, durch „Exporte" in den Besitz der notwendigen Euros zu gelangen, die benötigt werden, um den unvermeidlichen Eigenbedarf an gesetzlichen Zahlungsmitteln decken zu können. Aus der wunderschönen Idee, regionales Wirtschaften durch eine regionale Währung zu unterstützen, entsteht das folgende Dilemma: Entweder wird auf Teufel komm raus (und das zu niedrigen, konkurrenzfähigen Preisen) ein Großteil der Wirtschaftsleistung in das Umland „exportiert", um „Devisen" zu beschaffen, was dem Gedanken des regionalen Wirtschaftens diametral zuwiderläuft, oder das Experiment mit der Regionalwährung scheitert, weil dem System die gesetzlichen Zahlungsmittel ausgehen. Solange ein Währungsgebiet nicht vollständige Autarkie gewinnt, steht es vor der Notwendigkeit, eine ausgeglichene Zahlungsbilanz zu erreichen. Dies ist um so schwieriger, je kleiner und schwächer die Region ist, die sich auf ein solches Experiment einlässt. Der einzelne Marktteilnehmer eines solchen Währungsgebietes wird sich also bemühen müssen, möglichst viele Umsätze in „harter" Währung zu tätigen, um seinen „Importbedarf" pünktlich beziehen und (nebst Steuern) bezahlen zu können. Auch der begeistertste En-

thusiasmus wird schnell abkühlen, wenn sich zeigt, dass die Regionalwährung - obwohl sie ursprünglich im Verhältnis 1 : 1 mit Euro gekauft wurde - keinen entsprechenden Außenwert besitzt, weil sich die Summe der im Währungsgebiet entstanden Guthaben (und Schulden) so weit über die ursprünglichen Einzahlungen (Einlagen) hinaus erhöht hat, dass der Umfang der umlaufenden Geldmenge und ggfs. gebildeter Geldvermögen in Regio-Währung durch die „Devisenreserven" nicht mehr gedeckt ist, was beinahe zwangsläufig zum dramatischen Sinkflug des Außenwertes führen wird. Regionalgeldbefürworter, die ihrer „Währung" *deshalb* keine eigenständige Geldschöpfungskraft zubilligen und in den Spielregeln für ihren Regio-Taler vorsehen, dass jeder umlaufenden Einheit Regionalgeld eine entsprechende Einheit in gesetzlicher Währung im Depot des Währungsvereins gegenüberstehen muss, sollten sich vom Gedanken des Regionalgeldes sowieso verabschieden. Eine so gestaltete Währung kann die regionale Kaufkraft im besten Fall in der Startphase geringfügig vermehren. Alle denkbaren Vorteile der Umlaufsicherung werden auch nicht annäherungsweise verhindern können, dass sich die Regiogeldmenge und damit die in der Region gehaltene Kaufkraft durch Abflüsse für Importe, Gebühren und Steuern und nicht zuletzt auch durch den von der Umlaufsicherung selbst hervorgerufenen Schwund vermindern.

4. *Befreiung von der Zins- und Zinseszinsmechanik*
Will eine Regionalwährung einen wirksamen Beitrag zur Minderung der Zinsproblematik leisten, muss die Umlaufsicherung der Regionalwährung derart zur Erhöhung der Umlaufgeschwindigkeit beitragen, dass die übliche Überziehung des auf Euro lautenden Girokontos überflüssig wird. Sie muss außerdem in ganz erheblichem Maße langfristige Geldmittel für die Finanzierung von Investitionen

bereitstellen, so dass die Inanspruchnahme von Euro-Geldern zur Finanzierung von Investitionen nicht mehr erforderlich ist. Dies erfordert eine erhebliche Sparleistung der Marktteilnehmer des regionalen Währungsgebietes oder einen jahrelangen Verzicht auf Investitionen, bis genügend Geld in Regionalwährung angespart ist. Beides ist kontraproduktiv. Da zudem durch die Einzahlung von Euros in die Devisenreserven des Regionalwährungsvereins die Euro-Guthaben bei den „normalen" Banken sinken, deren Geldschöpfungsfähigkeit damit also – zumindest theoretisch – nachlässt, ergibt sich auch daraus ein negativer Effekt.

Zusammenfassung

Regionalwährungen in zu kleinen, d.h. von Importen aus anderen Währungsgebieten nicht hinreichend unabhängigen Wirtschaftsgebieten, sind als Geld-Ersatz nicht ernst zu nehmen. Ihre Marketingwirkung ist eine Modeerscheinung, die schnell verpuffen wird, weil die täglichen Probleme im Umgang mit der Regionalwährung schwerer wiegen, als der Spaß an der lokalpatriotischen Attitüde. Sollte sich wider Erwarten eine Regionalwährung über das folkloristische Maß hinaus zu einem weitgehend akzeptierten Geldersatz entwickeln, muss der Versuch mit sehr hoher Wahrscheinlichkeit an der unausgeglichenen Zahlungsbilanz zwischen Regio-Gebiet und dem Währungsgebiet der Leitwährung scheitern. Die eigentlichen Probleme des Geldsystems, nämlich Zins, Zinseszins und Geldhortung, Inflation und Deflation werden durch Regionalwährungen nicht gelöst, bestenfalls in einem kleinen Gebiet, für einen kleinen Teil des Geldumlaufes aus dem Bewusstsein „ausgeblendet".

Kapitel 10
Umlaufsicherung bzw. Nachhaltigkeitsgebühr

Seit einiger Zeit sind lösungsorientierte Diskussionen um Wesen und Problematik des Geldes nicht mehr denkbar, ohne der Argumentation freiwirtschaftliche Denkszenarien und die Notwendigkeit einer - wie auch immer gearteten - Umlaufsicherung der Währung zugrunde zu legen. Dies vollkommen unabhängig von der im letzten Kapitel besprochenen Modeerscheinung regionaler Komplementärwährungen.

Die in der Analyse gewonnene Einsicht, dass ein Großteil der Probleme des Geldes in seiner beliebigen Hortbarkeit liegt, führt bei den Befürwortern von Maßnahmen zur Umlaufsicherung des Geldes in einer Art zerebralem Kurzschluss zu der Überzeugung, die Lösung der Problematik sei in der Belastung gehorteten Geldes mit einer Geldhaltegebühr zu finden. Wenn es gelingt, das Geld - wie jede andere Ware - einem Schwund zu unterwerfen, so die Argumentation, wird die Neigung, Geld zu horten, abnehmen; der Geldumlauf wird sich verstetigen und die Wirtschaft kann endlich nach den Erfordernissen und Bedürfnissen der Marktteilnehmer arbeiten. Mit der Tatsache, dass frühe Experimente mit „Notgeld" im Umfeld der Notwährungen unmittelbar zu einer wohltuenden Belebung der Wirtschaft führten und zum Beispiel das vielbeachtete „Wunder von Wörgl" hervorriefen, scheint der Beweis für die Wirksamkeit der Therapie „Umlaufsicherung" erbracht. Doch ist zu bedenken, dass auch medizinische Indikationen in aller Regel nur geeignet sind, zu einem Heilungsprozess beizutragen, dass aber nur wenige Akut-Mittel geeignet sind, auch zur Prophylaxe an Gesunde verabreicht zu werden.

Die Prüfung auf Wirksamkeit, Verträglichkeit und Freiheit von unerwünschten Nebenwirkungen hat die Umlaufsicherungsgebühr erst bestanden, wenn sie sich über den Maßstab des Laborversuchs hinaus auch im Rahmen einer nationalen oder internationalen Primärwährung (als einzigem gesetzlichen Zahlungsmittel eines Währungsraumes) bewährt hat.

Die folgenden Ausführungen befassen sich zunächst mit der Frage, welche Wirkungen eine Umlaufsicherung im Umfeld einer regulären Währung, also eines gesetzlichen Zahlungsmittels voraussichtlich haben wird. Sie stellen dann die Frage, worauf die Erfolge der historischen Feldexperimente mit Freigeld beruhen und woher die heute aktuellen Experimente mit regionalen Komplementärwährungen ihre Attraktivität beziehen.

Die Umlaufsicherung als Element der regulären gesetzlichen Währung

Ob eine Umlaufsicherung wirksam und sinnvoll ist, lässt sich unter den experimentellen Bedingungen einer regionalen Komplementärwährung nicht nachweisen. Wir wollen daher die Frage nach der Tauglichkeit und Wirksamkeit der Umlaufsicherung als Funktion einer Primärwährung betrachten und dabei die Szenarien beleuchten, die sich aus der Kombination der bisher bekannten „Grundprinzipien" zur Konstruktion einer Umlaufsicherung ergeben. Man kann die Umlaufsicherung nämlich

➢ auf alles Geld und Geldvermögen erheben – oder
➢ zwischen „gutem" und „schlechtem" Geldbesitz unterscheiden und demzufolge nur den schlechten Geldbesitz, die ungenutzte Liquidität, also ruhendes Bargeld und das dem Bargeld sehr ähnliche, täglich fällige Giralgeld belasten, Spargelder und sonstige Einlagen bei den Kreditinstituten aber als „gutes" Geld unbelastet lassen,
und,

➢ man kann die Umlaufsicherung als eine Gebühr erheben, die dem Geldhalter genommen wird und einer geldverwaltenden Institution als Einnahme zufließt – oder
➢ man kann sie auch durch eine reine Entwertung der Geldbestände (sinkender Nominalwert) bewerkstelligen.

Die Belastung ausschließlich des Bargeldes durch eine Umlaufsicherung hat ihren Ursprung in der Überlegung, dass „gespartes" Geldvermögen der Allgemeinheit als Zahlungsmittel zur Verfügung steht, weil es schließlich von jedem, der es braucht, als Kredit in den Markt geholt werden kann, während „gehortetes" Bargeld dem Markt und der Wirtschaft definitiv vorenthalten wird. Diese Überlegung geht allerdings von einem monetären Idealmodell aus, das so praktisch nie und nirgends existiert, weil es vollkommen ignoriert, dass sich Schulden und Geldmenge höchst unterschiedlich entwickeln. Schon nach kurzer Lebenszeit einer auf Kredit und Zinseszins aufgebauten Währung erreicht das als „Anspruch auf Geld" gehaltene Geldvermögen einen weit größeren Umfang, als die verfügbare Geldmenge und erzwingt damit, dass immer größere Beträge zur Zinszahlung an die Eigentümer der Geldvermögen verwendet werden müssen, so dass das vermeintlich „gute" Geld durch seinen Zinsanspruch genauso zum Zahlungsmittelmangel führt, wie die Hortung des vermeintlich „schlechten" Geldes in Onkel Dagoberts Geldspeicher.

Der an dieser Stelle zu erwartende Einwand, die Umlaufsicherungsgebühr führe zwangsläufig zum Ende jeglicher Zinszahlung; Geldmenge, Schulden und Vermögen seien folglich stets gleich hoch, gehört zwar zu den weit verbreiteten Vorstellungen von den Funktionen der Umlaufsicherung, ist aber keineswegs ihre natürliche Folge. Weil die Umlaufsicherungsgebühr in der Höhe für jeden Geldbesitzer gleich ist, ist sie eben nur höchst unvollkommen geeignet, um die sogenannte „Allokationsfunktion" des Zinses, also die Auswahl einer Geldanlage nach der Höhe der zu erwartenden Rendite, zu ersetzen. Sowohl für die Nutzung von Liquidität für besonders risiko- und/oder chancenreiche Unternehmungen, wie auch für die Bereitstellung von Liquidität für Konsumenten in prekären Einkommens- und Vermögenssituationen wird daher auch nach Einführung der Umlaufsicherung ein Zins gefordert und auch versprochen werden, der ursächlich absolut unabhängig von der Umlaufsicherungsgebühr in Erscheinung tritt, lediglich in seiner Höhe durch die Umlaufsicherungsgebühr beeinflusst werden kann.

Der Einwand verweist darüber hinaus noch auf eine weitere Dimension der mit der Umlaufsicherung erhofften Befreiung vom Zins. Wenn vermeintlich durch die Umlaufsicherung gewährleistet wird, dass Geldmenge, Schulden und Vermögen stets gleich hoch sind, stellt sich die Frage, wie bei Bedarf die Geldmenge ausgeweitet werden kann und wer die damit verbundenen Kosten und Risiken trägt (es gibt ja durchaus auch positives Wachstum, das durch wachsende Liquidität gestützt werden muss). Im Notgeld-Experiment und im Bereich der regionalen Komplementärwährung ist das unkompliziert zu handhaben. Man nimmt einfach die entsprechende Menge der Primärwährung und tauscht sie zusätzlich in Komplementärwährung um. Was aber, wenn das Freigeld die einzige Währung ist? Wer gibt dann Geld zu welchen Konditionen aus? Wer kontrolliert die Geldmenge?

Die Frage, ob Gebühr oder Nominal-Entwertung der bessere Weg sei, die Hortung zu unterbinden, entspringt vermutlich einem Benennungs-Dilemma: Nimmt man z.B. pro Quartal eine Gebühr von drei Prozent des Nominalwerts, dann muss diese Gebühr, die ja die gesamte umlaufende Geldmenge (für Puristen ist das nur Bargeld, andere sehen hier tatsächlich die Geldmenge M1) oder sogar alles Geldvermögen belastet, aus der Geldmenge *heraus* genommen werden. Die im Markt verfügbare Geldmenge mindert sich also pro Quartal um drei Prozent, was bedeutet, dass schon nach drei Jahren nur noch knapp 70 Prozent des ursprünglich verfügbaren Geldes umlaufen, nach sechs Jahren nur noch 48 Prozent und nach zehn Jahren nur noch 30 Prozent.

Also muss die Gebühr schleunigst wieder in Umlauf gebracht werden. Unterstellt man, dass irgendeine staatliche Stelle die Gebühr erhebt und das so eingesammelte Geld schnellstmöglich wieder ausgibt, entpuppt sich die als angebliche „Währungseigenschaft" dargestellte Umlaufsicherungsgebühr als nichts anderes, als eine allgemeine Steuer auf Geld und Geldvermögen. Alleine die begriffliche Gleichsetzung der Umlaufsicherungsgebühr mit der Vermögenssteuer würde aber eine völlig andere Diskussion eröffnen, die - mit Argumenten wie „Neid und Missgunst" von der einen Seite und „Ausbeutung und Betrug" von der anderen Seite - sehr schnell ihre ursprüngliche, monetäre Zielrichtung verlieren würde.

Als Ausweg aus diesem Dilemma wird stattdessen die allgemeine Minderung des Nominalwertes von Geld bzw. Geldvermögen angeboten. Wenn die Banken alle Vierteljahre die Guthaben auf den Girokonten um drei Prozent reduzieren, wenn Geldscheine regelmäßig eingezogen und durch Scheine mit niedrigerem Nominalwert ersetzt werden und wenn die Differenz niemandem und nirgends gutgeschrieben wird, dann ist der Verdacht, die Umlaufsicherung sei eine Steuer, vollständig ausgeräumt. Dem Vorhalt, dass auf diese Weise ebenfalls ein beständiges Schrumpfen der nominal verfügbaren Geldmenge - also Deflation - hervorgerufen wird, wird regelmäßig mit dem Argument begegnet, dies sei nur richtig, wenn die Umlaufsicherung auf Geld und Geldvermögen gleichermaßen erhoben wird und genau deshalb (!) dürfe die Umlaufsicherung ausschließlich auf Bargeld und täglich fällige Einlagen angewendet werden. So weit, so fragwürdig.

Betrachten wir die möglichen Kombinationen aus Gebühr und Nominalwertminderung und schmaler oder breiter Bemessungsgrundlage im Detail, so ergeben sich folgende Gestaltungsmöglichkeiten:

> ➤ Gebühr nur auf Bargeld
> ➤ Gebühr auf alles Geldvermögen
> ➤ Nominalwertminderung nur von Bargeld
> ➤ Nominalwertminderung allen Geldvermögens

Absehbare Wirkungen einer Umlaufsicherungsgebühr auf Bargeld

Wer Banknoten und Münzen mit einer Umlaufsicherung belastet, **muss** unumgänglich auch das Giralgeld auf den Kontokorrenten und Gehaltskonten belasten. Sonst wird als erste Konsequenz die sofortige und vollständige Umstellung der gesamten Wirtschaft auf bargeldlosen Zahlungsverkehr erfolgen. Doch welches Verhalten der Wirtschaftsteilnehmer ist realistischerweise zu erwarten, wenn Bar- und Giralgeld regelmäßig mit einer Gebühr auf den gehaltenen Bestand belastet wird? Weil sich mit der Umstellung der Währungsfunktionalitäten zwar die Bedingungen, nicht aber die Motive und Antriebskräfte der Marktteilnehmer ändern, wird es sehr schnell zu Verhaltensänderungen kommen. Anfänglich wird zu beobachten sein, dass - jeweils kurze Zeit vor dem Fälligkeitstermin der Gebühr - soweit das bei den einzelnen Marktteilnehmern vorhandene Zahlungsmittel dafür reicht

- möglichst alle offenen Rechnungen bezahlt werden,
- notwendige Anschaffungen vorgezogen werden, und zwar sowohl für den Konsum (Frl. Müller kauft sich schnell noch 200 Rollen Toilettenpapier, bevor das Geld Gebühren kostet) als auch für investive Zwecke (die Müller & Co GmbH & Co. KgaA zahlt die Rech-

nung für die neue Produktionsmaschine, bevor das Geld Gebühren kostet
- sofern irgend möglich und machbar, die zuletzt noch eingenommenen Bargeldbestände und Kontokorrentguthaben in gebührenfreie Guthaben umgewandelt werden.

Alles Effekte, die durchaus den Intentionen der Freiwirtschaftler entsprechen. Rechnungen werden zügig bezahlt, konsumtive und investive Ausgaben werden auf den frühestmöglichen Zeitpunkt vorgezogen, das Geld läuft um und Geldbesitzer, die ihr Zahlungsmittel beim besten Willen nicht mehr rechtzeitig ausgeben können, tragen es zur Geldsammelstelle, die daraus einerseits einen terminierten Anspruch auf Geld für den Anleger und andererseits einen Kredit für den Zahlungsmittelnachfrager kreiert, also ein Schulden-Guthaben-Paar in die Welt setzt, dass sich bei Tilgung wieder auflösen soll. Vergessen wird dabei aber, dass sich immer nur ein Teil der Marktteilnehmer vor der Umlaufsicherungsgebühr in Sicherheit bringen kann. Das Geld, das Frl. Müller für die vorsorglich gekauften und eingelagerten Papierrollen ausgegeben hat, liegt an Ultimo - wie der sprichwörtliche Schwarze Peter - in der Kasse des Supermarktes, geht am Abend in den Nachttresor der Bank und am nächsten Morgen fehlen drei Prozent, weil der Bankcomputer pünktlich um Mitternacht die Gebühren abgezogen hat, die zum Stichtag auf alle Geldbestände fällig sind. Ebenso geht es dem Maschinenbauer, auf dessen Konto die Zahlung der Müller & Co GmbH & Co. KgaA erst kurz vor Mitternacht gutgeschrieben wurde. Statt der erwarteten 250.000 Euro, von denen eigentlich Löhne, Gehälter und Material bezahlt werden sollten, sind am nächsten Tag - ätsch - nur 242.500 Euro auf dem Konto. 7.500 Euro sind futsch.

Spätestens wenn die Amtsgerichte über die ersten Klagen wegen boshafter Zahlungsterminierung zu befinden haben, werden sowohl der Einzelhandel wie auch die Industrie Krisensitzungen einberufen, mit dem absehbaren Ergebnis, dass jeweils am letzten und vorletzten Tag vor dem Gebührenstichtag kein geöffnetes Einzelhandelsgeschäft mehr anzutreffen sein wird und dass die Lieferungs- und Zahlungsbedingungen der Industrie um Regelungen ergänzt werden, die einen Umlaufsicherungsstrafausgleich von denjenigen fordern, die vorsätzlich oder grob fahrlässig so spät zahlen, dass dem Zahlungsempfänger ein unabwendbarer Gebührenschaden entsteht.

Auf diese Weise wird sich die Anbieter-/Verkäuferseite auf dem Markt kurz vor Fälligkeit der Gebühr jenen Spielraum verschaffen, der es möglich macht, jedes Fitzelchen nicht benötigter Liquidität in längerfristige Anlagen, also „gutes" Geldvermögen umzuwandeln, während Lohn- und Gehaltszahlungen bevorzugt kurz vor Ultimo angewiesen werden, damit sich das „schlechte" Geld da sammelt, wo es hingehört, nämlich bei den Arbeitern, Rentnern und Angestellten.

Weil wir aber immer noch clevere Banker haben werden, wird sich der ganze Umlaufsicherungsspuk sehr schnell in Luft auflösen. Alle Girokonten werden - per Dauer-Spar-Auftrag - rechtzeitig vor Gebührenfälligkeit vollständig abgeräumt und vorsichtshalber darüber hinaus noch ein Stück ins Minus gefahren. Das von dort abgezogene Geld wird einer langfristigen, umlaufsicherungsfreien Anlage zugeführt und dient damit wunderbarerweise zur Sicherung des Kredits auf dem überzogenen Girokonto. Die Kreditlinien werden entsprechend ausgeweitet. Die Gebührenforderung der Umlaufsicherung trifft ins Leere, denn niemand hat mehr Liquidität. Das Bargeld (Münzen und Scheine) kommt schleunigst aus den Verstecken und wird an den Kassen der Banken einbezahlt, die es wiederum zügig an die Zentralbank zurückgeben.

Unvermeidlicher Effekt einer Umlaufsicherungsgebühr auf Bargeld und Sichtguthaben: Innerhalb kürzester Zeit verschwinden Bargeld und Sichtguthaben vollständig aus der Welt. Alle Zahlungen erfolgen aus eingeräumten Kreditlinien von Girokonten, alle zwischenzeitlich eventuell entstehenden, schädlichen Guthaben werden vollautomatisch in langfristige Anlagen, also „gutes", nicht gebührenbelastetes Geld umgewandelt. Die Umlaufsicherungsgebühr läuft vollständig ins Leere. Alles Geld ist zu gehortetem Geld geworden und kommt nur gegen Zins und Zinseszins jeweils für einen kurzen Augenblick wieder zum Vorschein. Gewinner sind ausschließlich die Banken, deren zusätzliche Gebühren und Zinsen die Wirtschaft belasten.

Die Konstrukteure von Umlaufsicherungssystemen stehen nun vor der Wahl:

- Entweder: Alle vereinbarten Kreditrahmen auf Girokonten werden per Definition zu Bargeld erklärt und folglich mit der Umlaufsicherungsgebühr belastet. Das wäre zwar logisch, weil der Kreditrahmen letztlich die neue Liquidität ist, aber unsinnig, weil in der Konsequenz die Kreditrahmen dann so eng wie möglich geschnitten würden, was dazu führt, dass dem Markt noch weniger Geld zur Verfügung steht, als vorher.
- Oder: Die Unterscheidung zwischen „gutem" und „schlechtem" Geld wird aufgegeben. Alles Geld und Geldvermögen wird regelmäßig mit einer Umlaufsicherungsgebühr belastet. Dies ist das zweite Grundmuster einer Umlaufsicherung, das wir näher betrachten wollen.

Absehbare Wirkungen einer Umlaufsicherungsgebühr auf alles Geld und Geldvermögen

Wird alles Geld und Geldvermögen regelmäßig mit einer Gebühr belastet, entsteht ein neuer, kräftiger Geldstrom, von den „privaten" Haltern von Geld- und Geldvermögen zu den währungsverantwortlichen Institutionen, denen die Gebühr zufließt. Die währungsverantwortlichen Institutionen hätten die Aufgabe, die eingenommenen Gebühren „irgendwie" wieder in den Wirtschaftskreislauf einzuspeisen. Es bedarf keines langen Nachdenkens, um festzustellen, dass der Empfänger der Gebühr letztlich nur der Kassenwart eines demokratisch legitimierten Staatswesens sein kann. Nur dadurch wäre sicherzustellen, dass die Mittel, die dem Staatsvolk insgesamt durch die pauschale Besteuerung von Geld und Geldvermögen genommen werden, auch nur halbwegs im Sinne dieses Staatsvolks verwendet werden. In Wahrheit handelt es sich dabei aber nicht um eine Umlaufsicherungsgebühr, sondern, wie eingangs bereits erwähnt, um eine Steuer auf den „in Geld" und „in Ansprüchen auf Geld" angelegten Teil des Vermögens.

Unterstellen wir, es gelänge tatsächlich, jegliche steuerlich begründete Kapitalflucht zu verhindern, unterstellen wir, es gelänge tatsächlich, alle Bestände an Geld und Geldvermögen lückenlos zu erfassen und korrekt zu bewerten, unterstellen wir also optimale Bedingungen für eine korrekte und umfassende Erhebung dieser Umlaufsicherungsgebühr, es wären trotzdem alle jene Effekte zu erwarten, die zwangsläufig entstehen, wenn versucht wird, in großem Maßstab Geldvermögen aufzulösen, eine Absicht, die, wegen der Langfristigkeit der Anlagen, gar nicht so einfach in die Tat umzusetzen ist:

- Laufende Zinserträge, Miet- und Pachteinnahmen sowie Gewinne aus Unternehmensbeteiligungen werden nicht länger neu angelegt, sondern zum Erwerb langlebiger

Wirtschaftsgüter eingesetzt. Dadurch steigen die Preise für Immobilien, Gold und andere Edelmetalle, Antiquitäten, Kunst und Krempel.
- Die so in den Markt zurückfließenden liquiden Mittel werden von den übrigen Marktteilnehmern aber dringend benötigt, um Zinsen und Tilgung für bestehende Schulden aufzubringen, weil das Geldvermögen nicht mehr als Einlage für neue Kredite zur Verfügung steht, sondern jegliche Zins- und Tilgungszahlung nun dafür verwandt wird, auch noch die letzten verfügbaren Sachwerte aus dem Markt herauszukaufen.
- Es entsteht eine sich selbst nährende Hyperinflation, die bei den Preisen wertvoller, langlebiger Sachwerte einsetzt, während bei den Gütern des täglichen Bedarfs zunächst wegen Geldmangels auf der Verbraucherseite deflationäre Tendenzen auftreten. Im Verlauf des Prozesses greift die Hyperinflation aber immer weiter um sich, bis der Großteil der Sachwerte, einschließlich der statt Geld gehorteten Beständen an Toiletten-, Zeitungs- und Banknotenpapier den Besitzer gewechselt hat. Übrig bleiben leergekaufte Läden und uneinbringbare Forderungen auf Geld.

Der Währungsdesigner sieht sein Heil in diesem Szenario nur noch darin, dass er entweder direkt zur Zwangsbewirtschaftung aller Bestände an Geld und Geldvermögen übergeht, oder eine Währungsreform durchführt, oder sich vom Gedanken der **Gebühr** auf Geld und Geldvermögen ganz löst. Es gibt schließlich noch den Weg der Nominalwertkürzung.

Absehbare Wirkungen einer regelmäßigen Nominalwertminderung des Bargelds

Wenn auf dem Geldschein statt eines festen Wertes eine ganze Reihe von Werten angegeben sind, die dieser Geldschein im Verlaufe der aufeinander folgenden Entwertungsphasen repräsentiert, wenn man sich ausrechnen kann, oder von der Bank pflichtgemäß monatlich darüber informiert wird, wie hoch der nominale Bestand auf dem Girokonto in vier, acht, zwölf Monaten sein wird, wenn dieser Nominalwertschwund alles Bargeld gleichmäßig trifft - aber das Geldvermögen nicht, dann ist die Welt aus den Fugen und die Wirtschaft bricht unmittelbar zusammen. Die übelste Form der Deflation ist per Umlaufsicherung verordnet. Unterstellen wir wieder, eine wie auch immer motivierte Staatsgewalt könnte diese Umlaufsicherung erzwingen, dann ist mit folgenden Effekten zu rechnen:

- Die Ausreichung neuer Kredite geht massiv zurück, weil sich beide Seiten, sowohl die potentiellen Schuldner wie auch die potentiellen Gläubiger leicht ausrechnen können, dass sich die Chance, einen einmal aufgenommenen Kredit auch mit Zins und Tilgung bedienen zu können, rapide verschlechtert hat. Alleine der aus diesem Kalkül entstehende Geldmangel würde ausreichen, die Märkte in kürzester Zeit zusammenbrechen zu lassen.
- Gleichzeitig werden Alt-Kredite massenhaft notleidend, weil die Schuldner mit schrumpfendem Geld nicht mehr in der Lage sind, die nicht schrumpfenden Schulden abzutragen und die nicht schrumpfenden Zinsforderungen zu erarbeiten.
- In Sorge um den vollständigen Verlust ihres Geldvermögens durch weitere Kreditausfälle werden Banken und Einleger dazu übergehen, ihre Zins- und Tilgungsforderungen zu modifizieren. Denkbar sind sogar negative Zinsen und schrumpfende Tilgungsraten. Doch das ist kein Grund zum Jubeln! Schließlich ergibt sich durch die Reduzierung des Nominalwertes zwar ein Sinken der nominalen Geldmenge, andererseits aber zwangsläufig auch das Ansteigen der Kaufkraft pro Geldeinheit. Letztlich kommt es dem Kapitaleigner aber nur darauf an, **wie viel er sich** am Ende der Kreditlaufzeit von den erhaltenen

Tilgungs- und Zinszahlungen **kaufen kann**, nicht darauf ob er dafür 10 oder nur 5 Millionen auf dem Konto haben muss.

(Interessant in diesem Zusammenhang: Die Besteuerung von Unternehmensgewinnen nach der Methode des Vermögensvergleichs ist in Zeiten der Deflation kontraproduktiv.)

Die Entwertung des Bargeldes durch Senkung seines Nominalwertes führt also zu Verwerfungen in der Geldversorgung, bis hin zu negativen Zinsen. Das Kalkulieren wird komplizierter, aber die Umlaufgeschwindigkeit des Geldes erhöht sich nicht. Im Gegenteil: Hortung wird weiterhin belohnt. Geldvermögen wird als „gutes Geld" nicht belastet und obendrein erhöht die, durch die Nominalwertminderung erzeugte, zusätzliche Geldknappheit den Wert des Geldvermögens. Die Hoffnungen, die in die Umlaufsicherung gesetzt werden, scheinen unbegründet. Doch noch bleibt uns eine Variante, die es lohnt, zu beleuchten:

Absehbare Wirkungen einer regelmäßigen Nominalwertminderung allen Geldvermögens

Geld verfault nicht. Wer glaubt, es mit einer Änderung des Nominalwertes zum Verfaulen zu bringen, ist ein Illusionist. Seit es grenzüberschreitenden Handel gibt und seit man die Kunst des Abzinsens auf einen Gegenwartswert beherrscht, haben die Menschen gelernt, Umrechnungskurse zu bilden und den Wert zukünftiger Einnahmen zu ermitteln.

Wer also 100 Euro umlaufgesicherter Schulden macht, und weiß, dass diese Schulden in einem Jahr nur noch auf 90 Euro lauten, wer ferner weiß, dass der Geldschein, den er erhalten hat, heute den aufgedruckten Wert von 100 Euro hat, in einem Jahr aber gegen einen neuen Schein getauscht werden muss, der einen Nennwert von 90 Euro hat, der kann das ganze Theater doch schlicht ignorieren - abgesehen davon, dass er sich der

Mühe einer neuen, unsinnigen Umrechnerei unterziehen muss. Eine Umrechnerei, die es seit der Erfindung von Wechsel und Diskont gibt und die für jeden beliebigen Zeitpunkt einen exakten Wert mit beliebig vielen Kommastellen vorhersagen kann.

Was also soll eine solche Maßnahme hervorbringen?

Die Erfolge umlaufgesicherter regionaler Komplementär-Währungen

Sind die Berichte über das historische Freigeldexperiment von Wörgl, über den ebenso historischen Wära-Verbund und vergleichbare Experimente also schlicht nicht wahr? Sind die derzeit wie die Pilze aus dem Boden schießenden Regio-Taler der blanke Blödsinn?

Nein, das sind die falschen Fragen und ein „Ja" darauf wäre der völlig falsche Schluss. Die richtigen Fragen müssen lauten:

- *„Was hat den früheren Währungsexperimenten zum Erfolg verholfen, wenn nun klar ist, dass diese Erfolge nicht wegen, sondern allenfalls trotz der Umlaufsicherung zustande gekommen sein können?"*
Eine neue Antwort darauf zu geben, ist nicht so einfach. Ich schlage daher vor, einmal darüber nachzudenken, ob es nicht sein könnte, dass ihr wirtschaftlicher Erfolg ausschließlich der Tatsache zu verdanken ist, dass mit der „regionalen Währung" eine zusätzliche (!) Zahlungsmittelmenge in den Markt kam, die einerseits half, den Mangel an Geld in der eigentlichen Haupt-Währung zu lindern und die andererseits, weil sie nur innerhalb eines übersichtlich begrenzten Währungsgebietes als Zahlungsmittel akzeptiert wurde, auch nicht abwandern und in der Folge neuerlichen Geldmangel hinterlassen konnte? Vieles spricht für diese Erklärung. Die Weltwirtschaftskrise von 1929 wurde doch nicht ausgelöst, weil das Geld zu lang-

sam umlief, sondern weil das Geld dem Markt durch massive Rückforderung von Krediten „auf einen Schlag" entzogen wurde. Es fehlte schlicht am Geld und dieses Geld war durch den Crash der amerikanischen Börsen und die daraus folgenden Kreditausfälle tatsächlich schlicht vernichtet worden, auch die schönste Umlaufsicherungsgebühr hätte es nicht zurückbringen können.

- *„Worin liegt die offensichtliche Attraktivität der aktuellen Experimente mit regionalen Komplementärwährungen?"*
Bei genauerem Hinsehen zeichnen sich alle „lebenden" Währungsexperimente durch sehr geringe - im Verhältnis zur Wirtschaftskraft des jeweiligen Währungsgebietes vollkommen zu vernachlässigende - Umsätze in der Regionalwährung aus. Obwohl ein erhebliches monetäres Problem besteht, obwohl in der Realwirtschaft ganz offensichtlich erhebliche Geldknappheit (Kaufzurückhaltung!) besteht, bleiben die Regionalwährungen in kleinen Zirkeln gutwilliger Mitglieder verhaftet. Nennenswerte Impulse für die regionale Wirtschaft gehen davon trotz aller gegenteiligen Beteuerungen nicht aus.

Gibt es überhaupt einen Ausweg aus der Geldkrise?

Die Frage, wie eine optimale Geldversorgung der Realwirtschaft hergestellt werden kann, soll in diesem Buch noch beantwortet werden. Der Ansatzpunkt kann aber weder die Belastung der kleinen, umlaufenden Geldmenge M1 sein, noch kann, wie wir eben gesehen haben, eine allgemeine Gebühr oder Steuer, bzw. eine allgemeine Nominalwertminderung zum Erfolg führen. Die Lösung erfordert ein System, dass dem Geldmangels primär durch ausreichende Geldversorgung entgegenwirkt, und damit in der Lage ist, die der Realwirtschaft schadenden Geldverluste zu ersetzen. Doch bevor die Konstruktion eines solchen Systems begonnen werden kann, ist die Beschäftigung mit weiteren Eigenschaften des Geldes erforderlich. Inflation und Deflation müssen genauso betrachtet werden, wie die Ursachen der Teuerung und die seltsamen Folgen geplatzter Kredite.

Kapitel 11
Der geplatzte Kredit

Schon die ersten Erkenntnisse, die wir bei der Beschäftigung mit den Grundlagen des Geldes gewonnen haben, waren nicht geeignet, das Vertrauen in unser Geldsystem zu stärken: Geld ist ein höchst flüchtiger, kaum greifbarer Stoff, der bevorzugt als Ziffernfolge auf Kontoauszügen in Erscheinung tritt und durch einfache Buchungen ebenso geschaffen, wie auch wieder vernichtet wird. Gerade weil Geld ausschließlich durch Kredite in die Welt gesetzt und durch Tilgung wieder vernichtet wird, muss die Frage gestellt werden, welche Folgen im Geldsystem auftreten, wenn ein Schuldner nicht mehr in der Lage ist, seinen Kredit zu tilgen.

Die Geschäftsbanken werden nicht müde, die Schäden zu beklagen, die ihnen durch notleidende Kredite entstehen. Sie haben sich inzwischen zu einem Kartell zusammengeschlossen, das unter dem nichtssagenden Namen „Basel II" die Einhaltung höchst restriktiver Vergaberichtlinien verabredet hat, um die potentiellen Gefahren notleidender Kredite schon bei der Vergabe zu vermeiden. Die wichtigsten Fragen in diesem Zusammenhang lauten:

> ➢ *Was wird aus dem Geld, das aus einem geplatzten Kredit entstanden ist?*

➤ *Welcher Schaden entsteht der betroffenen Bank wirklich?*
➤ *Welchen Schaden erleidet das Banken- und Geldsystem insgesamt?*

Es wird hilfreich sein, wenn wir uns dazu einige wichtige Details an einem Beispiel in Erinnerung rufen.

Die Einlage als Basis der Kreditgewährung

Der Bankkunde Raffke überweist regelmäßig die Gewinne seiner Geschäfte auf ein privates Girokonto. Physikalisch sieht das so aus, dass der Bankcomputer unter dem Ordnungsbegriff „Raffke Geschäft" den Wert im Feld „Guthaben" verringert und gleichzeitig unter dem Ordnungsbegriff „Raffke Privat" den Wert im Feld „Guthaben" um den gleichen Betrag erhöht. Eines Tages stehen auf dem Konto „Raffke Privat" 10 Millionen Euro zu Buche und Herrn Raffke fällt auf, dass diese 10 Millionen Euro auf dem Girokonto keinerlei Zinsen tragen. Um dies zu ändern, kauft er 10.000 Pfandbriefe seiner Bank, zum Nennwert von 1.000 Euro pro Stück mit einer Laufzeit von 10 Jahren bei einem Zinssatz von 5 ¼ Prozent.

Physikalisch muss der Bankcomputer dazu bei Raffkes Girokonto den Wert des Feldes „Guthaben" auf Null setzen und dafür im Depot des Bankkunden Raffke 10.000 Stück Pfandbriefe einbuchen.

Mehr passiert nicht. Nirgendwo werden Goldbarren, Münzen oder Banknoten bewegt. Alles was sich verändert, sind die Informationen in den Speichermedien des Bankcomputers. Auch das aktuelle Vermögen des Bankkunden Raffke ist nominell anscheinend gleich geblieben. Lediglich die Qualität hat sich verändert. Raffke verzichtet darauf, innerhalb der nächsten 10 Jahre über sein Geld zu verfügen und gewinnt dadurch der

Bank gegenüber einen Anspruch auf die Zahlung von Zinsen in Höhe von insgesamt 5,25 Millionen Euro, die ihm - über die Laufzeit verteilt - in zehn gleichen Raten auszuzahlen sind.

Diese Einlage erlaubt der Bank, auf der Basis jener 10 Millionen Euro Geldvermögen des Herrn Raffke, das stillgelegt ist und Zinsen trägt, unter Einhaltung der Mindestreservevorschriften theoretisch bis zu maximal 500 Millionen Euro zusätzlich in Verkehr zu bringen. Praktisch ist das aus technischen und strategischen Überlegungen allerdings viel weniger. Es ist dabei jedoch nicht ausgeschlossen, dass Geld, das auf Basis neuer Kredite geschaffen wird, unmittelbar nachdem der Kredit ausgereicht ist, erneut zur Einlage bei einer Bank wird und damit neuerlich zur Kreditvergabe berechtigt. Weil die einzelne Einlage im realen Bankgeschäft völlig anonym im Gesamttopf der Einlagen untergeht, ist es wichtig, wenigstens im Beispiel zu versuchen, die Ursache, nämlich die Einlage des Herrn Raffke, und die daraus resultierenden Wirkungen in einen direkten Zusammenhang zu stellen.

Die Kreditgewährung als Basis der Zinserträge

Gehen wir von folgenden Annahmen aus:

Insgesamt - einschließlich der 10 Millionen des Herrn Raffke - verfügt die Bank über Einlagen in Höhe von 50 Milliarden Euro, die durchschnittlich mit 5 ¼ Prozent verzinst werden. Den Einlagen stehen Ausleihungen in Höhe von 35 Milliarden Euro gegenüber, für die durchschnittlich 9 ¼ Prozent Zins gefordert werden. Der gesamte Zinsaufwand der Bank liegt also bei 2,65 Milliarden Euro pro Jahr, die Zinseinnahmen erreichen 3,237 Milliarden Euro. Von der Differenz von 587 Millionen bleibt nach Abzug der Kosten des Geschäftsbetriebs der Bank ein Vorsteuergewinn von 300 Millionen Euro übrig. Körperschaftssteuer und Gewerbesteuer fressen davon (wenn die nächste

Steuerreform dem nicht zuvorkommt) rund die Hälfte, so dass 150 Millionen Euro an die Aktionäre ausgeschüttet werden können.

Der konkrete Ernstfall

In diesem Szenario freut sich die Bank, dass es ihr gelungen ist, dem Bauunternehmer Pienats einen Investitionskredit über insgesamt 7 Millionen Euro zu verkaufen. Laufzeit: 10 Jahre, Zins 9 ¼ Prozent jährlich nachschüssig, Tilgung in einer Summe zum Ende der Laufzeit.

Dazu war es lediglich erforderlich, den Computer anzuwerfen, das Kreditkonto des Bauunternehmers mit 7 Millionen Euro zu belasten und im gleichen Atemzug dem Girokonto des Bauunternehmers 7 Millionen Euro gutzuschreiben. Wieder hat der Computer ein paar Zahlen verschoben. Sonst ist materiell nichts passiert. Insbesondere hat sich weder auf dem Girokonto des Bankkunden Raffke noch in dessen Wertpapierdepot in irgendeiner Weise irgendetwas verändert.

Allerdings hat sich der Bauunternehmer verpflichtet, der Bank insgesamt 6,475 Millionen Euro in 10 gleichen Raten an Zinsen zu bezahlen und selbstverständlich ist er auch verpflichtet, seine Schulden pünktlich zurückzuzahlen.

Nach wenigen Tagen bezahlt das Bauunternehmen die Rechnungen für den neuen Kran, zwei große Muldenkipper und ein Großgerüst, und räumt damit das Guthaben auf dem Girokonto bis auf den letzten Euro ab. Das war so geplant und regt niemanden auf.

Dummerweise muss der Kämmerer der Kreisstadt, für die das Bauunternehmen Pienats das neue Rathaus gebaut hat, kurz darauf öffentlich zugeben, dass er die Schlussrechnung für den Prachtbau ebensowenig bezahlen kann, wie die drei vorangegangenen Abschlagsrechnungen, die noch offen sind. Die Stadt ist schlicht pleite. Das Land stellt zwar in Aussicht, die Gemeindefinanzen zu sanieren, aber von der bloßen Aussicht auf Landesgelder kann der Bauunternehmer Pienats die fälligen Sozialversicherungsbeiträge, die er vom Lohn seiner Mitarbeiter einbehalten hat, nicht überweisen. Aus Erfahrung klug geworden, stellt die AOK unverzüglich den Antrag, das Insolvenzverfahren über das Vermögen des Bauunternehmens Pienat zu eröffnen.

Das regt eine Bank normalerweise immer noch nicht auf, weil sie sich ihre Kredite absichert, zum Beispiel durch Grundpfandrechte, aber als es zum Schwur kommt, stellen sich die Pienats Grundstücke als hoffnungslos überbewertet, also wertlos, heraus. Die Bank muss den Kredit in voller Höhe ausbuchen. ***Welch ein Verlust!***

Welcher Verlust? Beginnen wir wieder beim Wirken des Bankcomputers: Der hat, als Pienats die Rechnungen für den Kran und die Muldenkipper und das Gerüst bezahlt hat, nicht nur das Girokonto des Bauunternehmens auf Null gestellt, er hat - weil alle Zahlungsempfänger ihre Konten bei anderen Kreditinstituten hatten - gleichzeitig auch 7 Millionen Euro vom eigenen Zentralbankkonto auf die Zentralbankkonten anderer Kreditinstitute überwiesen. Im Guthaben bei der Zentralbank ist gleichzeitig die von der Bank hinterlegte Mindestreserve enthalten. Die Höhe der Mindestreserve muss mindestens zwei Prozent der bei der Bank geführten kurzfristigen Gelder ausmachen. Weil sich das Zentralbankguthaben täglich durch die Verfügungen der Bankkunden verändert, ist zwischen dem Mindestreservebedarf und dem tatsächlichen Guthaben bei der Zentralbank eine Schwankungsreserve unverzichtbar. Die jetzt abgebuchten sieben Millionen fallen dabei kaum auf; werden jedoch vom unbestechlichen Computersystem erkannt, das dafür sorgt, dass die Schwankungsreserve aus den Reserven der Bank wieder aufgefüllt wird.

Die Bank muss also im Extremfall aus den bei ihr gebunkerten, nicht verliehenen Einlagen, maximal sieben Millionen auf ihr Konto bei der Bundesbank überweisen. Deswegen wird sie noch lange nicht daran denken müssen, sich von Aktien, Optionsscheinen und festverzinslichen Wertpapieren zu trennen. In der Regel genügt es, dieses Geld aus dem Topf zu nehmen, der für kurzfristige Geldverleihspielchen zwischen den Banken vorgesehen ist. Der daraus entstehende Zinsverlust ist relativ gering und liegt im konkreten Fall vielleicht bei drei Prozent, also 210.000 Euro jährlich.

Das alles ist allerdings schon geschehen, bevor der Kredit geplatzt war! Die Auswirkung zeigt sich erst, wenn zum ersten Fälligkeitstermin die Zinszahlung nicht eingeht und wenn zum Ende der Kreditlaufzeit die Rückzahlung der Darlehenssumme ausbleibt. Doch lange vorher kommen der Bank einige Umstände höchst hilfreich zugute. Zunächst einmal trifft es sich gut, dass das Geschäftsjahr der Bank bald zu Ende geht. Der geplatzte Kredit, der als Forderung in der Aktiva der Bilanz steht, wird durch eine Abschreibungsbuchung „getilgt", welche in der Gewinn- und Verlustrechung als Teil der Gesamtkosten der Bank wieder auftaucht und dort das gleiche bewirkt, was auch die Vorstandsgehälter und die Telefonrechnung bewirken. Die
Abschreibung mindert den Gewinn und das wiederum mindert die Steuerlast. Nach Steuern ist der Netto-Verlust der Bank von 7 Millionen auf nur noch 3,5 Millionen eingedampft. Der Fiskus ist nämlich der völlig korrekten Auffassung, dass es sich bei einem geplatzten Kredit um *Kosten* des Geschäftsbetriebes handelt. De facto hat das zur Folge, dass Staat und Steuerzahler rund die Hälfte dieser Kosten übernehmen. Diese Kostenüber-

nahme, gelegentlich auch Steuerersparnis genannt, findet bei einer ordentlichen Bank ihren Weg in die Rücklagen.

Weil auch faktisch rund 3,5 Millionen Euro weniger an das Finanzamt überwiesen werden müssen, ist auf dem Zentralbankkonto jetzt sogar mehr Geld (!) vorhanden, als bei fortbestehendem Kredit. Außerdem macht die Bank auch nicht erst seit gestern Bankgeschäfte. Daher hat sie die unvermeidlichen Kosten aus geplatzten Krediten längst in ihren Gebühren und Zinsen berücksichtigt. Die Bankkunden zahlen in den Preisen der Bank laufend einen Beitrag zur Absicherung der Bank vor Kreditausfällen. Damit ist das Problem vollständig auf Bankkunden und Fiskus abgewälzt.

Es gibt unter dem Strich weder einen Verlust, noch einen entgangenen Zinsgewinn.

Der Fall Pienats ist nichts anderes, als das konkrete Eintreten eines bekannten und kalkulatorisch berücksichtigten Risikos. Nur zur Veranschaulichung: Ein Schneider muss aus jedem Stoffballen hunderte von Flicken als „Verschnitt" verwerfen, ein Schreiner erzeugt verdammt viele Hobel- und Sägespäne, bis das Brett übrig bleibt, das er tatsächlich braucht. Die Kosten für den Verschnitt rechnet der Schneider in den Preis des Anzugs, der Schreiner in den Preis des Schrankes und der Banker in den Preis des Geldes, also in Zinsen und Gebühren ein.

Die bisherige Fragestellung zielte darauf ab, herauszufinden, ob der Bank möglicherweise durch den Abfluss – bzw. durch den ausbleibenden Zufluss – von Mitteln vom Zentralbankkonto Zinsverluste entstehen. Das ist wegen der hilfreichen Steuersystematik so lange nicht der Fall, wie die Bank in der glücklichen Lage ist, Gewinne versteuern zu müssen. Es zeigt sich zudem, dass auch das völlige Ausbleiben der Tilgung im Zusammenwirken von Steuerersparnis und kalkulatorischer Risikovorsorge das eigentliche Hauptproblem des geplatzten Kredits, nämlich die Wiederbeschaffung des „verlorenen" Geldes auf einfachste Weise gegenstandslos gemacht hat.

Daher kann das Depot des Herrn Raffke nach der zehnjährigen Festschreibungsfrist ganz regulär aufgelöst werden. Sein Anspruch auf weitere Zinszahlung erlischt. Dafür schreibt ihm der Bankencomputer eine hübsche Zahl auf sein Girokonto. Das war genau so und nicht anders geplant. Der geplatzte Kredit des Bauunternehmers Pienats ändert daran gar nichts.

Es ändert sich auch sonst nichts. Die Schulden der Bank bei Herrn Raffke bleiben durch die Umbuchung vom Depot auf das Girokonto unverändert. Nur die Qualität ändert sich. Aus langfristigem Geldvermögen ist wieder kurzfristig abrufbares Geld geworden, völlig unabhängig vom Schicksal des Investitionskredites des Bauunternehmers Pienats – und dafür muss jetzt die Mindestreserve wieder entsprechend dotiert werden.

Ein wirkliches Problem entstünde lediglich, wenn nicht nur Herr Raffke, sondern viele andere Bankkunden gleichzeitig aus langfristigen in kurzfristige Anlagen wechseln und dann so rücksichtslos über ihr Geld verfügen, dass es in großer Menge von dieser Bank abfließt.

Aber auch dieses Problem hat mit dem geplatzten Kredit des Bauunternehmers Pienats nach den bankbetriebswirtschaftlichen Regeln nichts zu tun. Allenfalls könnte man daraus ein Beispiel für die Folgen chaostheoretischer Instabilitäten im Geldsystem stricken, aber ein konkreter, kausaler Zusammenhang kann daraus niemals werden.

Eine praktische Bedeutung hat der Kreditausfall also wirklich nur dadurch, dass schlimmstenfalls ein Teil der freien Reserven der Bank verwendet werden muss, um die bei der Bundesbank gehaltene Reserve aufzustocken, bis der Fehlbetrag aus der eintretenden Steuerminderung und den in Zinsen und Gebühren enthaltenen, kalkulatorischen Kosten wieder gedeckt ist.

Das verlorene Kapital ist also seltsamerweise nicht das eigentliche Problem.

Wie sieht es mit den Zinsen auf die Einlage aus? Wer sorgt dafür, dass Pfandbrief-Raffke jährlich seine 525.000 Euro bekommen kann?

Das ist eine sehr gute Frage, mit der wir endlich an den Kern der letzten Feinheit kommen: ***Die Zinsen sind nämlich erst recht kein Problem.***

Was ist denn geplatzt? Der Kredit, oder die Einlage? Na also: Der Kredit ist geplatzt! Die Einlage ist doch deswegen noch da! Der Kredit ist ausgebucht. Das ist ganz genau so, als wäre er getilgt worden. Niemand hindert die Bank daran, auf Basis der vorhandenen Einlagen Kredite auszureichen. Zumindest solange nicht, wie die Mindestreserve ausreichend bestückt werden kann. Der geplatzte Kredit mindert also lediglich die theoretisch mögliche, maximale Geldschöpfungsfähigkeit der Geschäftsbank, weil sich im Hintergrund ihr Guthaben bei der Bundesbank reduziert, was aber normalerweise (auch bei Krediten mit laufender Tilgung) durch kalkulatorische Vorsorge und Steuerersparnis relativ schnell kompensiert wird und - falls das im Ausnahmefall einmal nicht ausreichen sollte - immer noch durch den Einsatz von Reserven aus freien Einlagen problemlos aufgefüllt werden kann.

Üblicherweise werden die Einlagen von einem notleidenden Kredit aber in keiner Weise tangiert. Sie bleiben vollständig als Kreditbasis erhalten. In aller Regel folgt der Ausbuchung eines Kredits die Ausreichung neuer Kredite auf der unveränderten Basis der Einlagen. Die Zinsen für Herrn Raffke sind also sicher, ebenso sicher, wie seine Einlage. Bei vernünftiger Kalkulation und Risikofürsorge unterscheidet sich die Wirkung eines geplatzten Kredits in nichts von der Wirkung der planmäßigen Tilgung eines Kredits. In beiden Fällen entsteht lediglich die Notwendigkeit, neue Kredite auszureichen, um die Verzinsung der Einlagen sicherzustellen. That's all.

Nur wenn das Volumen notleidender oder geplatzter Kredite bei einem Institut insgesamt eine Größenordnung erreicht, die über das vom Risikomanagement geplante Maß hinausgeht und eine weitere Kreditgewährung unter Berücksichtigung der Mindestreserve unmöglich macht, mindert jeder weitere geplatzte Kredit den Gewinn der Bank weit mehr, als nur marginal.

Wo ist also das eigentliche Problem? Das eigentliche Problem entsteht in einem ganz anderen Zusammenhang. Durch einen Kredit ist Geld entstanden, das mit Tilgungs- und Verzinsungszwang ausgestattet ist. Um die umlaufende Geldmenge zu erhalten, ist es erforderlich, jede Tilgungsleistung und jede Zinszahlung durch neue Kredite zu finanzieren. Geld löst sich durch Tilgung in Nichts auf. Zinsen, die wieder angelegt werden, erhöhen das Geldvermögen, nicht aber die umlaufende Geldmenge. Der intakte Kredit sichert also die Aufrechterhaltung der Verschuldung und lässt den Anspruch der Gläubiger auf Zinszahlung niemals erlöschen. Ist eine Bank jedoch gezwungen, einen Kredit auszubuchen, wird das damit geschaffene Geld frei. Der Kreislauf der Neuverschuldung ist unterbrochen. Das so „befreite" Geld ist in der Lage, andere Kredite endgültig zu tilgen. Es hat die gleiche Fähigkeit, wie ein im Bachbett gefundenes Goldnugget zu Zeiten der Golddeckung der Währungen. Man kann damit eine Schuld bezahlen, ohne gleichzeitig eine neue Schuld in die Welt setzen zu müssen. Damit entfallen jedoch auch alle darauf ruhenden Zinsansprüche von heute an, bis in alle Ewigkeit! Das ist das Problem!

Das vollkommen gleiche Problem schafft übrigens auch der Hersteller von Falschgeld. Mit der Million, die er sich im Keller druckt, schafft er zwar primär *für sich* illegale Kaufkraft im Wert von einer Million. Sein eigentliches Verbrechen besteht aber darin, dass durch die Erzeugung dieser Million, Zins- und Zinseszinsforderungen auf eine Million für alle Zeiten entfallen, weil sein Falschgeld, ohne selbst aus einem zinsfordernden Kredit entstanden zu sein, dennoch in der Lage ist, Schulden in Höhe von einer Million endgültig zu tilgen. Der Fälscher vernichtet also einen Teil der Fähigkeit des Geldvermögens, sich durch Zinsen zu vermehren. Er stört das Privileg des steten Geldzuwachses, dass sich die Gläubiger, ohne Angst vor Strafe und ohne dafür im Keller mit Druckplatten hantieren zu müssen, alleine durch Geldbesitz verschaffen.

Das ist völlig normal, völlig legal und das Grundprinzip eines Systems, das man als braver Untertan besser nicht in Zweifel ziehen sollte.

Kapitel 12
Teuerung und Inflation
die natürlichen Feinde des Geldes

Geld ist nicht nur Zahlungsmittel, sondern auch Wertaufbewahrungsmittel und Wertmaßstab zugleich, so verkünden es Volkswirte und Geldtheoretiker, doch nirgends auf der Welt gibt es ein Eichamt, an dem der Wert des Geldes mit hochpräzisen Instrumenten überprüft, reguliert und mit Stempel und Plombe bestätigt werden könnte. Ganz im Gegenteil: Alle Welt liegt in stetem Streit um den wahren Wert des Geldes und schon aus winzigen Wertunterschieden, die zwischen New York und Tokio, London und Frankfurt im Handel mit Geld auftreten, machen Spekulanten in gierigem Gezerre ein großes Spiel um aberwitzig hohe Gewinne.

Das Geld hat zwei natürliche Feinde, die ständig daran arbeiten, die Funktionen Wertmaßstab und Wertaufbewahrung zu stören. Diese „natürlichen" Feinde treten auf, ohne dass es dazu der Einflussnahme von Spekulanten bedürfte, aber abgesehen von diesen natürlichen Feinden ist der Geldwert beständig einer Vielzahl von Gefahren ausgesetzt, weil Menschen, deren Hauptgeschäft der mehr oder minder legalisierte Betrug ist, unentwegt und mit großem Erfolg überall auf der Welt daran arbeiten, den „Wert" vom „Geld" zu trennen.

Die natürlichen Feinde des Geldes sind Teuerung und Inflation. Die Wirkung dieser Phänomene erscheint auf den ersten Blick gleich: ***Die Preise der Waren steigen.***

Aber die Ursachen dafür sind grundverschieden. Teuerung ist die Folge einer Verknappung des Waren-Angebots und kann nur von der Warenseite her erfolgreich bekämpft werden. Inflation hingegen ist die Folge der Ausweitung der nachfragewirksamen Geldmenge und vernünftige Gegenwehr ist hier nur mit Maßnahmen im monetären Bereich möglich. Befassen wir uns zunächst mit der Teuerung.

Spargel

Ein edles, sehr empfindliches und arbeitsintensives Gemüse, das nicht auf jedem Boden gedeiht, aber allgemein gerne verzehrt wird, kommt zu stark schwankenden Preisen auf den Markt, je nachdem, ob die Ernte reichlich ausfällt oder ob nur wenig geerntet werden kann. Spargel ist also in einem Jahr billig, in einem anderen Jahr teuer. Kommen zu einer schlechten Spargelernte noch weitere Ernteausfälle hinzu, z.B. bei Getreide, Kartoffeln und Kohl, dann werden Lebensmittel - auch Fleisch und Wurst (wegen der Futterpflanzen) - teuer. Wird dann eventuell auch noch das Angebot an Rohöl auf dem Spotmarkt in Rotterdam knapp, dann entwickelt sich aus einzelnen steigenden Preisen langsam aber sicher das Phänomen einer allgemeinen Teuerung. Schließlich sind alle Wirtschaftsprozesse eng miteinander verflochten und was als Kostenerhöhung an einer Stelle in das System eingespeist wird, hat die Neigung, sich innerhalb des Systems möglichst gleichmäßig zu verteilen. Teure Nahrungsmittel führen über Kurz oder Lang zu steigenden Löhnen und schon steigen alle Preise....

Teuerung ist also ein Zustand, bei dem unveränderter Kaufkraft (Geldmenge), ein vermindertes Warenangebot gegenüber steht.

Die teuerungsförderliche Verknappung des Angebots muss aber nicht zwangsläufig natürliche Ursachen haben. Jahrelang war z.B. das Phänomen des Schweinezyklus in der Landwirtschaft zu beobachten, und das ging so:

Schweinefleisch ist gefragt und bringt gute Preise. Das spricht sich in der Landbevölkerung herum und mehr und mehr Bauern stellen mehr und mehr Schweine in die Ställe, und schon nach kurzer Zeit werden die Schlachtviehmärkte vom gewachsenen Angebot überschwemmt. Der Preis für Schweinefleisch bricht zusammen.

Dumm gelaufen, denkt der Ökonomierat und schwört sich, so schnell kein Schwein mehr aufzuziehen. Alle anderen Bauern, die mit der Schweinezucht Geld verloren haben, reagieren ebenso. Das Angebot an Schweinefleisch wird daraufhin geringer, bald treten Engpässen auf, die Hausfrauen zahlen zähneknirschend Höchstpreise für Koteletts und Schinken und die Metzger überbieten sich beim Schlachtvieheinkauf. Unter den Bauern spricht es sich herum, dass mit Schweinen verdammt viel Geld zu verdienen ist...

Durch verständliche Reaktionen von Menschen, welche die Funktionen des Regelkreises über lange Jahre einfach nicht einzuschätzen wussten, kam es zu periodischen Schwankungen im Angebot von Schweinefleisch, was mit der Zeit von denjenigen, die den Schweinezyklus entschlüsselt hatten, mit antizyklischem Verhalten ausgenutzt wurde. Die Dummheit einer Vielzahl kleiner Bauern wurde durch raffinierte Manipulationen am Angebot in Gewinne weniger großer Agrarunternehmer umgewandelt, woraufhin der Schweinezyklus scheinbar verschwunden ist.

Geblieben ist die Erkenntnis, dass ein Überangebot an Waren für den Anbieter ungünstig ist, ein knappes Angebot hingegen in mehrerer Hinsicht günstig:

- Wer nur 80 Schweine aufzieht, hat um 20% niedrigere Kosten, als derjenige, der 100 Schweine aufzieht.
- Wenn nur 80 Schweine am Markt angeboten werden, auf dem eigentlich ein Bedarf an 100 Schweinen besteht, ist es durchaus zu erwarten, dass für das knappe Gut ein Preis erzielt wird, der so hoch liegt, dass der Gesamterlös aus dem Verkauf von 80 Schweinen sich vom Gesamterlös aus dem Verkauf von 100 Schweinen nicht nennenswert unterscheidet.
- Weil von 80 Schweinen weniger Menschen satt werden, als von 100 Schweinen, müssen diese Menschen sich mit einem Ersatznahrungsmittel versorgen, es wird also insgesamt mehr Geld für die Ernährung aufgewendet, für andere Produkte bleibt weniger Geld übrig, das bisherige Angebot an z.B. Damenoberbekleidung trifft also auf eine nicht mehr ausreichende Kaufkraft. Um nicht auf Röcken und Kleidern sitzen zu bleiben, muss der DOB-Sektor die Preise senken. Gattin und Töchter des Herstellers von nur 80 Schweinen, können sich nun aus der Kostenersparnis, die sich aus der Nichtaufzucht von 20 Schweinen ergeben hat, eine ganze Menge zusätzlicher Klamotten zu sehr günstigen Preisen einkaufen, oder

- Die Kostenersparnis bei der Schweineaufzucht und die Kostenersparnis beim Einkauf von Bekleidung werden verwendet, um Geldvermögen zu bilden.

Schön, wenn das Spiel damit schon zu Ende wäre, doch jetzt beginnt der Hexentanz erst richtig:

Weil beim 80-Schweine-Bauern und seinen Artgenossen jede Menge Geld gebunkert wird, das damit dem Wirtschaftskreislauf fehlt, und niemand mehr Lust verspürt, 100 Schweine zu züchten, sondern im Gegenteil bereits die ersten Ställe mit nur noch 60 Schweinen bestückt werden, weil also immer mehr Geld in Richtung Vermögensbildung bei den Schweinezüchtern läuft, ergibt sich ein Szenario, das als Deflation bekannt ist. Weil zu wenig Geld im Umlauf ist, wird diesem wenigen Geld ein höherer Wert zugemessen, den niedrigen Preisen für Klamotten folgen niedrige Löhne in der Textilindustrie, der gesamte Markt einigt sich darauf, dass das verbliebene Geld mehr Wert repräsentiert, wodurch der Tauschhandel aufrecht bleiben kann.

Die höchst angenehme Folge für den 80-Schweine-Bauern ist, dass er für sein gehortetes Geld immer mehr Waren kaufen kann, ja dass er, ohne reale Einkommensverluste hinnehmen zu müssen, sogar die eigenen Preise ein ganzes Stück weit senken kann, so dass ihm niemand mehr den Vorwurf machen darf, er sei Auslöser und Nutznießer, im Gegenteil, mit etwas schauspielerischem Talent werden wir ihn sehr schnell in der Opferrolle vorfinden.

Diese beispielhafte Schweinerei lässt die Prinzipien erkennen, nach denen überall in der Wirtschaft über den Weg künstlicher Warenverknappung Preiserhöhungen durchgesetzt werden, die eben nicht nur den Gewinn aus dem aktuellen Verkaufsvorgang erhöhen, sondern auch den Aufwand für die Leistungserstellung mindern und schlussendlich das damit gehortete Geld auch noch wertvoller machen.

Der weltweite Diamantenmarkt wird von einer einzigen Firma in Südafrika dominiert und damit kontrolliert. Es kommt nicht mehr kristalliner Kohlenstoff auf den Markt, als zu den gewünschten Preisen abgenommen wird. Beim Öl teilen sich die OPEC und eine Handvoll großer Fördergesellschaften den Markt. Ihre Kosten für die Förderung steigen zwar wegen immer unergiebigerer Lagerstätten ebenfalls, doch bei weitem nicht so exorbitant, wie der Rohölpreis. Nur ganz geringe Mengen des Rohöls gelangen auf die Spotmärkte, doch dort wird dieses beliebig zu verknappende Angebot an nicht langfristig vertraglich gesicherten Fördermengen zur preisbestimmenden Menge, sowohl für das Rohöl, wie auch für die Raffinerieprodukte, die wir in Heizungen und Motoren verbrennen. Der Ölmarkt ist ein riesiges, weltumspannendes Kartell, das beständig an der Teuerung an den Zapfsäulen arbeitet.

Kaum anders in der Pharmazie. Es gibt zwar Zigtausende von Apotheken und Hunderte von Pharmaherstellern, doch alle sind sich einig, in Deutschland nur hochpreisige Medikamente auf den Markt zu bringen, selbst im Generika-Bereich. Niedrigpreis-Angebote werden künstlich verknappt, indem man ihnen die Zulassung versagt, indem man für viele Medikamente und sogar für viele Nahrungsergänzungsmittel per Apothekenpflicht die „Hochpreisigkeit" kontrolliert und zugleich über die staatlichen Stellen und über Desinformationskampagnen versucht, den Betrieb preisgünstiger Internetapotheken zu verbieten und, wenn das nicht gelingt, Gruselgeschichten über die Qualität der Versandhändler verbreitet. In den Krankenkassen wird zudem durch geschickte Einflussnahme ein Klima geschaffen, das die Kostenerstattung für im Ausland und/oder über den Versandhandel erworbene Produkte erschwert.

Man kann also im Wettbewerb teuer sein und bleiben, wenn man es nur schafft, das preiswerte Angebot knapp zu halten. Das ist auch bei den Automobilherstellern zu beobachten, der Re-Import von sehr viel billigeren, aus dem Ausland zurückgeholten Neufahrzeugen, die in Deutschland hergestellt wurden, wird nach Kräften behindert. Mit eigenen Händlernetzen, mit Garantiebedingungen und mit der Straßenverkehrszulassungsordnung wird das Angebot an preiswerten Export-Fahrzeugen der eigenen Marke auf dem Binnenmarkt so gering gehalten, dass dem Verbraucher praktisch nichts anderes übrig bleibt, als teuer einzukaufen.

Lassen wir es dabei bewenden. Die Ausschaltung der Konkurrenz, die Herrschaft auf einem (Teil-)Markt, das ist es, was Geschäfte erst richtig schön macht. Jeder Monopolist, jedes funktionierende Oligopol, jedes Kartell verspricht sich aus der Marktführerschaft nicht nur höhere Gewinne im Handel, sondern auch einen überproportionalen Anteil am im Umlauf befindlichen Geld und damit die Wertsteigerung eben dieses Geldes. Inzwischen ist der Kampf um die Marktanteile zu einem branchenübergreifenden Phänomen geworden. Die Telekommunikationsanbieter stehen in der Konkurrenz um die knappe Kaufkraft im direkten Wettstreit mit den Brauereien und den Ölmultis. Nahrungsmittelkonzerne verhindern mit dem überteuerten Absatz von Lebens- und Genussmitteln den Verkauf von Kühlschränken und Schnittblumen. Eine wirkungsvolle Verkaufsoffensive von VW trifft heutzutage nicht nur die Konkurrenz von Opel und Mazda, sondern ebenso die Reiserveranstalter und die Möbelindustrie.

So führt die anfängliche Teuerung auf direktem Wege zu einer Unterversorgung der Wirtschaft mit Zahlungsmitteln und in der Folge zu sinkenden Preisen, also zur Deflation und damit zum Niedergang der Wirtschaft. Denn die Wirtschaft hat bei „nominal" stetig sinkenden Preisen auch mit stetig sinkenden Umsätzen und Gewinnen zu kämpfen, doch die Kapitalkosten (Zinsen und insbesondere Tilgung!) bleiben nahezu unverändert. Zins rückwärts geht nicht! Das vertreibt die Lust auf Investitionen und so führt die durch Teuerung ausgelöste Deflation über kurz oder lang zum totalen Stillstand des Wirtschaftslebens.

Der zweite natürliche Feind des Geldes, die Inflation

Die Inflation hat mit der Warenversorgung zunächst überhaupt nichts zu tun. Inflation beginnt damit, dass zu viel Geld da ist. Mehr Geld jedenfalls, als Waren. Wir haben bei der Betrachtung der Teuerung gesehen, dass das Geld im Zuge der Teuerung in Geldvermögen umgewandelt wurde, also vom Markt verschwunden ist. Theoretisch könnte eine Inflation also auch dadurch ausgelöst werden, dass ein erstaunlich preiswertes Angebot auf den Markt kommt, mit dessen Hilfe der Bedarf mit deutlich weniger Geld gedeckt werden könnte, als Kaufkraft im Markt vorhanden ist. Dies verhindern aber die Gesetze des Marktes zuverlässig. Niemand wird Tomaten billiger verkaufen, nur weil es zu viele gibt, da kippt man die Ernte lieber ins Meer.

Niemand wird auch auf die Idee kommen, preiswerte Importe so günstig abzugeben, dass dadurch eine Inflation ausgelöst werden könnte, da hat man andere Möglichkeiten. Eine große Handelskette wird z.B. einfach ausschließlich importierten Salat und den wiederum zu hohen Preisen anbieten, wenn der Einkaufspreis für importierten Salat niedriger ist, sich also mehr damit verdienen lässt, als mit einheimischem. Dass dem einheimischen Salatzüchter die Köpfe im Gewächshaus verfaulen, juckt die Handelskette nämlich gar nicht. Wer nicht konkurrenzfähig anbietet, muss sehen wo er bleibt. So einfach ist das.

Es kommt also als Auslöser für die Inflation nur eine Überversorgung mit Geld in Betracht. Geht das überhaupt?

Ja, das geht. Es kommt schließlich nur darauf an, möglichst viele neue Kredite auszureichen und damit den Verlust nachfragewirksamen Geldes durch Tilgung und Umwandlung in Geldvermögen soweit überzukompensieren, dass mehr Kaufkraft auf den Markt kommt, als dieser an Gütern und Leistungen gegenübersteht. Ob dies nun durch eine forcierte Staatsverschuldung in die Wege geleitet wird, um damit Rüstungsprogramme zu finanzieren, was primär Arbeitsplätze in den heimischen Waffenschmieden sichert, oder ob die Regeln für die Obergrenze von Dispositionskrediten gelockert werden, was sehr schnell den Umsatz der Gastronomie, aber auch von Möbel- und Bekleidungshäusern fördert, ob massiv verbilligte Darlehen für den Wohnungsbau zur Verfügung gestellt werden, was der Bauwirtschaft hilft, oder ob man schlicht die Bewertungsmaßstäbe für Beleihungsobjekte lockert - immer wird in der Konsequenz eine Ausweitung des Kreditvolumens und damit eine Ausweitung der Geldmenge einhergehen und soweit diese Geldmenge als Nachfrage in der realen Wirtschaft ankommt, wird sie dazu führen, dass die Anbieter in Vorahnung der Inflation ihre Preise erhöhen, also nehmen, was sie bekommen können, was bedeutet, dass der Wert des Geldes sinkt.

Es muss also für das gleiche Warenangebot mehr Geld aufgebracht werden.

Die Inflation neigt dazu, sich selbst zu nähren und immer schneller und steiler zu wachsen. Es sei denn, jemand bekämpft sie erfolgreich.

Den Banken z.B. ist es ein Ärgernis, heute einen Kredit mit der Kaufkraft von 100 m² Eigentumswohnung in München auszureichen und im Laufe von 25 Jahren Tilgung nur noch die

Kaufkraft von 50 m² Eigentumswohnung in München zurückzuerhalten. Das zwingt schließlich dazu, hohe Zinsen zu nehmen, die den Inflationsausgleich sichern, doch damit wird die Inflation zusätzlich genährt. Der Bankenwelt hat es daher schon immer gefallen, nach ausreichendem, inflationsgetriebenen Wirtschaftswachstum die Kaufkraft wieder vom Markt zu nehmen und damit stabilere Verhältnisse zu schaffen. Zuletzt haben wir in Deutschland erlebt, wie ein tilgungsbesessener Finanzminister einerseits Geldmengenvernichtung im großen Stil betrieben hat, während gleichzeitig von der Finanzwelt das berauschende Märchen von der uferlos sprudelnden Reichtumsquelle Börse so lange erzählt wurde, bis für eine nennenswerte Inflation in der realen Wirtschaft einfach nicht mehr genug Kaufkraft vorhanden war, weil sich am Ende auch noch der letzte Sparstrumpfbesitzer überzeugen ließ und mit der Feststellung: „Ich bin doch nicht blöd" seine Groschen aus dem Fenster direkt in ein Aktiendepot warf. Die Inflation war besiegt, der nach wie vor vermeldete geringe Preisanstieg war der Teuerung anzulasten, nicht der Inflation.

Die andere Lösung zur Beherrschung der Inflation wäre der Währungsschnitt gewesen, was nichts anderes bedeutet, als sich darauf zu einigen, einfach wieder kleinere Zahlen zu schreiben, so wie man sich auch auf die Zeitumstellung im Frühjahr und Herbst einigt, ohne dass man damit in irgendeiner Weise wirklich etwas ändern würde. Man schreibt nur andere Zahlen.

Man darf allerdings nicht vergessen, dass jede solche willkürliche Veränderung zu Gewinnern und Verlierern führt. Gewinner sind diejenigen, die sich auf die Veränderung richtig vorbereiten können, weil sie reich genug sind, um den größten Teil des künftig wertlosen Geldes rechtzeitig in Sachwerte einzutauschen. Verlierer sind diejenigen, die das nicht können und deshalb abwarten müssen, bis sie am Tag danach mit dem umgewerteten Geld in der Tasche vor übervollen Schaufenstern staunend lernen, welche Preise in der neuen Währung gefordert werden.

Insofern war natürlich auch die Euro-Umstellung ein Eingriff in den Wert der Währung. Ein geringfügiger zwar, dessen Wirkung zwischen der tatsächlichen Einführung der Einheitswährung und der viel späteren Ausgabe des einheitlichen Bargeldes über die Jahre klug verwischt wurde, aber inzwischen haben es die Spezialisten ausgerechnet: Der Zwangsumtauschkurs für die Mark war wohl doch nicht ganz richtig. Was nichts bedeutet. Niemand hätte den richtigen Kurs bestimmen können. Aber die Chancen, die ein Währungsschnitt ganz allgemein so bietet, die wurden genutzt.

Warum wird aber überhaupt Inflation zugelassen?

Könnte man dieses negative Phänomen durch restriktive Geldpolitik nicht von vornherein auf ein erträgliches Maß mindern? An dieser Stelle ist nun endgültig der Punkt erreicht, an dem die Beschäftigung mit dem Geld zum blanken Horror wird.

Die wichtigsten Thesen zur Inflation:

1. Inflation entsteht schon bei gleich bleibender Wirtschaftsleistung automatisch und zwar in dem Maße, wie aus der Wirtschaftsleistung heraus Zinsen gezahlt werden müssen, weil das Geld für die Zinsen *zusätzlich* in den Markt kommt und die Geldmenge vergrößert. *Das ist richtig*, solange die Zinsen als Kaufkraft auf den Markt drängen, *und es ist falsch*, sobald die Zinsen überwiegend sofort wieder zu Geldvermögen gerinnen, also auch keinen Einfluss auf die Kaufkraft haben. Weil niemand, der Geldvermögen hält, ein Interesse an Inflation haben kann, wird der überwiegende Teil der Zinsen daher nicht als Kaufkraft auf den Markt drängen.

2. Inflation entsteht, wenn das Wirtschaftswachstum überhitzt ist, wenn also bei steigenden Löhnen und sinkenden Kosten (Produktivitätszuwachs) ein Mehr an erzeugter Produktion - auch wegen der Konkurrenz-Situation - so preiswert angeboten wird, dass die Kaufkraft der Löhne und die Kaufkraft der öffentlichen Kassen den Warenwert übersteigen und sich die Nachfrager gegenseitig überbieten, was sich als Inflation bemerkbar macht. *Das ist richtig,* solange man in der grauen Theorie verharrt. *Aber es ist falsch,* wenn man einen ganz kleinen Blick auf die Realität wirft. In der Praxis haben Löhne und Staatseinnahmen den Wert des Brutto-Inlands-Produktes noch nie überstiegen, aus dieser Quelle war also noch nie so viel Kaufkraft auf dem Markt, dass sich daraus eine Inflation herleiten ließe. Die aus dem Lohnüberschuss gespeiste Inflation scheint also unmöglich, zumal sie, wenn man nur einen Augenblick richtig denkt, zur sofortigen Pleite aller Einzelunternehmen führen würde, weil nämlich kein Unternehmer lange existieren kann (und will), wenn Löhne und Steuern die Einnahmen übersteigen.
3. Inflation entsteht, wenn die Nettokreditaufnahme steigt, wenn sich also die verfügbare Kaufkraft von Unternehmen, Staat und Konsumenten soweit vergrößert, dass sie die verfügbare Wirtschaftsleistung übertrifft und die erhöhte Nachfrage dadurch zwangsläufig Preissteigerungen auslöst. Dies scheint richtig. Es stellt sich die Frage, wer hat etwas davon? Die Banken? *Das ist richtig,* solange die Banken damit rechnen können, dass das ausgereichte Darlehen auch als Tilgung wieder zurückgeführt wird. Denn solange können die Banken auf sichere Zinserträge vertrauen. *Es ist aber falsch,* sobald die Banken fürchten müssen, dass die Gesamtsumme der Schulden in absehbarer Zeit aus der Wirtschaftsleistung nicht mehr getilgt werden kann und dass es ihnen von daher davor graut, die

Neuverschuldung im erforderlichen Maße auszuweiten. Paradoxon: Eine Tilgungsoffensive der Öffentlichen Haushalte macht die Rückzahlung neuer Darlehen unwahrscheinlicher, weil dadurch viel zu viel Geld aus dem Markt genommen wird. Oder gewinnen die Halter von Geldvermögen? **Das ist richtig**, solange die ihnen gezahlten Guthabenzinsen die Substanzverluste aus der Inflation deutlich übersteigen. **Es ist jedoch dann falsch**, wenn nur niedrige Guthabenzinsen zu erzielen sind, die Notenbanken also eine Niedrigzinspolitik fahren und gleichzeitig der Geldwert sinkt.

De facto gibt es gute Gründe für folgende Annahme: Die Inflation wird von den Marktteilnehmern auf der Kapitalseite konsequent gebremst, wenn die Situation für die Substanz des Vermögens brenzlig wird. Die Inflation über diesen Punkt hinaus aufrecht zu erhalten, kann nur dem Staat gelingen, wenn ihm die Notenbank ständig frisches Geld gegen ständig neue Schuldscheine in die Hand gibt. Wie und warum kommt es dann aber gegen die Allmacht des Geldes doch zur Inflation?

4. Inflation entsteht, wenn die Geldvermögen aufgelöst und in großem Stil in Sachwerte umgewandelt werden. Je mehr Geldvermögen zu Geld wird, um insbesondere Grundbesitz zu erwerben und je mehr von dem so geschaffenen Geld zunächst im konsumtiven Bereich verweilt, desto schneller wird das Geld entwertet. Die Verkäufer von Häusern und Grundstücken erhalten heute allerbeste Preise, doch sie müssen inzwischen auch schon fast einen Euro für ein Vollkornbrötchen zahlen, das vor fünf Jahren noch für ganze 45 Pfennig zu haben war und sie ahnen nicht, dass der Preis für die Schrippe schon in gar nicht so ferner Zukunft den Betrag überschreiten könnte, der vor zehn Jahren noch ausreichte, um eine kleine Eigentumswohnung zu bezahlen. Kein Schauermärchen! Das ist alles schon einmal dagewesen.

Wer hat etwas davon?

Zweck allen Wirtschaftens ist es, die Verfügungsgewalt über möglichst viele Sachwerte zu erwerben. Geld ist nicht allmächtig, es ist nur ein mächtiges Mittel zum Zweck. Geldvermögen aufzulösen und in Sachwerte umzuwandeln ist daher immer wieder eine sehr wichtige und sinnvolle Übung. Niemand kann wirklich in Geld baden. Dazu braucht es den Pool. Niemand hängt sich Geldscheine um den Hals, dafür sind Diamanten weitaus besser geeignet. Niemand isst Münzen. Kaviar schmeckt besser. Wenn also die Geldvermögen so angeschwollen sind, dass man damit eine wunderschöne Inflation anheizen kann, dann kommt die Inflation auch, denn die Angst der Geldvermögenden, nicht rechtzeitig in die Sachwerte zu kommen, treibt die Preise wie von selbst in die Höhe, sobald die Hatz erst einmal begonnen hat.

Immer mehr Papier, mit dem Aufdruck „Geld" gelangt in die Hände der Bevölkerung und immer mehr Sachwerte wandern in die Hände der Reichen. Während die einen noch versuchen, mit dem Fünf-Millionen-Euro-Schein ein Pfund Schweinefleisch zu kaufen, kalkulieren die anderen schon in aller Ruhe, zu welchen Preisen man die Wohnungen in den Mietshäusern vermieten kann, wenn der Währungsschnitt endlich gekommen sein wird.

So viel zu den natürlichen Feinden des Geldes, die auch ohne manipulative Eingriffe, selbst aus einem idealen Markt heraus, in Erscheinung treten können.

.

Kapitel 13
Deflation

Inflation und Teuerung steht – mit umgekehrtem Vorzeichen – die Deflation gegenüber. Deflation ist selten, zwischen deflationären Phasen vergehen Jahrzehnte der Teuerung und Inflation, aber in der kollektiven Erinnerung der Menschheit ist die Deflation tief eingegraben. Die letzte schwere Deflation nennen wir heute noch *„Die Weltwirtschaftskrise"* und ihr *„Schwarzer Freitag"* ist längst zum Synonym für Bankrott und wirtschaftlichen Ruin geworden.

Deflation sieht so aus, als gewönne das Geld auf wundersame Weise Tag für Tag an Wert. Es sieht so aus, als würden die Preise sinken, als seien die natürlichen Feinde des Geldes, Inflation und Teuerung endgültig besiegt.

Natürlich ist das Unfug. Erklärt wird die Deflation mit einer Stimmung des Abwartens bei den Konsumenten, die heute nicht kaufen wollen, weil sie fest damit rechnen, dass morgen alles noch billiger zu haben sein wird.

Aber auch das ist Unfug, der in den Medien verbreitet wird, um die Deflation als eine unvermeidliche Erscheinung des Schicksals und der Weltenläufte darzustellen, so ähnlich als sei die Deflation eine Art Viruserkrankung, die rund um den Globus das Wirtschaftsleben befällt und lähmt.

Selbstverständlich wird Deflation von Menschen gemacht.
Die einfachste Methode zur Herstellung von Deflation ist es, die Kaufkraft der Bevölkerung, einschließlich der Kaufkraft ihres Staates und ihrer Versorgungssysteme zu beschneiden, indem die Geldversorgung gestört wird. Dies ist in Zeiten der Globalisierung einfacher denn je. Alleine mit

der Drohung, Arbeitsplätze ins Ausland zu verlagern, sind Bund, Länder, Gemeinden und Gewerkschaften dazu zu bewegen, Steuern und Abgaben zu senken, preisgünstiges Bauland einschließlich unentgeltlicher Erschließung zur Verfügung zu stellen, Sondertarifverträge abzuschließen und massiven Stellenabbau hinzunehmen, solange wenigstens noch ein paar Arbeitsplätze erhalten bleiben. Vergessen wird dabei leicht, dass weniger Geld in Umlauf kommt, wenn Investoren weniger Geld einsetzen müssen, um Produktionsanlagen zu errichten. Es wird vergessen, dass weniger Geld in Umlauf kommt, wenn weniger Beschäftigte für geringere Löhne arbeiten und die Steuereinnahmen sinken. Jeder versucht nur, rings um den eigenen Markplatz zu retten, was zu retten ist und begibt sich damit in eine unsinnige Konkurrenz, die von lachenden Dritten in immer groteskere Formen getrieben wird. Den umworbenen Investoren gelingt es so, bei immer weiter sinkendem Aufwand für Pflege und Unterhalt der werteschaffenden Bevölkerung, das gleiche Volumen an Produkten und Leistungen am Markt anzubieten und mit zunehmenden Exportanteilen auch gewinnbringend abzusetzen.

Der Bevölkerung fehlt infolge dieser Entwicklung allerdings das Geld. Das zeigt sich schnell an rückläufigen Einnahmen des Staates und der staatlichen Sozialkassen. Sobald die Ebbe in den Staatskassen als ein Signal zum Sparen interpretiert wird, wenn der Staat also weniger ausgibt und sogar versucht seine Schulden abzubauen, kommt noch weniger Geld in die Taschen der Verbraucher. Kürzungen bei den Renten, Kürzungen bei den Unterstützungsleistungen für Arbeitslose, Kürzungen bei den Kuren und Heilmitteln in der Krankenversicherung vermindern den Geldumlauf; die Konsumenten, so sie noch können, beginnen nun ebenfalls zu sparen, wollen schnell eine Rücklage bilden, um für noch schlechtere Zeiten gewappnet zu sein. Damit verschwindet erneut Geld vom Markt, das erst viel später und in winzigen Dosen als angeknabberter Notgroschen zurückfließt und damit kaum eine Belebung auslösen kann.

Die Beschäftigten beginnen unter massivem Druck der Arbeitgeber, sich mit geringeren Löhnen und schlechteren Arbeitsbedingungen zufrieden zu geben, weil sie sonst gar keine Beschäftigung, gar keinen Lohn mehr erhalten. Kurz darauf trifft es die kleineren Gewerbebetriebe, den Einzelhandel, das Handwerk, wo ein ruinöser Wettbewerb um den letzten Cent der letzten Kunden beginnt. Wer jetzt Geld hat, kann preiswert Schnäppchen einkaufen, doch wer hat noch Geld?

Die öffentlichen Kassen sind leer. Das Gros der abhängig Beschäftigten ist kaum in der Lage, Miete und Raten zu zahlen, und in jenen gesellschaftlichen Zonen, wo früher die so genannten „Besserverdienenden" vermutet wurden, beginnt man den Gürtel enger zu schnallen, doch viele schaffen es trotzdem nicht, das in besseren Zeiten Erworbene zu halten. Swatch-Uhren, Briefmarken- und Münzsammlungen werden zuerst versilbert, aber bald gehen auch Einfamilienhäuser und Eigentumswohnungen in den Notverkauf und die Zahl der Zwangsversteigerungen nimmt rapide zu. Kein Wunder, dass die Preise für Gebrauchtwagen ansteigen, während Neuwagen auf Halde liegen und immer schwieriger abzusetzen sind.

Wer jetzt Geld hat,
kann preiswert Schnäppchen einkaufen.

Deflation ist für Reiche nämlich ebenso schön, wie Inflation. Sie entscheiden alleine, welches Sachvermögen sie zu welchem Preis erwerben. Sie besitzen fast alles Geld, ihre Tilgungs- und Zinsforderungen verschlingen den überwiegenden Teil des Bevölkerungseinkommens und aus diesem Geldvermögen heraus ist es ein Leichtes, alle Begehrlichkeiten nach Sachwerten zu befriedigen.

Der Staat wird sich dem nicht entgegenstellen, ganz im Gegenteil, er kommt denen, die das Geld haben, massiv entgegen, verzichtet auf die Besteuerung von Kapitalerträgen, verzichtet auf die Besteuerung von Vermögen, immer in der Hoffnung, das Kapital ließe sich dadurch gnädig stimmen und würde vielleicht doch bald wieder ein bisschen Geld in den ausgetrockneten Markt geben.

Das ist Deflation.

Es wird nichts wirklich billiger, im Gegenteil. Es muss immer mehr Leistung erbracht werden, um mit Anstand zu überleben. Es sieht nur so aus, als würde etwas billiger, weil die Preise für Löhne, Leistungen und Güter sich der schrumpfenden Geldmenge anpassen, denn die in der realen Wirtschaft tatsächlich verfügbare Geldmenge, mit der alles bezahlt werden muss, wird - im Gegensatz zu den Angaben über die Geldmenge M3 in der offiziellen Statistik - immer kleiner.

So wurde der Zustand Europas schon im Mai 2003 von der Weltbank und vom IWF beschrieben. Seitdem hat sich die Lage nicht verbessert. Wer mit offenen Augen durch die Welt geht, hat bemerkt, dass die massive Geldverknappung, unter der wir leiden, mit dem Zusammenbruch der Spekulationsblase an den Weltbörsen begonnen hat und sich seitdem laufend verschärft. Doch die Regierung leugnet die Deflationsgefahr und sucht ihr Heil immer noch in Sparsamkeit und Sozialabbau.

Deflation ist die Erpressung ganzer Volkswirtschaften durch Geldzurückhaltung und durch die Weigerung des Bankensystems, Geld zur Verfügung zu stellen. Mit der Einführung des Euro, noch mehr mit den Verschuldungskriterien von Maastricht, mit den restriktiven Kreditvergaberegeln der Kartellabsprache Basel II und mit der immer gnadenloseren Öffnung und Deregulierung des Welthandels wurde die Einladung an das Kapital ausgesprochen, doch zur Abwechslung, nach fast 75 Jahren, wieder einmal auf Deflation zu setzen.

Das Kapital hat die Einladung angenommen. Wir dürfen nicht vergessen, dass auch in Deutschland ein gigantischer Schuldenberg existiert, der sich breit über Konsumenten, Häuslebauer und Unternehmen, über die Gemeinden, die Länder und den Bund verteilt. Ein Schuldenberg, der uns mit Tilgungs- und Zinslasten, die inzwischen annähernd die Hälfte unseres Brutto-Inlandsproduktes verschlingen, erdrückt. Wir dürfen aber erst recht nicht vergessen, dass diesen Schulden auch entsprechende Guthaben gegenüber stehen, die sich jedoch ganz anders verteilen. Der weitaus überwiegende Teil des Geldvermögens ist in wenigen Händen konzentriert. In Deutschland gibt es nur eine kleine Zahl von Gläubigern, denen eine Unzahl von Schuldnern Zinsen zahlt. Diese wenigen Superreichen sind die Gewinner der Deflation. Diese Menschen können und werden zwar bestreiten, die Deflation absichtlich herbeigeführt zu haben, aber sie können nicht bestreiten, die Nutznießer der Deflation zu sein. Ganz zu schweigen davon, dass sie nichts tun, um die Deflation abzuwehren, obwohl sie durchaus dazu in der Lage wären.

Doch auch der Staat könnte die Deflation abwehren, wenn er das nur ernsthaft wollte. Es ist nichts anderes erforderlich, als dem Markt die fehlenden Zahlungsmittel zur Verfügung zu stellen. Angebot und Nachfrage sind doch da. Sie kommen doch nur deshalb nicht zusammen, weil das Geld fehlt, weil das Geld dem Markt in krimineller Absicht entzogen wurde.

Stellt der Staat, mit der ihm eigenen Autorität und dem ihm entgegengebrachten Vertrauen, die erforderlichen Zahlungsmittel zur Verfügung, wird sehr schnell Vollbeschäftigung und Wohlstand entstehen, wo heute Arbeitslosigkeit und zunehmende Armut um sich greifen. Es sind nicht die angeblich arbeitsunwilligen, unflexiblen, immobilen Sozialschmarotzer, die das verhindern. Es sind diejenigen, die uns das Geld „gestohlen" haben.

Geld ist doch weder der Motor, noch der Treibstoff, den die Wirtschaft braucht, sondern nur das verdammte, dreckige Schmiermittel. Ein MUSS; das wahrhaft billig herzustellen und leicht zu verteilen ist, das aber gebraucht wird, wenn aus Arbeit Wohlstand entstehen soll.

Dass von staatlich bereitgestelltem Anti-Deflationsgeld eine schwerwiegende Inflationsgefahr ausginge, ist in Anbetracht der deflationären Lage ein so blöder Witz, dass darüber kaum noch jemand lachen wird. Lediglich die Deflationsstrategen hätten das Nachsehen. Aber was macht das? Oder will jemand ernstlich behaupten, es sei die Mehrheit der Demokraten in unserem Lande, die von der Deflation profitiert?

Kapitel 14
Ein vernünftiges System der bedarfsgerechten Geldversorgung

Brauchen wir ein anderes, alternatives Geld? Die bisher aufgezeigten Erkenntnisse über Wesen und Eigenschaften des Geldes, so wie es uns heute als Zahlungsmittel zur Verfügung steht, sind nicht uneingeschränkt positiv. Es wird, ganz im Gegenteil, immer deutlicher, dass dieses Geld, auf das sich unser gesamtes Wirtschaften stützt, ganz erhebliche Mängel aufweist. Mängel, durch welche der größte Teil der naiven „Geldbenutzer" ganz erheblich benachteiligt wird, während einige wenige clevere „Geldbesitzer" ihren Nutzen daraus ziehen. Doch damit nicht genug: Die dem Zinsgeld innewohnende Eigendynamik, die ein exponentielles Wachstum von Schulden, Zinsen und Vermögen hervorbringt, muss am Ende des immer steileren Höhenfluges unausweichlich durch einen totalen Systemabsturz auf den Nullpunkt gebracht werden, was immer wieder Krieg und Leid, Not und Hunger über die Menschheit bringt. Glücklicherweise befasst sich inzwischen eine immer größer werdende Zahl von Menschen mit dieser Thematik und fast alle gelangen in der Analyse zu der Erkenntnis, dass das so begehrte und wertvoll scheinende Geld in Wahrheit eine der ganz maßgeblichen, wenn nicht gar die eigentliche Ursache für die wirtschaftlichen Fehlentwicklungen und Missstände ist, unter denen gerade Deutschland in jüngster Zeit wieder zu leiden hat. Gigantische Vermögen in privater Hand und gleichzeitig gähnende Leere in den öffentlichen Kassen, dazu eine immer weiter aufklaffende Schere zwischen Arm und Reich und eine Politik, die im rigorosen Sozialabbau die einzige Chance sieht, den drohenden Staatsbankrott hinauszuzögern, sind die sichtbaren Zeichen einer sich verschärfenden Fehlentwicklung. Dass die Realwirtschaft unseres Landes immer noch bestens funktioniert, steht völlig außer Zweifel. Deutschland ist amtierender Exportweltmeister und steht mit seiner wirtschaftlichen Leistungskraft hinter den USA und Japan unangefochten an dritter Stelle in der Welt - die Vermutung, dass das Finanzsystem die Hauptschuld an der Misere trägt, ist daher durchaus begründet.

Eine nennenswerte Anzahl von Vor- und Nachdenkern hat sich mit Theorien zum und über das Geld herumgeschlagen und die volkswirtschaftlichen Auswirkungen, die von unserem Geldsystem bis zu seinem Zusammenbruch ausgehen werden, korrekt und detailliert genauso vorhergesagt, wie wir das derzeit erleben. Aus anfänglichem Unbehagen, unzulänglichem Wissen und vielerlei Vorurteilen haben diese Menschen Schritt für Schritt gesicherte Erkenntnisse und brauchbare Vorhersagemodelle entwickelt und damit die Nachteile und Fehler des bestehenden Geldsystems bewiesen. Heute sind sie über die reine Analyse und Kritik hinaus und auf der Suche nach einem „fehlerfreien" Ersatz für das Geld. Einige suchen in der Rückkehr zum Goldstandard das Heil, wohl weil sie übersehen, dass per Überangebot und Verknappung von Gold die gleichen destruktiven und strangulierenden Kräfte freie Bahn haben, die heute in der Geldhortung die Methode gefunden haben, ihr Vermögen zu mehren.

Andere verfolgen die Schaffung eines anderen, neuen, neutralen Geldes. Aufbauend auf den Ideen von Silvio Gesell hat sich die Denkschule der Freiwirtschaft entwickelt, wo man die Lösung des Geldproblems darin sieht, dem Geld eine Eigenschaft zurückzugeben, die es beim Sprung von seiner materiellen Basis in eine rein ideelle/virtuelle Daseinsform verloren hat: Es soll - im übertragenen Sinn gesprochen - im Zeitverlauf verschrumpeln, verrosten, verfaulen, verrotten, also an Wert verlieren und damit dem Hang der Menschen, Geld aufzuhäufen, entgegenwirken. Folgerichtig wird Geld in diesem Zusammenhang auch nicht mehr als „Zahlungsmittel" bezeichnet. Freigeld soll nicht das „Bezahlen" ermöglichen, sondern lediglich das Tauschen vereinfachen. Freigeld wird daher als „Tauschmittel" bezeichnet. Mit dieser sprachlichen Abgrenzung wird auch der klare Hinweis darauf gegeben, dass Freigeld – anders als Geld – nicht der Wertaufbewahrung dienen soll. Dass ein umlaufgesichertes Tauschmittel letztlich auch als Wertmaßstab nur noch beschränkt Gültigkeit haben kann, erklärt sich ganz einfach daraus, dass der Wert des Freigeldes, konstruktionsbedingt, rasch verfällt.

So nützlich die analytische Vorarbeit der Freiwirtschafter auch ist – um das Geldproblem einer Lösung näher zu bringen muss die weit gereifte, aber im dogmatischen Beharren auf der Umlaufsicherung steckengebliebene Geldidee der Freiwirtschafter nochmals vollkommen in Frage gestellt werden. Die Idee der Umlaufsicherungsgebühr, die letztlich nichts ist, als ein invertierter Zins, erweist sich, wie in Kapitel 10 behandelt, als nicht realisierbar.

Die Lösung des Geldproblems wird also nur möglich sein, wenn vorher die Sackgasse des Denkens in Umlaufsicherungsgebühren verlassen wird.

Was liegt näher, als die Suche nach der Lösung bei den Anforderungen an ein „gutes Geld" zu beginnen?

Ein Teil der Antwort erschließt sich alleine aus der kritischen Betrachtung der Probleme, die das vorhandene, wahrlich nicht optimale Geldsystem hervorbringt:

Überall auf der Welt liegt die Geldversorgung in den Händen der Geschäftsbanken, ist also Geschäftszweck privater Wirtschaftsunternehmen, die mehr oder weniger intensiv von staatlichen oder staatsnahen Organisationen beeinflusst und kontrolliert werden. Die so oft hervorgehobene Tatsache, dass in den USA sogar die Notenbank in Privatbesitz sei, ist bei näherem Hinsehen ziemlich bedeutungslos und lenkt eher davon ab, dass die Geldschöpfung praktisch überall auf der Welt von den Geschäftsbanken und eben nicht von den Noten- oder Zentralbanken erledigt wird.

Überall auf der Welt ist Geld heutzutage ein immaterielles Gut in der Ausprägung eines normierten Leistungsversprechens, das als nackte Information in den Salden der Bankkonten auftritt und nur noch in ganz geringem Umfang - von Papier und Metall bemäntelt - in Form von Banknoten und Münzen vorhanden ist. Praktisch überall auf der Welt wird Geld auf der Basis von so genannten „Einlagen" von den Geschäftsbanken geschöpft und an Kreditnehmer ausgereicht, weil diese versprechen und auch in der Lage zu sein scheinen, nicht nur den geschuldeten Betrag nach Ablauf der vereinbarten Frist zurückzuzahlen, sondern auch die geforderten Zinsen aufzubringen. Dass aus Krediten sehr schnell wieder Einlagen werden ist an anderer Stelle ausführlich behandelt. Es steht außer Zweifel, dass die Geschäftsbanken in der Lage sind, gigantische Geldmengen - aus dem Nichts - zu schaffen und damit die erforderliche Geldversorgung der Wirtschaft jederzeit sicherzustellen.

Dieses global verbreitete System der Geldschöpfung wird von den Geschäftsbanken primär in der Absicht betrieben, aus dieser Dienstleistung einen Gewinn zu erzielen. Dabei besteht zwischen dem Potenzial des Bankensektors, durch Geldschöpfung Gewinne zu erzielen und dem tatsächlichen Geldbedarf der Wirtschaft keine harmonische Übereinstimmung. Die Notwendigkeit der Geldversorgung der Wirtschaft wird stattdessen ganz eindeutig dem Gewinnstreben des Bankensektors untergeordnet. Gewinne können die Banken aus der Geldschöpfung aber nur erzielen, wenn das geschaffene Geld gegen Zinsen verliehen wird. Daraus ergibt sich zwangsläufig die Notwendigkeit, für die Bezahlung der Zinsen (zu einem späteren Zeitpunkt) zusätzliches Geld zu schaffen, was die Gewinnquellen der Banken zum Perpetuum Mobile werden lässt, während die Volkswirtschaft des Währungssystems zunehmend destabilisiert wird.

Dieser Destabilisierungseffekt ist einfach zu demonstrieren:

a) Unterstellt man, eine reife Volkswirtschaft mit fortgeschrittener Marksättigung benötigte in mehreren aufeinander folgenden Jahren zur Unterstützung aller realwirtschaftlichen Transaktionen eine unverändert große Geldmenge, so ist dennoch mit Geldmengenwachstum und ausschließlich geldbedingten Vermögensverschiebungen zu rechnen. Alleine zur Abdeckung desjenigen Geldbedarfes, der aus der Zinsverpflichtung entsteht, muss zusätzliches Geld geschaffen werden, was nur durch zusätzliche Verschuldung in Höhe der geforderten Zinsen möglich ist.

b) Drängen die Zinsempfänger mit der zusätzlichen, aus dem vereinnahmten Zins gewonnenen Kaufkraft als

Nachfrager in den Markt, entsteht Inflation, mit der Folge, dass den Zinsempfängern ein größerer Teil des von der Volkswirtschaft produzierten Gesamtkuchens zufällt.

c) Halten die Zinsempfänger ihr Geld jedoch zurück, entsteht schnell allgemeiner Geldmangel, also Deflation, mit der Folge, dass den Zinsempfängern ein größerer Teil des von der Volkswirtschaft produzierten Gesamtkuchens zufällt.

d) Wird auf Grund der Geldhortung die Kreditausreichung erweitert, schafft das zwar vorübergehend Erleichterung, doch die davon ausgelösten, zusätzlichen Zins- und Tilgungsverpflichtungen werden schon nach wenigen Jahren die gleiche Situation erneut hervorrufen, dann allerdings bei weitaus größeren nominalen Zahlen.

Die Wachstumshysterie, die von Politikern und Wirtschaftsweisen gleichermaßen geschürt wird, beruht einzig auf der Annahme, es sei dauerhaft möglich, den wachsenden Zinsanspruch des Vermögens aus dem Wachstum des Volumens der Realwirtschaft zu befriedigen. Weil reale Wirtschaft aber eher linear wächst, während die Wachstumskurven des Geldes exponentiell verlaufen, ist die grundsätzliche Unmöglichkeit dieses Gedankens hinlänglich bekannt, wird aber dessen ungeachtet von den Verantwortlichen solange geleugnet, wie die Schere zwischen Geldmengenwachstum und Leistungswachstum mit aller Gewalt noch geschlossen gehalten werden kann. Der als „Sparen" bezeichnete Raubbau in den öffentlichen Haushalten und Sozialsystemen, den wir derzeit erleben, ist nichts als der Versuch, den Geldhunger von Zins- und Zinseszins auf Kosten des Lebensstandards der Bevölkerung zu befriedigen. Dies wird jedoch bestritten.

Die Tatsache, dass sich viele Einrichtungen der öffentlichen Wohlfahrt, der Kultur und der Wissenschaft schon heute nicht mehr finanzieren lassen und dass wir den größten Kahlschlag in den Sozialsystemen erleben, den es seit 1929 gegeben hat, wird - völlig unhaltbar und realitätsfremd - wahlweise entweder der Faulheit der Arbeitslosen oder fehlenden Kindern und zu lange lebenden Alten, oder aber auch einer angeblich zu kurzen Wochen- und Lebensarbeitszeit, zu hohen Löhnen oder allen vorgeblichen Ursachen zusammen zugeschrieben: Vor dem Moloch Zins aber, der uns auffrisst, werden die Augen fest geschlossen.

Wie also müsste ein Geld, ein Geldsystem beschaffen sein, dass solche Entwicklungen verhindert, oder doch zumindest auf ein erträgliches Maß reduziert?

Die oberste Prämisse für ein vernünftiges Geldsystem muss lauten:

Das Geldsystem muss sicherstellen, dass die Menge des in Umlauf befindlichen Geldes der Menge des in der Realwirtschaft benötigten Geldes stets möglichst nahe kommt.

Das heißt nichts anderes, als dass z.b. jeder Bürgermeister jeder beliebigen Kleinstadt immer genug Geld haben muss, um seine Beamten, die laufenden gesetzlichen Ausgaben der Kommune und auch außerplanmäßig notwendig werdende Ausgaben, wie z.B. Renovierungsarbeiten an der Grundschule, bezahlen zu können.

Das heißt aber auch, dass das Geldsystem so beschaffen sein muss, dass sich nirgends rein spekulative und hoch bewegliche Geldvermögen ansammeln können, die z.b. heute für den Terminhandel mit Schweinehälften verwendet werden, morgen zur Finanzierung einer feindlichen Firmenübernahme mit anschließender Zerschlagung und Arbeitsplatzvernichtung dienen und übermorgen zur Spekulation gegen die Währung Argentiniens oder auch „nur" zum Aufkauf von einigen hundert Hektar Bauerwartungsland rings um eine prosperierende Großstadt eingesetzt werden.

Kritiker wenden gerne ein: „Niemand weiß zu sagen, wie viel Geld zu irgend einem beliebigen Zeitpunkt gebraucht wird. Eine am Bedarf orientierte Geldmengensteuerung ist von daher unmöglich."

Diesen einfachen und schlüssig scheinenden Satz findet man - so oder ähnlich formuliert - an vielen Stellen in der wissenschaftlichen Fachliteratur. Dabei ist lediglich die Prämisse „... niemand weiß zu sagen," unwiderlegbar und kann daher der Wahrheit annähernd gleichgesetzt werden. Die Folgerung, der Schluss daraus, hat bei näherer Betrachtung mit der Prämisse überhaupt nichts zu tun.

Den Gärtner, der Tag für Tag, Stunde für Stunde genau zu sagen wüsste, wie viel Wasser seine Pflanzen unter optimalen Bedingungen gerade aufnehmen und verdunsten würden, möchte ich kennen, doch jeder erfolgreiche Gärtner wird über ein Bewässerungssystem verfügen (von der rostigen Gießkanne im winzigen Vorgärtlein angefangen, bis hin zu ausgeklügelten Sprinklersystemen im großen Landschafts- oder Wirtschaftsgarten), das es ihm erlaubt, seine Pflanzen im benötigten Umfang zu bewässern, solange das erforderliche Nass nicht vom Himmel fällt. Dass der Gärtner bei anhaltend ergiebigem Regen nicht zusätzlich gießen wird, sondern in dieser Situation eher versuchen wird, stauender Nässe einen Abfluss zu verschaffen, ist auch bekannt.

Der Gärtner errechnet Wasser-Mangel nicht mit Hilfe statistischer Methoden, wie er auch ein Zuviel an Wasser nicht rechnerisch ermittelt. Die Differenz zwischen theoretischen Soll- und tatsächlich gemessenen Ist-Werten der Wasserzufuhr beachtet der Gärtner überhaupt nicht. Er orientiert sich stattdessen höchst einfach an den unübersehbaren Signalen, die von den Zuständen „Überflutung" und „Wassermangel" selbst ausgehen.

So betrachtet, und rückübertragen auf das Geld, wird die Sache doch wieder überschaubar und die Signale für Geldmangel werden ebenso erkennbar, wie die Anzeichen dafür, dass zu viel Geld im Markt ist.

Wenn wir das Beispiel vom Bürgermeister der Kleinstadt wieder aufgreifen und feststellen, dass er nach der Bezahlung der Beamten und nach der Erfüllung der gesetzliche Auflagen kein Geld mehr übrig hat, um das löchrige Dach der Schule reparieren zu lassen, und wenn wir dazu gleichzeitig noch feststellen dass drei arbeitslose Dachdecker und ein arbeitsloser Ziegeleiarbeiter samt ihren Familien von Unterstützungsleistungen eben dieser Gemeinde leben, dann fehlt doch ganz offensichtlich nichts anderes als Geld, um Nachfrage und Angebot zusammen und so die Dinge wieder in Ordnung zu bringen.

Wenn andererseits an den Börsen ein Kursfeuerwerk nach dem anderen gezündet wird, wenn riesige Umsätze im reinen Finanzbereich zu beobachten sind, wenn Tag für Tag aberwitzige Summen in rein spekulativer Absicht um den Globus geschoben werden, wenn man selbst das Großgedruckte in den Prospekten der Finanzdienstleister vor lauter Hochglanzblendung nicht mehr richtig lesen kann, dann sollte eigentlich auch dem letzten Finanzverantwortlichen klar werden, dass zu viel Geld im Umlauf ist.

Natürlich gibt es auch beide Situationen nebeneinander. Geldmangel auf der einen Seite und Überfluss bis zur Tollheit auf der anderen Seite. Glauben Sie, damit wäre eine bedarfsorientierte Geldmengensteuerung überfordert? Fragen Sie ein fünfjähriges Kind, was zu unternehmen ist, wenn das Maisfeld des Pächters neben dem gefüllten Swimming-Pool des Grundbesitzers verdorrt! Sie werden eine verblüffend einfache Antwort erhalten.

Ich denke, wir sind uns auf diesem Abstraktionsniveau darüber einig, dass Geldmangel und Geldüberfluss mit ausreichender Genauigkeit und ausreichend zeitnah zu erkennen sind, so dass die Verantwortlichen eines alternativen Geldsystems nur geringe Mühe hätten, die Abweichung von der Normalversorgung festzustellen und dass sie auch nur geringe Mühe hätten einzuschätzen, in welche Richtung ein korrigierender Eingriff zu gehen hätte und welchen Umfang er haben müsste.

Kann ein Geldsystem die Geldmenge überhaupt wirksam beeinflussen?

Wer sich ein bisschen für die Veränderung der Geldmengen interessiert hat, weiß, dass die Möglichkeiten der Zentralbanken, die Geldmenge wirksam zu beeinflussen, sehr gering sind und dass sie über die Jahre um so weniger greifen, je mehr Geld und insbesondere je mehr Geldvermögen von den privaten Haushalten gehalten wird. Das liegt daran, dass die Zentralbanken kaum mehr tun können, als die Bedingungen für die Geldschöpfung zu verändern, dass sie aber selbst an der Geldschöpfung praktisch nicht beteiligt sind und dass sie erst recht keine Möglichkeit haben, die Stilllegung überflüssiger Geldbestände zu beeinflussen.

Zentralbanken sind mit ihrem gegenwärtigen Instrumentarium also denkbar schlecht geeignet, das Ziel einer ausbalancierten Geldversorgung zu realisieren und die Geschäftsbanken - als die eigentlichen Geldschöpfer - sind nur wenig daran interessiert, die Geldversorgung dem tatsächlichen Bedarf anzupassen.

Was fehlt?

Ganz klar, es ist schon angeklungen, die Zentralbank muss die Hoheit über die Geldversorgung von den Geschäftsbanken zurückgewinnen. Sie muss Geld ausgeben können, wenn Dürre herrscht und sie muss in der Lage sein, überflüssiges Geld abzuleiten und versickern zu lassen, wenn die Märkte von schädlichem Geld überschwemmt sind.

Das klingt einfach. Ist es das auch?

Stellen Sie sich vor, die Zentralbank eröffnet heute ein Konto für den Bürgermeister jener kleinen Gemeinde, dessen Schule dringend renoviert werden muss, schreibt darauf den Betrag von 200.000 Euro gut und bittet den Bürgermeister dann, zweckgebunden über diese Mittel zu verfügen.

Der Bürgermeister bestellt den Architekten, es gibt eine Ausschreibung, und nach ein paar Wochen ist die Schule renoviert, der Architekt hat sein Honorar, die Rechnungen der Handwerksunternehmen sind bezahlt, die Mitarbeiter haben ihre Löhne erhalten und auch schon wieder ausgegeben, das Finanzamt hat Steuern eingenommen und die Sozialversicherungen ihre Beiträge. Das Konto bei der Zentralbank wird, nachdem die Mittel zweckgebunden abgeflossen sind, geschlossen.

200.000 Euro, die es vorher nicht gab und die auch niemand an die Zentralbank zurückgeben muss sind als dringend benötigtes Zahlungsmittel solange in Umlauf, bis sie als Tilgung auf Kreditkonten landen. Danach ist die Geldmenge wieder um 200.000 Euro kleiner. Verändert hat sich nur die Gesamthöhe der Schulden und damit natürlich auch die Gesamthöhe der Forderungen. In der Folge vermindert sich der Geldbedarf für allfällige Zins- und Tilgungsleistungen.

Das ist der vollkommen unspektakuläre und unkomplizierte Kern eines Systems der bedarfsgerechten Geldversorgung. Es ist einfach und es funktioniert! Es bleibt auch einfach, wenn es in einen größeren Maßstab übertragen wird.

Nehmen wir an, eine vernünftige Politik eröffnete für alle Bürgermeister aller Kleinstädte, die sich in ähnlicher Klemme befinden, ein Konto, auf dem das erforderliche Guthaben - aus dem Nichts - eingebucht wird, stellt also das für die Erfüllung ihrer Aufgaben und für die Renovierung ihrer Schulen erforderliche Geld, solange die Einnahmen der Stadt aus dem eigenen Steueraufkommen dafür nicht ausreichen, „als Geschenk" zur Verfügung: Wir hätten einen - von Tausenden denkbaren und sinnvoll möglichen - Einfüllstutzen gefunden, über den dringend benötigtes Geld in den Wirtschaftskreislauf eingeschossen werden kann - mit der bezaubernden Nebenwirkung, dass dieses Geld - wenn es irgendwann zur Tilgung bestehender Schulden verwendet wird - lediglich die Höhe des „zinstragenden Geld-Vermögens" reduziert, aber weder das Geldvermögen selbst mindert, noch die umlaufende Geldmenge nachhaltig ausweitet.

Das ist ein ungewohnter, und daher schwieriger Gedanke, ein Beispiel soll das Prinzip verdeutlichen:

Der hochvermögende Anleger A hat bei der Bank B ein Vermögen in Höhe von 200.000 Euro in Pfandbriefen dieser Bank angelegt, die zum Ende des Jahres zur Rückzahlung fällig werden. Dafür zahlt ihm die Bank jährlich 6% Zinsen.
Der Schuldner S, ein Bauunternehmer, ist bei der Bank B mit 200.000 Euro verschuldet. Dafür zahlt er 9% Zinsen jährlich und außerdem 10% Tilgung.

Es sieht also so aus, als hätte die Bank B das Geldvermögen des Anlegers A, das dieser der Bank geliehen hat, als Geld an den Schuldner S weiter verliehen, der dafür jährlich 18.000 Euro Zinsen aufzubringen hat, wovon die Bank 6.000 für sich behält und 12.000 an den Anleger A weiterreicht.

Nun wird dem Schuldner S für die geleistete Arbeit im Zuge der Renovierung der Schule der Betrag von 200.000 Euro von der Gemeindekasse überwiesen. Dieser Betrag steht als ganz normales Guthaben auf seinem Kontokorrentkonto, doch dann überweist er den gesamten Betrag als Tilgungsleistung auf sein Kreditkonto und ist damit auf einen Schlag schuldenfrei. Das auch völlig zu Recht, schließlich hat er als Gegenleistung für die 200.000 Euro gute Arbeit zu einem reellen Preis abgeliefert. Die Schule ist renoviert und wieder für viele Jahre uneingeschränkt benutzbar.

Die Bank B schließt die Kreditakte des Schuldners S, bleibt aber dennoch bis zum Ende der Laufzeit der Pfandbriefe verpflichtet, dem Anleger A 6% Zinsen zu zahlen, obwohl sie ihren Kreditnehmer, der eigentlich diese Zinsen erwirtschaften sollte, verloren hat.

Bei Ablauf tauscht die Bank B ihre Pfandbriefe deshalb gerne gegen eine Gutschrift auf dem Girokonto des Anlegers A ein. Weil sie dessen Vermögen derzeit nicht gebrauchen kann, bietet sie ihm für die Folgezeit weder Pfandbriefe noch irgend eine andere Form verzinslicher Anlage an. Die Bank erklärt sich lediglich bereit, das Girokonto des Anlegers A gegen geringe Gebühren weiter zu führen und ihm gegen Erstattung der Spesen regelmäßig Kontoauszüge zu übersenden.

Das Vermögen des Anlegers A ist unverändert geblieben. Er hat 200.000 Euro Geld, von dem er sich alles kaufen kann, was für 200,000 Euro zu haben ist. Die Veränderung liegt für ihn einzig und allein darin, dass ihm dieses Geld keine Zinsen mehr einbringt, dass er für seinen weiteren Unterhalt also von der Substanz zehren muss und nicht mehr darauf hoffen kann, dass andere für ihn arbeiten und ihm damit „Zinsen" erwirtschaften.

In der weit komplexeren, vielfältig verflochtenen und millionenfach rückgekoppelten realen Welt wird der Einsatz solcher Geldgeschenke zu Gunsten leerer Gemeindekassen nicht dazu führen können, dass von einem Tag auf den anderen keine Zinsen mehr gezahlt werden. Doch mit jedem Tilgungsvorgang aus Mitteln, die zur Behebung des Geldmangels in den Wirtschaftskreislauf eingebracht werden, sinkt die Notwendigkeit, neue Kredite aufzunehmen. Dem

Kreditangebot des Geldvermögens steht eine sinkende Nachfrage gegenüber. Das Zinsniveau wird daher, solange immer mehr zinsfreies Geld alte Schulden ablöst, ohne dass dafür neue Schulden aufgenommen werden müssen, langsam aber sicher sinken.

Damit werden zwei ganz wichtige Ziele auf dem Weg zu einem besseren Geldsystem erreicht:

Erstens ist dem Geldvermögen die Chance der Deflations-Spekulation aus der Hand genommen und, zweitens, wird das dem jetzigen Geldsystem inhärente, zwangsläufige Wachstum von Guthaben und Schulden gebremst und allmählich zum Stehen gebracht.

Wird die Politik einen Schritt weiter gehen und frisches, unbelastetes Geld nicht nur - wie im vorstehenden Beispiel - in die Renovierung von Schulgebäuden stecken, sondern z.B. zur Förderung neuer Technologien, zur Einführung energiesparender Geräte, zur Finanzierung des Gesundheitswesens usw. einsetzen, kann damit außerdem ganz gezielt die Förderung erwünschter Entwicklungen und Technologien in die Wege geleitet werden, die unter den herrschenden Entscheidungs- und Kreditvergabekriterien des Zinskapitalismus niemals eine Chance gehabt hätten.

Klar, dass solche Subventionen davon abhängig sein müssen, dass Projekt und Antragssteller einigen - durchaus anspruchsvollen - Anforderungen genügen, damit das „gute Geld" nicht sprichwörtlich zum Fenster hinaus geworfen wird. Zudem muss gewährleistet sein, dass es sich bei solchen Subventionen niemals um einen Dauertropf sondern einzig und alleine um wohlkalkulierte, einmalige Anschubfinanzierungen handeln darf, weil die Bereitstellung freien

Geldes immer nur vom volkswirtschaftlichen Gesamt-Bedarf, nicht aber von der grundsätzlichen Unwirtschaftlichkeit eines Einzelprojektes ausgehen darf. Wichtig ist, dass mit dieser Konzeption ein Weg erkennbar wird, über den die Eindämmung des umlaufenden Kreditgeldes beinahe mühelos erreicht werden kann. Immer mehr Geldvermögen wird zu immer niedrigeren Zinsen auf den Konten liegen, niemand hätte mehr einen Anreiz, Geld zu verleihen, weil das Risiko, das verliehene Geld zu verlieren immer größer wird, während der mögliche Zinsertrag immer weiter schwindet.

Dieses Prinzip ist aber nicht aus dem Geldsystem alleine begründet, sondern steht auch in harmonischer Übereinstimmung mit dem vernünftigen Wertesystem, das bereits in Band II von Wolf's wahnwitzige Wirtschaftslehre einigen Raum einnimmt. Hier eine verkürzte Zusammenfassung des Kapitels:

Ein vernünftiges Anreizsystem
„Es gibt nichts Gutes, außer man tut es."

Diesen eingängigen Satz, mit dem Erich Kästner seine „Moral" umschrieben hat, halte ich für die bestmögliche Überleitung zwischen der Beschäftigung mit dem Entwurf eines vernünftigen Wertesystems und den sehr viel handfesteren Überlegungen, die angestellt werden müssen, um vom abstrakten Denkgebäude zur Verwirklichung der Werte im allgemeinen Handeln zu gelangen. Es ist eben nicht so, dass Gutes schon alleine deshalb „getan" wird, weil es Gut ist, und umgekehrt wird auch Schlechtes nicht „getan", weil es schlecht ist. Menschliches Handeln orientiert sich überwiegend an dem Maß des persönlichen Nutzens, der aus einer

Handlung erwartet wird. Die menschliche Auswahlentscheidung wird in aller Regel auf die Option fallen, die den größten persönlichen Nutzen verspricht, weil dies ein Verhalten ist, das mit den Prinzipien der evolutionären Auslese im Einklang steht. Folglich erscheint es erstrebenswert, die Anreize so zu setzen, dass der persönliche Egoismus jedes Einzelnen völlig automatisch dazu führt, dass überwiegend das Kästner'sche „Gute" getan wird. Im Wirtschaftsleben, und darauf wollen wir unsere Überlegungen beschränken, geht es um Geld und Macht. Sehen wir uns hilfesuchend in der Historie um, dann fällt auf, dass Geld und Gold fast alles abdecken, was jemals an einfach zu setzenden Anreizen für überwiegend weltlich orientierte Gemüter zur Verfügung stand.

Das Geld wird daher wohl auch in einem neuen Anreizsystem die übliche Form der Belohnung bleiben, nur die „Gelegenheiten", die eine Chance, eine Belohnung, versprechen, müssen verändert werden. Geld muss daher in Zukunft überall dort leichter zu verdienen sein, wo eine dem Gemeinwohl nützliche Handlung gebraucht wird, und es sollte dort in Zukunft schwerer zu verdienen sein, wo Geschäfte zu machen sind, die keinen Nutzen für das Gemeinwohl bringen oder ihm gar entgegenlaufen. Wie kann eine solche Bedingung erfüllt werden? Wie kommen wir dahin, dass Lohn als Belohnung verstanden werden kann, weil in einem Anreizsystem die Grundvorstellungen des Wertesystems abgebildet sind? Muss ein solches Anreizsystem eine Wunschvorstellung bleiben, oder lässt sich ein zuverlässig funktionierendes Modell des Wirtschaftens beschreiben, in dem die Anreize so gesetzt sind, dass das „Gute" gerne getan wird?

Vielleicht erschließt sich uns die Antwort dann, wenn wir zuerst noch einmal versuchen, uns darüber klar zu werden, an welchen Stellen heute die wichtigen Anreize sitzen, die wir als Ursache für die gesellschaftliche Fehlentwicklung und die extreme Asymmetrie in der Verteilung des weltweiten Wohlstandes verantwortlich machen. Welche starken Anreize führen denn dazu, dass unsere weltweite Wirtschaftsorganisation nicht aufhören kann, fragwürdigen Überfluss auf der einen Seite und Armut und Hunger auf der anderen Seite zu erzeugen. Warum und auf welche Weise begünstigt das bestehende System den Trend zu immer weiter sinkender Qualität, zu immer kürzeren Produktlebens- und Nutzungsdauern und zu stetig steigenden Entsorgungskosten? Warum greift die Mehrzahl der Konsumenten bei ihren Kaufentscheidungen mit schlafwandlerischer Sicherheit immer weiter dort zu, wo die Umwandlung natürlicher Ressourcen in stinkende Müllhalden mit verlogenen Werbeversprechen angetrieben wird, anstatt als „König Kunde" nach wirklicher Qualität zu verlangen?

Es hat sich die Unsitte breit gemacht, dem Verbraucher die Schuld zu geben, weil er nicht bereit sei, für Qualität zu bezahlen. Die Wirtschaft könne schließlich nicht am Bedarf vorbei produzieren, wohl aber jeder Bedarfsänderung folgen. Dass es umgekehrt ist, dass der Verbraucher praktisch keine andere Wahl hat, als sich mit minderer Qualität und Wegwerferzeugnissen zu versorgen, wird verschwiegen. Die Sortimentspolitik des Einzelhandels orientiert sich eben primär an Umsatz und Rendite, und solange eine hohe Rendite auch mit minderer Qualität erreicht werden kann, besteht kein Anlass, einen höheren Aufwand zu betreiben! Der einzelne Verbraucher ist wehrlos und der Organisations-

grad der Verbraucher ist viel zu gering, um Plastiktüten und Getränkedosen, Wegwerfkameras und Einwegfeuerzeuge, wässriges Fleisch und unverrottbare Tomaten vom Markt verschwinden lassen zu können. Wir werden als Endverbraucher weiterhin nicht darum herumkommen, mit jedem akku-betriebenen Elektrogerät auch ein neues, nicht kompatibles Netzteil und neue, nicht kompatible Ersatz-Akkus kaufen und entsorgen zu müssen. Doch selbst wenn die Angebotsseite auch die guten Alternativen bereithielte, der Verbraucher würde darauf nur zum Teil positiv reagieren. Die souveräne Kaufentscheidung des Kunden beruht nicht ausschließlich auf rationalen Überlegungen. Sie ist einem Credo der Vernunft nur bedingt zugänglich, und das ist gar nicht schlecht. Wir sind doch keine Automaten und wollen keine werden. Wir haben Gefühle und Sehnsüchte, brauchen Bestätigung und Trost und suchen in den harmlosen Drogen der prestigefördernden Warenwelt unseren eigenen Wert, finden im kleinen Kaufrausch unser kleines Glück.

Es wäre also wohl ein Irrweg, mit der Veränderung des Anreizsystems auf den Verbraucher zu zielen. Es wäre eine totale Überforderung, von ihm zu verlangen, dass er die in jeder Hinsicht „vernünftigeren" Produkte nachfragt, noch bevor sie jemand anbietet.

Der Anreiz zum wertekonformen Wirtschaften wird auch unter veränderten Zielsetzungen wieder der Anreiz eines zusätzlichen Gewinnes sein, und er muss wieder denen angeboten werden, die für die Weichenstellungen verantwortlich sind, nämlich den Unternehmern.

Aber wie?

Es war die Rede davon, dass es notwendig ist, dem individuellen Egoismus Ziele zu geben, deren Erfüllung immer auch dem allgemeinen Wohl dient, damit das Streben des Einzelnen nach Wohlstand und Reichtum zwangsläufig auch zu einer Verbesserung der gesellschaftlichen Verhältnisse, ja letztlich zu einer Verbesserung der Voraussetzungen für die Weiterentwicklung des Lebens insgesamt führt. Das Instrumentarium, das zur Verfügung steht, um Veränderungen durch „Anreize" auszulösen, ist eigentlich recht übersichtlich, und seine Wirkungen sind mit fast naturgesetzlicher Sicherheit ziemlich klar vorherzusagen.

Für einen steuernden Eingriff des Staates oder einer anderen gesellschaftlichen Organisation in die Verhaltensweisen der Gesellschaft gibt es nur zwei grundsätzliche Möglichkeiten, nämlich die Strafe für unerwünschtes Verhalten und die Belohnung für Wohlverhalten.
Die Betrachtung des Instrumentariums öffentlicher Entscheidungslenkung ist ernüchternd. Mit der „billigen" Verschärfung von Auflagen wird der Anreiz zur Umgehung ebenso gesteigert, wie der Kontrollaufwand und letztlich nur wieder eine Deregulierung eingeleitet. Mit der Eröffnung lukrativer steuerlicher Gestaltungsmöglichkeiten werden „professionelle Gestalter" angelockt, die, mit geringstmöglichem Einsatz für den eigentlichen Zweck, den größtmöglichen eigenen Nutzen dadurch erzielen, dass sie Mittel, die eigentlich dem Fiskus zustehen, in die Taschen von Initiatoren, Finanzinstituten und Verkaufsorganisationen umlenken. Doch ausgerechnet für das präziseste und mit den geringsten Verlusten durch unvermeidlichen Schwund belastete Instrument der Entscheidungslenkung, die direkte Subvention, fehlt es an Geld. Dies ist besonders

bedauerlich, weil den im öffentlichen Interesse stehenden Maßnahmen zur Entscheidungslenkung die von Geldnöten praktisch nicht geplagte, wirtschaftliche Entscheidungslenkung entgegensteht, die genau diejenigen Vorhaben fördert, die versprechen, die größtmögliche Rendite des eingesetzten Kapitals zu erwirtschaften. Die größtmögliche Kapitalrendite wird aber immer „der Falsche" erwirtschaften, nämlich derjenige, der nur den eigenen Nutzen im Sinn hat und weder soziale noch gesellschaftliche oder gar ökologische Rücksichten nimmt.
Für Maßnahmen, Projekte, Geschäfte, die eine hohe Kapitalrendite versprechen, ist immer Geld da. Dieses Geld, das zum Teil zur Finanzierung von Vorhaben verwendet wird, die aus gesamtgesellschaftlicher Sicht höchst unerwünscht sind, fehlt zur Finanzierung genau jener Vorhaben, die wir eigentlich fördern möchten. Die Tobinsteuer, als Quelle für solche Fördermittel, wird gut sein, wenn wir sie haben. Bis dahin -- und das kann noch sehr lange dauern -- müssen wir andere Lösungen finden, um die richtigen Anreize setzen zu können. Die Vorrede war lang und weit ausholend, weil sie einen Teil der Begründung des jetzt folgenden Vorschlages vorwegzunehmen hatte:

Gute Projekte
durch großzügige Anschubfinanzierung
rentabel machen!

Das ist der Leitsatz für ein Anreizsystem, das darauf setzt, dass die Menschen alle Intelligenz und allen Ehrgeiz auch weiterhin hauptsächlich darauf verwenden werden, Gewinne zu machen. Gute Projekte müssen also Gewinn versprechen, damit sie realisiert werden.

Was sind gute Projekte und wer stellt das fest?

Gute Projekte sind Projekte, die zwei Voraussetzungen erfüllen:

a) Das Projekt muss einer intensiven betriebswirtschaftlichen Prüfung standhalten. Das im Business Plan dargestellte Mittelfrist-Szenario muss so realistisch und erfolgversprechend sein, dass auch eine banktübliche Kreditprüfung zu einer positiven Beurteilung käme. Selbstverständlich ist dabei auch abzuklären, ob die Summe der beantragen Fördermittel dem tatsächlichen wirtschaftlichen Bedarf entspricht.

b) Das Vorhaben muss gegenüber dem gegenwärtigen Zustand eine spürbare Verbesserung und/oder Ausweitung des grundwertekonformen Wirtschaftens erwarten lassen. In der Begründung sind diese Vorteile ausführlich darzustellen und in einer „Wertebilanz" zu saldieren.

Was heißt es, ein Projekt durch eine großzügige Anschubfinanzierung „rentabel" zu machen?

Der Gedanke ist einfach: Das Projekt muss nach der geförderten Planungs-, Investitions- und Anlaufphase aus eigener Kraft bestehen können, ohne dass weiterer Fördermittelzufluss erforderlich wäre. Es soll also nicht dauerhaft subventioniert werden, um „wirtschaftlich kranke" Projekte über viele Jahre künstlich am Leben zu erhalten. Es soll eine einmalige Finanzspritze geben, die dem im Business Plan ausgewiesenen Bedarf entspricht, und danach muss das Projekt sich ungefähr so entwickeln, wie es geplant war.

Die Rentabilität und die aus dem Geschäft fließenden Gewinne unterscheiden sich in keiner Weise von den Gewinnen anderer, nicht geförderter Unternehmen. Sie unterliegen den gleichen Vorschriften und der gleichen fiskalischen Behandlung wie alle anderen Gewinne auch! Es gibt keine besonderen Auflagen bezüglich der Gewinnverwendung!

Es sollte allerdings für alle geförderten Projekte die Verpflichtung, geben, sich einem „Tarifvertrag für Förderprojekte" zu unterwerfen, in dem Beschäftigung und Entlohnung der Mitarbeiter einheitlich und grundwertekonform geregelt sind. Die sich daraus ergebenden Beeinträchtigungen einer maximalen Gewinnausbeute sind unverzichtbarer Bestandteil des Fördervertrages, aber natürlich auch im Business Plan zu berücksichtigen, so dass sich „trotz" dieser Regularien ein ordentlicher Gewinn prognostizieren lassen muss, wenn das Projekt für die Förderung überhaupt in Frage kommen soll.

Der Fördervertrag nimmt auch den Initiator/Antragsteller so weit in Anspruch, dass dieser für die antragsgemäße Verwendung der Mittel haftet und bei vorsätzlich oder grob fahrlässig herbeigeführtem Misserfolg des Projektes persönlich für die Rückzahlung der Fördermittel in Anspruch genommen wird.

Wo kommt die großzügige Anschubfinanzierung her?
So, wie der Vorschlag bis hierher dargestellt wurde, muss es zwingend so etwas wie einen „Rechtsanspruch auf Finanzierung" geben, wenn die Förderungsbedingungen erfüllt sind. Denn nur bei Bestehen eines solchen Rechtsanspruches ist hinreichende Planungssicherheit geschaffen, um eine ernsthafte Hinwendung an „Gute Projekte" auch

bei denen zu erreichen, die bisher in der Gestaltung "weniger guter Projekte" ihren Anreiz gefunden haben. Nur so wird es gelingen, die "Guten Projekte" schnell auf den Weg zu bringen. Viele "Gute Projekte", die schnell und zur gleichen Zeit Fördermittel beanspruchen, sind aber mit herkömmlichen Mitteln kaum zu finanzieren. Natürlich wäre zuerst ein Umschichten aus vorhandenen Subventionstöpfen denkbar, vor allem, wenn klar wird, dass damit die Subventionierung "kranker Strukturen" zu Gunsten der Förderung "Guter Projekte" aufgegeben wird, aber würde das reichen? Es würde nicht reichen! Dafür fehlt das Geld.

Während die Wirtschaft, umhegt von den Geschäftsbanken, jedes ökologisch unsinnige Projekt finanzieren kann, solange es nur eine ausreichend hohe Rendite verspricht, weil durch völlig legale Methoden die notwendige Geldmenge geschaffen werden kann, fehlt für die "Guten Projekte" das Geld. Staat und Gesellschaft haben definitiv die "Erzeugung von Geld" an die Privatwirtschaft abgetreten und können keine zusätzliche Liquidität bereitstellen, ohne selbst Schulden zu machen, während die Geschäftsbanken ungeniert und zum alleinigen Nutzen ihrer Aktionäre fast unbeschränkt Geld schöpfen können.

Wir haben uns in den ersten Kapiteln dieses Buches mehrfach mit den Problemen auseinander gesetzt, die in einem Wirtschaftsraum dann entstehen, wenn das Geld sich aus dem Bereich des produktiven Wirtschaftens zurückzieht. Vergleichbare Probleme sind in den so genannten "entwickelten Volkswirtschaften" dadurch entstanden, dass der betriebswirtschaftliche Egoismus die Unternehmen, und damit das Kapital, in Betätigungsfelder geführt hat, die ho-

he Renditen zu Lasten der natürlichen Ressourcen versprechen. Geld das für die umweltschädliche Produktion investiert wurde, steht der umweltfreundlichen Alternative doch nicht mehr zur Verfügung und es wird von den Geschäftsbanken dafür auch kein Geld bereitgestellt, wenn zu erkennen ist, dass die umweltfreundliche Alternative nicht ganz so rentabel sein wird, oder die Rentabilität des bestehenden Investments beeinträchtigen würde.

Wenn wir also wollen, dass sich eine alternative Wirtschaft entwickeln kann, müssen wir die Konsequenz tragen und das Geld dafür im Wesentlichen aus einer gesellschaftlich akzeptierten Geldschöpfung des Staates bereitstellen. Damit aber nicht genug. Um dem förderungswürdigen Vorhaben einen guten Start zu geben und die Kosten insgesamt niedrig zu halten und um die Marktchancen dieser Unternehmungen durch günstige Preise weiter zu stärken, sollten die Förderungsmittel als verlorene Zuschüsse zur Verfügung gestellt werden, so dass das geförderte Projekt weder Zinslasten noch Tilgungsraten aufzubringen hat. Diese Förderungsbedingungen sollten für Unternehmer und Initiatoren Anreiz genug sein, um sich zu bemühen, mit „Guten Projekten" gutes Geld zu verdienen.

Natürlich wird sich sofort die Frage stellen, ob ein solches Förderungssystem nicht zu einer katastrophalen Inflation führen müsse. Wir wollen diese Frage ernst nehmen und die Wirkungen der Maßnahme in Bezug auf den Geldwert untersuchen:

Frisches Geld, gleichgültig, ob die Zentralbank dafür Noten druckt, oder eben einfach nur einen Betrag überweist, den es vorher nicht gab, erhöht die Geldmenge. Diese erhöhte Geldmenge zielt in unserem Fall ganz genau dorthin, wo das Geld unmittelbar in eine vorher nicht vorhandene Leistung umgesetzt werden soll. Dem neu bereitgestellten Geld steht also auch eine neue Leistung gegenüber, die zumindest in der Anfangsphase auch eine echte zusätzliche Leistung ist. Schließlich werden die geförderten Projekte zuerst einen Wachstumsschub in der Investitionsgüter- und Ausrüstungsindustrie auslösen. Dort entsteht echtes Wachstum, ein Wachstum, das schnell in Löhne und Gehälter fließt und so Kaufkraft schafft. Kaufkraft, die eine günstige Entwicklung der Binnenkonjunktur ermöglicht und so im Szenarium herkömmlicher volkswirtschaftlicher Betrachtungen eine segensreiche Wirkung entfaltet, so segensreich, dass sie auch als Nachweis für die Berechtigung der zusätzlichen Geldmenge völlig ausreicht. Gleichzeitig setzt eine zweite Wirkung ein. Sobald sich die „Guten Projekte" am Markt durchsetzen, werden diejenigen Unternehmen, die ohne Förderung an weniger grundwertekonformen Lösungen, also an „Schlechten Projekten" arbeiten, Einbußen in ihren Marktanteilen und in ihren Gewinnen hinnehmen müssen. Weil ihre Chancen zum Überleben nur darin liegen, sich ebenfalls um geförderte Projekte zu bemühen, wird sich ihr Kreditbedarf zwangsläufig verringern. Wenn aber die Banken weniger Kredite ausreichen und außerdem möglicherweise in stärkerem Maße notleidende Darlehen abschreiben müssen, wird dem, von der staatlichen Geldschöpfung ausgelösten Anstieg der Geldmenge, auf der anderen Seite unvermeidlich auch ein deutlicher Rückgang der Geldmenge entgegenwirken, der sich zwangsläufig aus dem schrumpfenden Kreditvolumen der Geschäftsbanken ergibt. Weil außerdem durch die zinslose Vergabe der Fördermittel wei-

tere Geldschöpfung zum Zwecke der "Zinsdarstellung" entfällt, wird die vorgeschlagene Finanzierung durch frisches Geld voraussichtlich einen eher moderaten Einfluss auf die Geldwertstabilität haben und sich, wenn überhaupt, nur in geringem Maße inflationär auswirken.

Solche Perspektiven werden nicht nur Freude auslösen, sondern auch im Vorfeld erster Diskussionen schon Gegenstrategien hervorrufen, die darauf abzielen, die herrschenden Verhältnisse gegen jeden Veränderungswillen zu konservieren und zu festigen. Größere Gefahren für die Geldwertstabilität sind daher davon zu erwarten, dass vagabundierende Geldmengen aus den internationalen Finanzmärkten in die Binnenmärkte zurückdrängen, um dort -- zu ebenfalls sehr günstigen Konditionen (z.B. mit Darlehen, die über 10 oder 20 Jahre zins- und tilgungsfrei ausgereicht werden) -- gegen die staatliche Finanzierung und die Aushebelung der Zinsspirale anzukämpfen. Schließlich muss man sich über eines im Klaren sein: Die Finanzierung neuer Vorhaben durch Mittel, die nicht aus dem zinsbelasteten Kapitalmarkt kommen, lässt das Kapital als solches in seiner Substanz zwar unangetastet, es mindert allerdings seine Ertragskraft, weil es sich in Konkurrenz zu den Fördermitteln befindet. Es kann nur noch in Projekte fließen, die den Grundwerten zuwider laufen (sonst gäbe es ja Fördermittel statt Kredit) und damit Wirtschaftszweige unterstützen, die in absehbarer Zeit den Boden unter den Füßen verlieren werden.

Sollte sich also das weltweit vagabundierende Geld nicht aus dem produktiven Wirtschaftskreisläufen heraushalten lassen, wird dann doch eine Inflation entstehen und zwar genau in dem Maße, wie das zurückdrängende "Spielgeld" vom Produktivitätszuwachs nicht aufgenommen werden kann. Dieses kleine Risiko können wir, denke ich, eingehen. Amerika hat den Vietnamkrieg aus der Notenpresse bezahlt und die amerikanische Volkswirtschaft hat dies ganz gut überstanden! Stellen wir uns nur einmal die verrückte Frage, wie viel besser es Amerika heute ginge, hätte es nicht den Vietnamkrieg geführt, sondern schon damals die Notenpresse angeworfen, um „Gute Projekte" zu finanzieren? Es könnte nur noch besser dastehen, als heute!

Gelingt es jedoch, die durchaus zu erwartenden Abwehrreaktionen zu beherrschen und ihre Wirkung gering zu halten, wird das gehortete Kapital sich voraussichtlich sogar vollständig aus der Geldmenge M3 zurückziehen und ein ruhiges Dasein im „Dagobert'schen" Geldspeicher führen, ohne die Inflation herbeizuführen, mit der es sich selbst vernichten würde. Im Zusammenwirken mit der Wiedereinführung einer angemessenen Vermögenssteuer ließen sich diese Mittel sogar nach und nach vom Staat einziehen und damit völlig eliminieren.

Für die Skeptiker, die fürchten, auf diese Weise eine nicht mehr zu bändigende Inflation auszulösen, oder andere Bedenken hegen, hier noch einige Hinweise:
Das Förderprogramm geht ganz von alleine zu Ende, wenn die Ideen für noch besseres Wirtschaften aufhören, weil mit immer gleichen Vorhaben die Ansprüche der Förderungsvoraussetzungen nicht mehr erfüllt werden können. Diese Automatik ist also noch ein weiterer, wesentlicher Vorteil dieser Art von Subvention! Die Banken werden dabei nicht untergehen! Sie machen nur weniger Rendite im Kreditgeschäft.

Die Bindung der Förderprojekte an einen einheitlichen Tarifvertrag führt zu einer neuen Form von Vollbeschäftigung mit drastisch reduzierter Lebensarbeitszeit und zu einem neuen, breiten Wohlstand, der sich in wertvollen, langlebigen Gebrauchsgegenständen, hochwertigen, gesunden Lebensmitteln und dem Verschwinden von unnützen Wegwerfartikeln und Wohlstandsmüll zeigt. Es wird eine Phase des Wandels geben, die in weniger als einem Menschenleben abgeschlossen werden kann, und an deren Ende eine friedlich Handel treibende Menschheit die beginnende Regeneration des Planeten und seiner Biosphäre beobachten kann.

Die Beweisargumente:
Das veränderte Anreizsystem, das die Koppelung des individuellen Egoismus an gesamtgesellschaftliche Zielsetzungen herstellt, ermöglicht es,

- *die Geschwindigkeit unsinniger Wachstumsspiralen abzubremsen und zum Stillstand zu bringen,*
- *auf schieres Mengenwachstum als Wirtschaftsmotor verzichten zu können,*
- *die Verschwendung von Rohstoffen zu beenden und immer mehr tatsächliche Wiederverwertung im Sinne einer echten Kreislaufwirtschaft einzurichten,*
- *Wissenschaft und Technik auf der Basis neuer Grundlagenforschungen zu einer neuen Blüte zu führen, ohne dass hinter jeder Forschung immer auch schon die konkrete Anwendung stehen muss,*
- *die Arbeitsbelastung der Menschen zu verringern und die Einkommens- und Wohlstandsunterschiede weltweit kleiner zu machen.*

Der hier skizzierte Lösungsvorschlag für ein neues Anreizsystem hat allerdings auch einen kleinen Mangel: Er ist nämlich auf eine geschlossene Volkswirtschaft oder einen Währungsverbund ausgerichtet und von daher nicht gerade globalisierungskonform. Weil nach wie vor das Gewinn-Interesse des Unternehmers, das Interesse der Mitarbeiter an gerechten Löhnen, das Interesse der Bevölkerung an Wohlstand als „Naturkonstante" angesehen und genutzt und gefördert wird, wird sich aus der Einführung gesellschaftsfinanzierter Unternehmen in Europa der Lebensstandard Namibias nicht zwangsläufig verbessern.

Aber denkt man einen Schritt weiter, erschließt sich dieser Mangel auch als das eigentlich Schöne an diesem Modell! Nicht wir Reichen, nicht wir Europäer, Nordamerikaner oder Japaner müssen als die guten Onkels der „Dritten Welt" auftreten und Weltbankkredite verteilen! Ganz im Gegenteil:

Jeder Staat kann dieses Modell der von der Gesellschaft finanzierten Unternehmungen und Projekte nämlich für sich selbst einführen, wann immer und zu welchen Bedingungen auch immer er will. Die internationalen Standards dazu werden sich erst mit den Jahren herausbilden. Als Reaktion auf die Ausnutzung von weltweiten Förderungsdifferenzen. Das macht aber nichts. Es hilft der Sache nur schneller vorwärts.

- Soweit das Zitat aus Band II -

Halten wir insgesamt als Konstruktionsprinzipien des Lösungsvorschlages fest:

Mit dem Einschießen frischen, unbelasteten Geldes lässt sich die Geldhortung bekämpfen, lassen sich die Schulden abbauen und die Zinsen allmählich zum Verschwinden bringen.

Aber was, wenn die vereinte Kaufkraft der Großvermögen auf den Markt schwappt und alles in einer riesigen Inflationswelle weggespült wird? Nun, das ist ein Problem. Ein Problem, das in einem vernünftigen Geldsystem nicht mehr auftreten darf, das aber real besteht, weil es in der Republik bereits gigantische Geldvermögen gibt. Damit ließe sich eine so gigantische finanzielle Sintflut auslösen, dass die meisten Kinder hinterher wieder einmal nur noch wertlose Geldscheine zum Spielen hätten, weil der Bevölkerung nach dem Crash außer Bergen wertloser Scheine nichts mehr geblieben ist. Dieses Problem ist schwieriger zu lösen, wie es auch im Garten schwieriger ist, nach tagelangem Starkregen eine meterhohe Flutwelle zu beherrschen, als bei Trockenheit zu gießen. Gegen die Flut hilft nur rechtzeitige Vorsorge, die Renaturierung von Bach- und Flussläufen und die Einrichtung ausreichender Überflutungszonen. Das Geldvermögen ist da. Hoch oben über dem Tal im vollgefüllten Staubecken der Hochfinanz. Trotzdem kann und sollte man es nicht einfach konfiszieren, oder per Dekret entwerten. Es gibt viele gute Gründe, die dafür sprechen, eine einfachere, weniger rigorose und dennoch wirksame Lösung zu finden. Mir schwebt dazu eine Kombination mehrerer Maßnahmen vor, die miteinander verzahnt sind und den gewünschten Effekt nach einer mehrjährigen Anlaufphase sicher bringen sollten.

Vermögens- und Transaktionsbesteuerung

Um die latente Gefahr, die vom hochgestauten Geldvermögen ausgeht, beherrschen und bändigen zu können, sind sowohl die Vermögen selbst, als auch die spekulativen Transaktionen durch wirkungsvolle Besteuerung zu begrenzen und allmählich auf ein der Volkswirtschaft zuträgliches Maß zu reduzieren. Im Einzelnen kämen folgende Maßnahmen in Frage:

Die Erhebung einer Steuer in Höhe von jährlich 12 % auf das Vermögen privater Haushalte und Stiftungen, bei Gewährung eines Freibetrag in Höhe von 1 Milliarde Euro.

Die Belastung aller Finanztransaktionen, also aller Überweisungen, aller Wertpapiergeschäfte einschließlich des Derivatehandels mit dem vollen Mehrwertsteuersatz (!). Basis sollte die Höhe der Gesamtabflüsse von den Konten bzw. Depots des einzelnen privaten Haushaltes bzw. Unternehmens sein, die ab einem vernünftigen Freibetrag von z.B. bis 100.000 Euro p.a. mit dem jeweils gültigen Umsatzsteuersatz (ohne Vorsteuerabzugsmöglichkeit) belastet werden. Das klingt teuer, aber wenn das Mehrwertsteueraufkommen unverändert bleiben soll, würde der Steuersatz wegen der ganz erheblich verbreiterten Bemessungsgrundlage vermutlich auf weniger als ein Zehntel des derzeitigen Wertes sinken, was die ganze Angelegenheit für die Realwirtschaft nochmals reizvoller machen würde.

Das System erfordert selbstverständlich die Einführung der Steuernummer in der Kontenführung der Banken und einen zentralen Computer, der die Umsätze pro Steuernummer einfach mitzählt und ab Überschreiten der Freibetragsgrenze die kontenführenden Banken unterrichtet und den Steuerabzug auslöst.

Ein Gesetz, das jeglichen Finanztransfer mit dem Ausland einem automatisierten Antrags- und Genehmigungsverfahren unterwirft, das stufenweise mit dämpfenden Beschränkungen reagiert, wenn sich Zu- oder Abflüsse plötzlich und in erheblichem Umfang verändern (Faustregel: mehr als 15 % des Volumens des Vorjahres in weniger als 1 Monat).

Wer jetzt einwendet, alle diese Vorschläge widersprächen den Grundregeln des Finanzwesens und ihre Umsetzung sei unmöglich, weil die Notenbank - als Hüterin der Währung - nicht in die Fiskalpolitik des Staates eingreifen dürfe und der Staat andererseits die Unabhängigkeit der Notenbank wahren müsse, der sollte sich überlegen, woher diese Regeln stammen und welche Effekte sie hervorgebracht haben. Es gibt kein naturgesetzliches Notenbankwesen, es gibt nur ein durch und durch marodes Geldsystem mit Regeln, die allesamt zu hinterfragen sind, bevor man sie bedenkenlos in ein neues System übernimmt.

Fakt ist, dass riesige Geldakkumulationen mit ihrem Zinsanspruch und ihrem Erpressungspotential entschärft werden müssen. Dazu fehlt dem herrschenden Geldsystem jegliche Voraussetzung. Warum also soll nicht der Staat (der doch nichts anderes ist, als der von seinen Bürgern beauftragte Dienstleister zur Aufrechterhaltung der gesellschaftlichen Ordnung) seinen Teil zur Ordnung im Geldsystem beitragen. Lassen wir die Zentralbank die Quelle sein und den Staat den Ozean, in den sich der Strom ergießt. Wichtig ist, dass das dazwischen zirkulierende Wasser ausreicht, um das

Leben zu erhalten, dass das umlaufende Geld ausreicht, um allen Menschen die Chance zu geben, ihre Arbeit gegen Geld zu verkaufen. Denn: Dass überall große Mengen an Arbeit darauf warten, getan zu werden, ist nicht zu übersehen, und dass große Mengen arbeitsuchender Menschen gerne bereit wären, diese Arbeit zu tun, ist mit allen frechen Faulheitsbehauptungen nicht wegzuwischen. Es fehlt der realen Wirtschaft nur am Geld. Geld dass von gewissenlosen Zockern, von jenen vaterlandslosen Gesellen, die sich stolz Global Player nennen und von den Zinseintreibern des Großkapitals ohne Gegenleistung beansprucht und dem Markt entzogen wird.

Dieses Geld über Vermögens- und Transaktionssteuern wieder zu aktivieren, ist die zweite, unbedingt erforderliche und durchaus auch realisierbare Maßnahme, mit der irgendwann die Nähe jenes gar nicht so fernen Zieles erreicht werden kann, bei dem die Wirtschaft im Rahmen unschädlicher Toleranzen stets genau so viel Geld zur Verfügung hat, wie benötigt wird. Nicht weniger, denn das öffnet den erpresserischen Geldverleihern und ihren Zinsforderungen Tür und Tor, aber auch nicht mehr, denn überflüssiges Geld birgt die Gefahr inflationärer Dammbrüche.

Gesteuerte Zufuhr von frischem, unbelasteten Geld durch die Zentralbank schafft die blühenden Landschaften - die konsequente Kanalisierung und Ableitung von überflüssigem Geldvermögen ist die notwendige Ergänzung um die zerstörerischen Kräfte großer Geldansammlungen zu beschneiden. Beides zusammen stabilisiert sowohl den Wert der Währung, als auch den Wert der Geldvermögen, womit wiederum allen gedient ist, deren Vermögen unterhalb jener

Freibetragsgrenze von 1 Milliarde Euro bleibt, die man den Superreichen durchaus zugestehen könnte.

Zusammenfassung

Es ist sinnvoller, die durch Hortung entstandenen, die Realwirtschaft erdrückenden Geldvermögen, einer Konkurrenz durch zusätzliches Geld auszusetzen, das in den Markt gebracht wird, ohne dass darauf jemals jemand Zinsen zahlen, oder auch nur Tilgung leisten müsste, statt zu versuchen, erstarrtes Geldvermögen neu (und mit unvorhersehbaren Folgen) durch Umlaufsicherungssysteme zu mobilisieren.

Dieser Vorschlag ist in der Diskussion im Vorfeld der Arbeit an diesem Buch soweit missverstanden und zerfledert worden, dass er zuletzt als „Zinsloser Investitionskredit" ausgedeutet wurde. Ich möchte daher, nach der doch etwas weitschweifigen Erläuterung und Begründung, die ganz entscheidenden Elemente des Modells der bedarfsgerechten Geldversorgung der Realwirtschaft nochmals in einer übersichtlichen Kurzfassung darstellen:

1. Kein Kredit, sondern frisches, völlig unbelastetes Geld

Bei Geldmangel im Markt der Realwirtschaft wird frisches, zusätzliches Geld in den Markt eingebracht. Es handelt sich bei diesen Geldspritzen grundsätzlich um Geld, das ohne Gegenbuchung, also nur als Guthaben, in die Welt gesetzt wird. Die jeweiligen Empfänger dieses Geldes sind von Zins- und Tilgungspflichten frei, wie auch die „Emittenten" dieses Geldes durch diesen Akt der Geldschöpfung niemandem zu irgendeiner Leistung verpflichtet sind.

2. Jeweils einmalig da, wo der größtmögliche Nutzen am Markt ausgelöst wird

Die vorbeschriebenen Geldspritzen dürfen stets nur als einmalige Subventionen gewährt werden. Sie sollen da in den Wirtschaftskreislauf eingebracht werden, wo sie auf möglichst breiter, branchenübergreifender Basis Kaufkraft zuführen, also eher an Konsumenten oder Konsumentengruppen fließen, als an Großunternehmen und Konzerne, eher Gemeinden und kommunalen Einrichtungen zufallen, als dem Bundes- oder Landeshaushalt.

Eine wichtige Funktion dieser Geldspritzen soll aber auch sein, gesellschaftlich erwünschte Investitionen zu fördern, die unter den Bedingungen der gewinnorientierten Wirtschaft keine Chance haben, die erforderlichen Geldmittel zu erhalten. Dabei sollen auch hier nur einmalige Anschubsubventionen fließen. Die so geförderte Investition muss sich dann selbst tragen.

3. Maßgeblich ist nicht der Staatsbedarf, sondern die Feststellung einer Expertenkommission

Die Feststellung des monetären Zustandes im Währungsgebiet und die Entscheidung über die Ausschüttung zusätzlichen Geldes und der erforderlichen Höhe der Geldspritze obliegt einer Expertenkommission. Gerade diese Expertenkommission wird von Kritikern oft zur Zielscheibe bissigen Spottes erkoren, als müsse es sich dabei zwangsläufig um ein Gremium wirtschaftspolitischer Vollidioten handeln, und das, obwohl die gleichen Kritiker andererseits keinerlei Probleme damit haben, dass auch heute Experten aus wirtschaftswissenschaftlichen Instituten Ratschläge erteilen, dass Expertenkommissionen im Regierungsauftrag Steuern schätzen und die gesamtwirtschaftliche Entwicklung beobachten. Dabei haben sie volles Vertrauen in die Leitung der EZB und der Bundesbank. Warum sollen eben diese Experten nicht auch die Geldversorgung der Realwirtschaft einigermaßen richtig beurteilen und im Rahmen der hier beschriebenen Lösung die richtigen Maßnahmen ergreifen können? Dass auch Experten gelegentlich irren, wird auch in Zukunft so bleiben – doch das ist weder ein Grund, währungspolitische Entscheidungen dem Zufall zu überlassen, noch jegliche positive Veränderung von vornherein abzulehnen.

4. Verteilt wird vom Staat oder staatsnahen Organisationen, ggfs. nach Projektprüfung

Die Zuteilung des frischen Geldes auf Bedarfsträger erfolgt durch staatliche oder staatsnahe Organisationen. Gelder, die für die Förderung von gesellschaftlich erwünschten Investitionen vorgesehen sind, werden nach gründlicher Projektprüfung durch „Förderbanken" an die jeweiligen Antragsteller vergeben.

Es ist also eben nicht so, wie ebenfalls von Kritikern immer wieder vorgetragen worden ist, dass sich der Finanzminister oder der Bürgermeister nach Belieben Geld beschaffen könnten. Fördermittel fließen nur, wenn für das gesamte Währungsgebiet „Geldmangel" attestiert wird.

5. Flankierende Maßnahmen: Vermögens- und Transaktionsbesteuerung

Parallel zur Einführung zusätzlichen Geldes in den Wirtschaftskreislauf sind durch die Besteuerung besonders hoher Vermögen (Freibetrag 1 Milliarde Euro, jährlicher

Steuersatz 12 Prozent) sowie durch die Besteuerung von nationalen und grenzüberschreitenden Finanztransaktionen Mittel dort abzuschöpfen, wo sie sich im Übermaß akkumuliert haben. Ein probates Mittel wäre z.b. die Mehrwertsteuer auch auf alle Überweisungen von Konto zu Konto zu erheben. Bei einem Freibetrag von 100.000 Euro pro Jahr und gleichbleibendem Steueraufkommen könnte der Steuersatz der Mehrwertsteuer ganz erheblich sinken, was gleich doppelt vorteilhafte Wirkungen hätte.

6. Liquiditätsabschöpfung bei Inflationsgefahr

Stellt die Expertenkommission Liquiditätsüberschuss fest, muss dieser durch steuerliche Instrumentarien abgeschöpft werden, um Inflation zu vermeiden. In der Regel ist hierfür die Umsatzsteuer ein gut geeignetes Instrument, im Falle massiver Intervention durch das Kapital kann aber auch eine Steuer auf aufgelöste (und nicht wieder angelegte) Geldvermögen erwogen werden.

7. Bestehende Geldvermögen bleiben erhalten

Da das Bankenwesen seine Funktion unverändert wahrnimmt, wird bestehendes Vermögen durch diese Maßnahmen nicht vernichtet. Es wird lediglich der Möglichkeit beraubt, die Marktteilnehmer durch Hortung von Geld zu erpressen. Seine Funktion, leistungsfreie (Zins-) Einkommen hervorzubringen, wird dabei nur ganz allmählich und nur in dem (selbstverschuldeten) Maße vermindert, wie es durch fortgesetzte Hortung die Ausgabe unbelasteten Geldes provoziert, welches die Kreditspirale, also den fortgesetzten Zwang zur Neuverschuldung durchbricht.

8. Hohe Systemstabilität

Natürlich sitzen Menschen an den Hebeln. Natürlich wird es zu Begünstigungen und Korruption kommen - doch selbst wüsteste Bereicherung Einzelner kann den Regelkreis nicht erschüttern, solange er nicht wieder abgeschafft wird.

Bei Geldmangel wird einfach frisches Geld eingespeist, solange, bis die Indikatoren zeigen, dass der Geldmangel überwunden ist. Der Markt funktioniert. Alle Bedürfnisse werden befriedigt. Bei Liquiditätsüberschuss wird abgeschöpft, bis die Überhitzung des Marktes abklingt.

Die negativen Folgen der Eingriffe treffen ausschließlich diejenigen, die in erheblichem Maße Geldvermögen ansammeln, weil sie nach Überschreiten extrem hoher Freibeträge durch die Besteuerung von Vermögen und Transaktionen belastet werden und bei Rückführung ihres der Realwirtschaft einst entzogenen Vermögens durch steuerliche Abschöpfungsmaßnahmen mit zusätzlichen Verlusten rechnen müssen.

**Kapitel 15
Der Tilgungsirrtum**

Quer über alle ideologischen Grenzen hinweg sind sich Peer Steinbrück und Roland Koch in einem Punkte einig:

Die Neuverschuldung des Staates muss aufhören, bestehende Schulden müssen möglichst schnell abgebaut werden Dabei haben beide vollkommen recht, wenn sie auf die gigantische Höhe der Zinszahlungen hinweisen, die von Bund, Ländern und Gemeinden aufgebracht werden müssen. Sie haben vollkommen recht, wenn sie fordern, die Politik des Schuldenmachens müsse schleunigst beendet werden. Sie haben sogar dann vollkommen recht, wenn sie das drohende Gespenst des Staatsbankrotts an die Wand malen. Doch der Ausweg, den sie anbieten, führt nicht zur Erlösung, sondern nur in einen anderen Winkel der gleichen Hölle.

Es ist unter den Bedingungen unseres Geldsystems schlicht unmöglich, einmal entstandene Schulden wieder aus der Welt zu schaffen, ohne dabei die für Handel und Wandel unerlässliche Menge umlaufenden Geldes zu mindern. Dies klingt noch relativ harmlos. Die eigentliche Dimension des Problems wird aber offenbar, wenn man ernsthaft versucht, die folgende Frage zu beantworten:

*„Wie viel Geld bleibt übrig,
wenn alle Schulden getilgt sind?"*

Die Antwort ist verheerend und schwer zu glauben: Das vorhandene Geld reicht bei weitem nicht aus, auch nur die Hälfte der Schulden zu tilgen.

Wenn man, wie die meisten Politiker, ganz selbstverständlich davon ausgeht, dass es nach den Gesetzen der Logik immer genug Geld geben muss, um alle Schulden bezahlen zu können, weil das Geld, als es verliehen wurde, doch schließlich auch da war (!), dann scheint dieser Gedanke zunächst gar nicht so abwegig. Aber leider entpuppt er sich bei näherem Hinsehen als ein verhängnisvoller Irrtum.

Leicht nachvollziehbar, und in den vorangegangenen Kapiteln ausführlich behandelt, ist zunächst einmal die Überlegung, dass vieles, was wir als Geld bezeichnen oder sogar für Geld halten, in Wahrheit gar keines ist.

Aktien, zum Beispiel, sind kein Geld. Aktien sind Anteilsscheine an Unternehmen, aber kein Geld. Im Gegenteil, um Aktien zu erwerben, muss man Geld hingeben. Wer Aktien verkauft, erwartet dafür eine Bezahlung in Geld. Festverzinsliche Wertpapiere sind ebenfalls kein Geld. Es sind „normierte" Schuldscheine. Wer einen Pfandbrief besitzt, hat dafür Geld hergegeben und erwartet zur Fälligkeit die Rückzahlung von Geld.

Auch das Guthaben auf einem Sparbuch ist kein Geld. Das Geld im Sparschwein war Geld. Als es bei der Sparkasse eingezahlt wurde, verwandelte es sich in ein Guthaben und stellt nun lediglich noch einen Anspruch des Sparers auf Geld dar, den er unter Einhaltung der Kündigungsfristen geltend machen kann.

Also können wir rekapitulieren: Alle Formen der Geldanlage weisen auf ein Schuldverhältnis hin. Der Anleger ist der Gläubiger und in aller Regel ist eine Bank oder der Staat der Schuldner. Wer Geld verliehen hat, hat einen Anspruch auf Geld. Das Geld hat er nicht, auch wenn er noch so schöne Dokumente, Zertifikate und Sparbücher in der Hand hält. Das sind alles nur besondere Formen von Schuldscheinen. Der Einfachheit halber wird dieses in „Schuldscheinen" angesammelte Vermögen der Gläubiger als „Geldvermögen" bezeichnet. Geldvermögen ist also kein Geld, sondern der Anspruch des Gläubigers auf Geld. Dem Geldvermögen auf der einen Seite steht auf der anderen Seite zwangsläufig immer eine Schuld in gleicher Höhe gegenüber. Fatal ist nur, dass Schulden nicht mit Geldvermögen, sondern nur mit wirklich liquidem Geld getilgt werden können, das als Bargeld oder als Guthaben auf Girokonten vorhanden ist.

Im Wirtschaftsgebiet der Bundesrepublik Deutschland gibt es – die Werte verändern sich ständig – etwa 80 Milliarden Euro Bargeld in Form von Banknoten und Münzen und etwa 600 Milliarden Euro Guthaben auf Girokonten. Alleine die Schulden von Bund, Ländern und Gemeinden sind mehr als doppelt so hoch. Es ist also unmöglich, mit dem vorhandenen Geld auch nur die Schulden der Öffentlichen Haushalte zu tilgen.

Leider hält sich in manchen Köpfen immer noch die Auffassung, das vorhandene Geld ginge ja durch die Tilgung nicht verloren. Im Gegenteil, die Empfänger von Tilgungsleistungen müssten es ihrerseits nur wieder ausgeben, oder es verwenden um eigene Schulden zu tilgen und schon sei es möglich, mit einem einzigen Euro alle Schulden dieser Welt zu tilgen.

Dies ist ein hanebüchener Lug- und Trugschluss.

Es ist hanebüchen, zu behaupten, dass Gläubiger empfangene Tilgungsleistungen regelmäßig dazu nutzen, um damit offene Rechnungen zu bezahlen, oder eigene Schulden zu tilgen. Die meisten Gläubiger haben nämlich gar keine Schulden und suchen nur wieder nach einer neuen Anlagemöglichkeit, also nach einem neuen Schuldner.

Es ist überdies hanebüchen so zu tun, als würde das Giralgeld die Übertragung auf ein anderes Konto in allen Fällen unbeschadet überstehen. Immer dann, wenn eine Überweisung auf ein überzogenes, also im Soll befindliches Konto trifft, verschwindet Giralgeld vollständig und endgültig. Nur zur Erinnerung: Wenn der Arbeitgeber am Ende des Monats 2.000 Euro Geld auf das um 3.000 Euro überzogene Gehaltskonto eines Angestellten überweist, so löst sich dieses Geld im Augenblick der Buchung vollständig auf. Der Arbeitgeber hat das Geld nicht mehr auf dem Konto und beim Angestellten ist auch kein Geld auf dem Konto, lediglich seine Schulden haben sich um 2.000 Euro vermindert. Das ist aber nicht alleine auf das überzogene Girokonto beschränkt, sondern trifft immer zu, wenn Schulden aus einem ehemals geldschöpfenden Bankkredit getilgt werden.

Der Versuch, staatliche Ausgaben zu begrenzen und Staatsschulden durch Tilgung zu mindern, führt dazu, dass vorhandenes Geld aus dem Umlauf herausgenommen wird. Werden von Banken gewährte Kredite getilgt, ist das Geld damit definitiv vernichtet; werden von Nichtbanken gewährte Darlehen getilgt, landet das Geld auf den Konten der Gläubiger. Weil der Großteil dieser Kredite aber von Gläubigern stammt, die mehr Geld und Geldvermögen besitzen, als sie jemals für ihre Lebenshaltung aufzuwenden in der Lage wären, wird das zur Tilgung verwandte Geld in spekulative Anlagen umgeleitet, oder festgehalten, bis sich jemand findet, der es erneut gegen Zins ausleiht.

Geschieht Letzteres, ist es in der gesamtwirtschaftlichen Betrachtung völlig gleichgültig, dass sich der Staat zuvor entlastet hat. Die Gesamtverschuldung und damit die Gesamtzinsbelastung ist, sobald das Geld als neuer Kredit wieder im Umlauf ist, nicht geringer geworden, in aller Regel hat sich die Lage sogar verschärft, weil mit Privatpersonen und Wirtschaftsunternehmen höhere Zinssätze vereinbart werden können, als mit dem guten Schuldner Staat.

Nur wenn das zur Tilgung verwendete Geld nicht erneut verliehen wird, sinken die Schulden und damit die gesamtwirtschaftliche Zinslast. Weil das verfügbare Geld (M1) aber nicht ausreicht, alle Schulden zu tilgen, werden sie zwangsläufig, auch ohne jegliche Neuverschuldung, alleine durch Zins und Zinseszins, in absehbarer Zeit den alten Stand erreichen und ungebremst weiter wachsen.

Was also kann Tilgung tatsächlich bewirken?

Wer forciert in die Tilgung geht und der Neuverschuldung den Kampf ansagt, der mindert die umlaufende Geldmenge und läutet damit deflationäre Tendenzen ein. Dass wir dies in Deutschland bereits erleben, ist nicht zu leugnen.

Wenn Wirtschaft und Handel nicht vollkommen zum Erliegen kommen sollen, muss stets mindestens soviel Neuverschuldung eingegangen werden, wie erforderlich ist, um die Ansprüche der Gläubiger an Zins- und Tilgungslasten zu befriedigen. Wobei automatisch so viel Wachstum erzwungen wird, wie nötig ist, um die Zinseszinslawine am Leben zu erhalten.

Das für die Realwirtschaft – und zur Realwirtschaft gehört auch die Erfüllung der Staatsaufgaben – erforderliche Geld kann durch Tilgung nicht beschafft werden. Es klingt trivial, doch viele Politiker scheinen seltsame Vorstellung von der Entstehung des Geldes zu haben. Sie machen glauben, durch Ausgabenbeschränkung, durch Geldanlage, durch Arbeit, noch mehr durch unbezahlte Mehrarbeit könne Geld geschaffen werden. Das ist schlicht falsch!

Ausgabenbeschränkung schafft kein Geld! Ausgabenbeschränkung führt dazu, dass weniger Geld benötigt wird, aber wer kein Geld hat und davon nichts ausgibt, wird auch weiterhin kein Geld haben.

Geldanlage schafft kein Geld! Wer Geld anlegt, bekommt dafür in aller Regel Zinsen. Aber Zinsen sind Geld, das, bevor es dem Gläubiger gutgeschrieben werden kann, irgendwo anders entstanden sein muss. Wäre es anders, bräuchte man ja wirklich nur je einen männlichen und einen weiblichen Hundert-Euro-Scheine in den Safe legen und warten, bis sich auf wundersame Weise der Nachwuchs einstellt.

Arbeit schafft kein Geld! Durch Arbeit entstehen Produkte und Leistungen, durch Arbeit werden Bodenschätze gehoben und Ernten eingebracht, aber es entsteht dabei kein Geld.

Auch unbezahlte Mehrarbeit schafft kein Geld! Durch unbezahlte Mehrarbeit entstehen ebenfalls nur Produkte und Leistungen, aber kein Geld.

Selbst Bundesbank und EZB schaffen kein Geld. Zur Geldschöpfung der Zentralbanken sind viele abenteuerliche Annahmen im Umlauf. Die Wahrheit ist bestürzend und ernüchternd. Die Zentralbanken lassen zwar die Banknoten drucken, aber was da entsteht und im Keller der Zentralbank liegt, ist nichts als bedrucktes Papier. Dass die Zentralbank, als die Bank der Geschäftsbanken, auch selbst Kredite an Banken vergibt und damit ebenfalls „Kreditgeld" erzeugt, dass sie Fremdwährung zu den Reserven nimmt und dafür selbst wiederum die entsprechende Menge eigener Währung in Umlauf bringt, sind nur Details im Prozess der Geldschöpfung und ändern nichts am Prinzip. Mehr als bedrucktes Papier können die Zentralbanken nicht herstellen. Erst wenn jemand kommt, und sich die Scheine leiht, kommen sie ans Licht und sind damit zu Geld geworden.

...und mit der Senkung oder Erhöhung von Leitzinsen alleine ist auch noch kein Geld geschaffen.

Geld wird in unserem System grundsätzlich dadurch geschaffen, dass jemand bei einer Geschäftsbank einen Kredit aufnimmt und sich verschuldet...

Der Schuldner, der das Geld weitergegeben hat, muss zusehen, dass er irgendwie wieder zu Geld kommt, um den Kredit pünktlich bedienen zu können. Er muss also arbeiten, produzieren, dienstleisten, um das ausgegebene Geld zurück zu erhalten. Das ist das Ideal der geldgestützten Tauschwirtschaft. Die Sache hat nur einen Haken: Es gibt nämlich niemals genügend Geld, um die Schulden zurückzahlen zu können. Das erklärt sich schon alleine daraus, dass auf jede Schuld Zinsen fällig werden. Das Geld, das zur Bezahlung der Zinsen benötigt wird, wird aber bei der Kreditgewährung nicht mit hergestellt.

So kann es nicht ausbleiben, dass alleine zur Tilgung der Zinsschulden regelmäßig neue Kredite ausgereicht und neue Schuldverhältnisse eingegangen werden müssen. Die Gesamtverschuldung von Staat, Wirtschaft und privaten Haushalten muss stetig wachsen. Wer versucht, gegen diesen Prozess mit forcierter Tilgung anzugehen, betreibt letztlich nichts als Geldvernichtung und stranguliert die Volkswirtschaft.

Das ist das Grundprinzip des Geldsystems im Kapitalismus.

Kapitel 16
Wachstum ist auch keine Lösung

Viele Experten sind der Überzeugung, alleine durch Förderung des Marktes und innerhalb des Marktes durch Förderung der Anbieterseite (also der Unternehmer und des Kapitals) sei es möglich, jene Antriebskräfte frei zu setzen, die zu beschleunigtem Wachstum führen, was dann schnell und zuverlässig dazu beiträgt, die Kassen des Staates und der Bürger zu füllen. Ihrer Meinung nach wird sich Geldvermögen immer dann den Investitionen in Produktionskapazitäten zuwenden, wenn dort ausreichende Renditen zu erwarten sind. Niedrige Löhne und niedrige Nebenkosten, niedrige Steuern und reichliche Fördermittel, seien die notwendigen Vorbedingungen dafür, dass sich das Kapital in Bewegung setzt und die Wirtschaft belebt.

Es muss daher an dieser Stelle der Frage nachgegangen werden, ob - und falls ja, wie - es gelingen kann, einmal gehortetes, zu zinsforderndem Geldvermögen geronnenes Geld, wieder in den Kreislauf der Realwirtschaft einzuspeisen. Glaubt man den eingangs erwähnten „Experten", dann ist das überhaupt kein Problem. Sobald ein lohnendes Investment möglich erscheint, wird sich das Kapital diesem lohnenden Investment zuwenden, das erforderliche Geld investieren, das ja - bei gleicher Sicherheit - immer nach der Anlage mit der höchsten Verzinsung strebt - und schon ist das Kapital wieder wohltätig tätig.

Nun ja, der konservative Nationalökonom beherrscht die Formeln der marktwirtschaftlichen Gleichgewichtsfunktionen aus dem Effeff und leitet daraus - selbst noch im Halbschlaf - den theoretisch möglichen Entwicklungsspielraum der Markt-, Volks- und Weltwirtschaft nach Belieben ab. Kein Wunder, dass er stets zu einem guten Ende kommt und beim Ausgleich von Angebot und Nachfrage, bei Vollbeschäftigung, stetigem Wachstum, stabilen Preisen und anderen Fiktionen landet. Für die Realität ist in den Lehrsätzen der marktwirtschaftlichen Gleichgewichtsfunktionen kein Platz.

Soviel der Vorrede, auf die gelegentlich noch zurückzukommen sein wird. Was geschieht, wenn es tatsächlich gelingt, die Hinwendung des Kapitals zur rentabelsten Anlage zu bewerkstelligen, soll ein kleines Beispiel verdeutlichen:

Herr Reich hat es geschafft, ein stattliches Vermögen anzuhäufen. Neben Haus- und Grundbesitz und allerlei Unternehmensbeteiligungen hat er im Laufe weniger Jahre eine Milliarde Euro zu seiner Bank getragen, um sie sicher und verzinslich anzulegen. Die Bank war ihm behilflich, hat seine Einlage angenommen und versprochen, sein Geld, solange es für mindestens ein Jahr festgelegt ist, mit vollen fünf Prozent, also 50 Millionen Euro jährlich zu verzinsen.

Diese 50 Millionen sind Herrn Reich (ziemlich) sicher.

Wir wissen, dass es der Bank gelingen kann, auf Basis dieser Einlage ein Vielfaches an Krediten auszureichen und damit letztlich Geld zu schöpfen. Weil wir dieses Beispiel aber nicht überstrapazieren wollen, weil auch hier nicht der richtige Ort ist, um den immer wieder aufkommenden Zweifel an der Geldschöpfungskraft der Banken wiederum zu widerlegen, wollen wir davon ausgehen, dass die Bank auf Basis der ihr überlassenen Milliarde Euro nur einen einzigen Kredit in Höhe von 900 Millionen Euro zur Finanzierung einer Spezialchip-Fabrik ausgereicht hat.

Werden diese 900 Millionen zu acht Prozent verzinst, bringt das jährliche Zinserträge von 72 Millionen, davon erhält Herr Reich 50 Millionen, 22 Millionen bleiben der Bank, die damit ihre Kosten deckt, und, was übrig bleibt, als Gewinn ausschüttet.

Lässt man alle bis dahin entstandenen, einzelvertraglichen Beziehungen weg und entfernt damit vor allem auch den Geldvermittler „Bank" aus der Betrachtung, ergibt sich die Erkenntnis, dass Herr Reich de facto 900 Millionen Euro in den Bau der Spezialchip-Fabrik investiert hat.

Präzisiert man die Aussage, dann heißt die Erkenntnis:

Auf Basis der Einlage des Herrn Reich konnte ein Kredit über 900 Millionen Euro ausgereicht werden. Mit Hilfe dieses Kredits wurde eine Spezialchip-Fabrik errichtet.

So weit, so gut. Nun kommen aber unsere Volkswirte, vor allem die volkswirtschaftlichen Berater des Wirtschaftsministeriums daher, und fordern Herrn Reich auf, sein Geld nicht faul und träge bei der Bank liegen zu lassen, sondern stattdessen lieber selbst zu investieren. Schließlich braucht das Land Investoren, die investieren, weil Investitionen Arbeitsplätze schaffen.

„Wir haben die politischen Voraussetzungen geschaffen, die Löhne, die Lohnnebenkosten und die Unternehmenssteuern gesenkt - jetzt sind die Investoren dran."

Das war zur Weiberfastnacht 2005 fast wörtlich so von Herrn Clement, der zu diesem Zeitpunkt Wirtschafts- und Arbeitsminister in Deutschland war, zu hören.

Unser Herr Reich will nun nicht länger untätig beiseite stehen. Er will investieren, Arbeitsplätze schaffen und den Aufschwung anschieben. Er beschließt, eine Spezialchip-Fabrik zu errichten. Dafür braucht er Geld. Also kündigt er seine Einlage bei der Bank und verlangt, ihm die Milliarde nach Ablauf der einjährigen Festschreibungsfrist auf seinem Girokonto zur freien Verfügung gutzuschreiben.

Die Bank macht - notgedrungen - gegenüber dem Betreiber der von ihr finanzierten Spezialchip-Fabrik von ihrem irgendwo im Kleingedruckten vorsorglich verankerten Recht Gebrauch, den Kredit mit einer Frist von 12 Monaten zu kündigen. Der Spezialchipfabrikant sieht sich in allergrößter Not. In einem beispiellosen Crash-Programm trennt er sich einerseits von der Hälfte der 1.000 Mitarbeiter, fordert von den restlichen 500 die Verlängerung der Arbeitszeit um 40 Prozent ohne Lohnausgleich und lässt die Bänder um 50 Prozent schneller laufen. Mit einer Kapazitätsauslastung von 150 Prozent kann er kleinere Wettbewerber mit Dumping-Preisen vom Markt verdrängen. Indem er außerdem seine Vorlieferanten monatelang auf ihr Geld warten lässt, schafft er es tatsächlich, zum Termin die 900 Millionen zusammenzukratzen, die die Bank fordert.

Auf Herrn Reichs Pläne hat das einigen Einfluss. Er und seine betriebswirtschaftlichen Berater erkennen, wie rationell sich Spezialchip-Fabriken betreiben lassen, wenn man nur will. Auch seine Fabrik wird mit nur 500 Mitarbeitern auskommen und die gleiche Menge an Chips auf den Markt werfen, wie die bestehende. Statt der ursprünglich vorhandenen einen (1) Spezialchip-Fabrik mit einer Kapazität von 100 % stehen nun zwei (2) Spezialchip-Fabriken mit jeweils 150 % Kapazität in einem ruinösen Verdrängungswettbewerb.

Das Ende ist abzusehen. Die Fabrik des Herrn Reich bleibt übrig (schließlich hat er die niedrigeren Kapitalkosten) und deckt mit der verfügbaren Kapazität den Bedarf des Weltmarktes vollständig ab. Zum Lohn für sein Engagement kann Herr Reich die Preise für die Spezialchips bald wieder auf das vorherige Niveau anheben. Statt bisher 50 Millionen „gewinnt" er nun rund 150 Millionen Euro pro Jahr.

Wie auch immer die Zahlen im Beispiel aussehen mögen, es lassen sich daraus zwei wichtige Erkenntnisse ableiten:

1. Geldvermögen ist kein Geld

Um aus Geldvermögen wieder Geld zu machen, bedarf es mehr, als nur eines einfachen Buchungsvorganges. Es muss eine entsprechende Menge Geldes aus dem „allgemeinen Umlauf" genommen werden, um es dem „speziellen Konto" gutschreiben zu können. Man kann es auch anders sagen: Die auf Basis einer Einlage gewährten Kredite müssen zurückgefordert werden, wenn die Einlage zurückgefordert wird. In der Realität kann dies durchaus auch eine Kreditsumme sein, welche die Einlage weit übersteigt.

2. Investitionen in gesättigte Märkte sind destruktiv

Investitionen in gesättigte Märkte verdrängen mindestens in dem Maße Arbeitsplätze, wie sie welche schaffen, verhalten sich also bestenfalls beschäftigungsneutral. Es muss aber unter realistischen Bedingungen davon ausgegangen werden, dass der durch die Investition in einen gesättigten Markt ausgelöste Verdrängungswettbewerb per Saldo stets Arbeitsplätze kostet.

Geldvermögen ist kein Geld

Befassen wir uns zunächst noch kurz mit der hier beschriebenen, bisher kaum beachteten Eigenschaft des Geldes, die darin besteht, dass „Geldvermögen" nur in dem Maße in Geld getauscht werden kann, wie es gelingt, vorhandenes Geld aus dem Umlauf zu ziehen. Erstaunlicherweise verhält sich Geld hier nämlich exakt so, als hätte es materiellen Charakter. Das Bild vom Koffer voller Scheine, der vom Einleger in die Bank geschafft wird, die wiederum ihrerseits die Scheine herausnimmt und sie weiter verleiht und sie zurückholen muss, um sie dem Einleger wieder geben zu können, wenn der sie verlangt, drängt sich geradezu auf und scheint im Widerspruch zu der tatsächlichen Beschaffenheit des Geldes zu bestehen, das, wie wir ja wissen, eigentlich nichts anderes ist, als Information. Doch auch für reine Information gelten Regeln. Grundregel bei der Information „Geld" ist es, dass Geld nur dann entsteht, wenn ein so genanntes „Guthaben-Schulden-Paar" geschaffen wird und, dass Geld in dem Maße aufhört zu existieren, wie Guthaben-Schulden-Paare aufhören zu existieren.

Ein Einleger, der 100 Euro von seinem Girokonto auf ein Sparkonto bei der A-Bank überweist, schafft ein Guthaben-

Schulden-Paar, bei dem die A-Bank der Schuldner, der Einleger der Gläubiger ist. Vergibt die A-Bank auf Basis dieser Einlage einen Kredit, schafft sie zwei (!) weitere Guthaben-Schulden-Paare, die sich in sich ausgleichen. Einmal entsteht der Kreditvertrag, bei dem die A-Bank Gläubigerin, der Kreditnehmer Schuldner ist und außerdem bucht sie dem Girokonto des Kreditnehmers die ausgeliehenen 100 Euro als Guthaben zu, während sie sich verpflichtet, ihm diese 100 Euro zur Verfügung zu stellen, wenn er sie braucht.

Verfügt der Kreditnehmer über die 100 Euro auf seinem Girokonto, z.b. dadurch, dass er den Betrag auf das Konto seines Zahnarztes bei der Apotheker- und Ärztebank überweist, und entlässt damit die Information „Geld" aus der ursprünglichen Kreditbeziehung, bleiben bei der A-Bank die Verbindlichkeit gegenüber dem Einleger und die gleich hohe Forderung gegen ihren Kreditnehmer zurück. Die Information „Geld" ist jedoch vom Girokonto des Kreditnehmers auf das Girokonto des Zahnarztes gewechselt, auf das die A-Bank keinen Zugriff hat.

Will die A-Bank die Information „Geld" wieder dem ursprünglichen Einleger zurückgeben, muss sie ihren Kreditnehmer dazu veranlassen, die 100 Euro zurückzuzahlen. Nur wenn das „freie Geld" wieder „eingefangen" werden kann, kann das Guthaben-Schulden-Paar aus dem Kredit aufgelöst werden und im nächsten Schritt das Guthaben-Schulden-Paar aus der Einlage eliminiert werden, indem dem Einleger das „freie Geld" auf sein Girokonto gebucht wird, wo es ganz zu Anfang ja auch war. Es ist also vollkommen unmöglich, Geldvermögen zu investieren, ohne in mindestens gleicher Höhe „Geld" aus dem Umlauf zu nehmen. Weil Geldvermögen aber als Basis für die Geldschöpfung der Banken dient und es ermöglicht, ein Vielfaches des eingelegten Geldes über neue Kredite auszureichen, sind die Folgen der Auflösung von Geldvermögen in aller Regel weit umfangreicher und verheerender, als hier angedeutet.

Es zeigt sich, dass unser kapitalistisches Wirtschafts- und Geldsystem ein ganz eklatantes, letztlich unlösbares Problem damit hat, einmal angehäuftes Geldvermögen wieder in Geld umzuwandeln, weil es dazu nämlich zunächst bereits umlaufendes Geld wieder einziehen muss. Weil die Menge des umlaufenden Geldes (Bargeld und täglich fällige Einlagen) im Vergleich zum aufgehäuften Geldvermögen aber geradezu verschwindend gering ist, kann zusätzliche, neue Investitionstätigkeit (im volkswirtschaftlichen Maßstab), ausschließlich über neue und zusätzliche Kreditgewährung in Gang gebracht werden. Politiker, Wirtschaftsweise und Unternehmervertreter, die das Gegenteil behaupten und noch dazu erklären, das von ihnen angestrebte Wachstum, mit dessen Hilfe neue Arbeitsplätze entstehen, könne durch die Rückführung der Verschuldung erreicht werden, haben entweder keine Ahnung oder sie machen sich die Naivität und Unwissenheit der Bevölkerung bewusst zunutze, um ganz andere Ziele zu erreichen.

Investitionen in gesättigte Märkte sind destruktiv

Befassen wir uns nun mit dem Phänomen der Investitionen in gesättigte Märkte. Wo ein (1) Bäcker den Bedarf von 500 Familien deckt, kann ein zweiter dauerhaft nicht existieren. Wo eine Spezialchip-Fabrik den weltweiten Bedarf deckt, wird eine zweite, gleichartige Fabrik zumindest zum drastischen Rückgang der Erträge, in aller Regel aber zum Untergang eines der beiden Konkurrenten führen.

Das ist verständlich. Doch ist das die Situation, vor der wir in Deutschland stehen? Wo sind denn hier die Märkte gesättigt? Besteht nicht ganz erheblicher Investitionsbedarf bei nahezu allen öffentlichen Einrichtungen? Hören wir nicht laute Klagen über den Zustand von Straßen und Kanalisation, über den unzureichenden Ausbau der öffentlichen Verkehrsmittel, die Ausstattung von Schulen und Hochschulen? Bräuchten wir nicht inzwischen schon wieder mehr Krankenhausbetten, mehr Notarztwagen? Haben in Deutschland überhaupt alle Menschen ein Dach über dem Kopf, und haben die, die eines haben, auch genug Platz, haben sie die nötigen Möbel oder wenigstens ordentliche Schuhe für den Winter? Warnt nicht auch der TÜV vor dem katastrophalen Zustand einer immer weiter wachsenden Zahl immer älterer Autos in nicht mehr verkehrstüchtigem Zustand?

Wo also ist der Markt gesättigt?

Da herrscht ein Irrtum! In unserem Wirtschafts- und Geldsystem ist Marktsättigung nicht etwa erst dann erreicht, wenn der Bedarf gedeckt ist. Marktsättigung ist lange vorher erreicht, nämlich dann, wenn kein Geld mehr da ist.

Dies ist exakt der Punkt, an dem auf die Gleichgewichtstheoretiker unter den Volkswirtschaftlern zurückzukommen ist. In ihren Theorien wird jeder Bedarf gedeckt. Da sinken und steigen die Löhne und die Preise um die Wette, da werden hier Produktionen aufgegeben, dort neue angefangen, damit am Ende Angebot und Nachfrage bestmöglich ausgeglichen sind und über den Zins setzen sich die Prioritäten ganz von alleine.

Als ginge es um Bedarfsdeckung!

Wenn Unternehmern aller Branchen heute darauf abzielen, eine Umsatzrendite oberhalb von 10 Prozent zu erwirtschaften und das auch schaffen, wenn die Deutsche Bank eine Kapitalrendite von 25 Prozent anstrebt, dann kann es auf dem Markt doch überhaupt kein Gleichgewicht mehr geben. Diese Renditen gehen doch nicht zurück in den Konsum, diese ausgeschütteten Riesengewinne stehen der Realwirtschaft doch nicht mehr zur Verfügung. Dieses Geld wird doch dem Kreislauf entzogen, als Geldvermögen und als Spekulationskapital benutzt.

Die logische Konsequenz: Wer Produkte für 100 Milliarden Euro absetzt, und von diesem Umsatz 10 Milliarden Gewinn behält, der wird irgendwann feststellen müssen, dass er zuwenig Löhne gezahlt und zu wenig Steuern und zu wenig Sozialversicherungsbeiträge abgeführt hat, um im Binnenmarkt noch Abnehmer für seine Produktion zu finden. Das für den Absatz der Waren benötigte Geld ist weg. Der Unternehmer und sein Finanzier können es gar nicht mehr verdienen. Sie haben es doch schon!

Damit ist der Markt gesättigt und das System kippt um.

Ein Narr, wer nun glaubt, in forcierter Sparsamkeit, in Massenentlassungen und Lohnsenkungen, in Hartz-Reformen und Steuersenkungen sei der Ausweg gefunden. Ein Tor, wer glaubt, es müssten nur die Kosten sinken, damit sich Investitionen wieder lohnen. Mit jeder Kostensenkung steigen zwangsläufig die Gewinne. Das ist schon wahr, und das wäre auch ein Investitionsanreiz, doch mit jeder Kostensenkung erhöht sich auf der anderen Seite auch der „Sättigungsgrad" des Marktes. Wer weniger oder nichts mehr verdient (und auch keinen Kredit mehr bekommt) fällt als Nachfrager aus. Es gibt, entgegen aller gleichgewichtstheoretischen Phantasien keinen Grund, die Preise so weit zu senken, dass das Sinken der Löhne dadurch nicht nur ausgeglichen, sondern sogar überkompensiert würde. Nur dann aber könnte zusätzliche Beschäftigung entstehen.

Nur im Verzicht auf Gewinne liegt die Chance für neue Arbeitsplätze.

Doch da führt kein Weg hin. Bald sind die Märkte - mangels Kaufkraft - so gesättigt, dass selbst der Altbestand der Produktionseinrichtungen nicht mehr rentierlich arbeiten kann. Es kommt zu massenhaften Insolvenzen, freiwilligen Stilllegungen. Wer sollte warum und zu welchem Zweck noch investieren?

Ach ja, der Export. Wenn eine Volkswirtschaft, in deren Binnenmarkt kein Geld mehr da ist, um die eigene Produktion vollständig verkaufen zu können, ihren „vermeintlichen" Überschuss exportiert, dann kommt davon nichts in Gleichgewicht. Im Gegenteil. Um den „vermeintlichen" Überschuss auf fremden Märkten absetzen zu können, müssen die Preise bei vergleichbarer Qualität unter dem dortigen Preisniveau liegen.

Deutschland ist ein Hochpreisland. Export erfordert praktisch immer, draußen billiger anzubieten, als im Inland. Wenn man trotzdem Gewinne machen will, müssen die Kosten noch weiter gesenkt werden. Das schafft man nur, wenn der Standort insgesamt kostengünstiger wird. Ein Staat, der seine Aufgaben zurücknimmt, bis er nichts mehr kostet, Sozialsysteme, die immer geringere Leistungen erbringen, das sind, neben Lohnverzicht und unbezahlter

Mehrarbeit, wichtige Faktoren, die den Exporteuren helfen, im Export Gewinne zu erwirtschaften.

Der „Überschuss" an Produkten ist damit vom Tisch. Aber der erwirtschaftete Gewinn kommt im Binnenmarkt nicht an. Wie sollte er auch? Nur ganz geringe Teile der Gewinne verwandeln sich in Binnennachfrage. Der weitaus überwiegende Teil gerät in den Hort des Geldvermögens.

Dieses System funktioniert übrigens auch dann noch als profitable Quelle sprudelnder Gewinne, wenn im Binnenmarkt nur noch Sklaven beschäftigt werden, wenn keinerlei Löhne mehr gezahlt werden und sich die staatliche Ordnung vollends aufgelöst hat. Einzige Voraussetzung: Es findet sich irgendwo auf der Welt ein noch nicht gesättigter Markt. Freie Kaufkraft. Geld.

Dieses System dient nicht den Menschen, sondern dem Geld. Es braucht den Menschen nur als Mittel der Gewinnerzielung, als niedrig entlohnte Arbeiter und teuer bezahlende Konsumenten. Dieses System ist nicht darauf ausgelegt, den menschlichen Bedarf bestmöglich zu decken, sondern darauf, den Zustand der Marktsättigung schnellstmöglich zu erreichen. Bei vollständiger Marktsättigung, wenn also in der Realwirtschaft überhaupt kein Geld mehr in Umlauf ist, erübrigt sich der lästige Aufwand der Produktion für Konsumenten. Was zu holen war, ist geholt. Die Welt gehört dann wenigen Milliardären. Die halten sich ein kleines Sklavenheer. Der Rest sitzt bis zum Verhungern im Schuldturm, denn frisches Geld wird einfach nicht mehr hergestellt.

Wir sind von diesem Zustand nur noch wenige Schritte entfernt. Wir müssen deshalb dafür sorgen, dass wir als Bürger eine Mehrheit der Demokraten organisieren, die zuerst den Staat für sich zurückerobert und dann, mit einem starken Staat, die Hoheit über das Geld gewinnt. Über ein neues, anderes Geld, das so beschaffen ist, dass Marktsättigung erst dann erreicht ist, wenn der Bedarf gedeckt ist.

Kapitel 17
Geld kann man nicht essen.

Das sollte jeder bedenken, der glaubt, seine Zukunft durch Geldanlage sichern zu können. Ganz aktuell wird mit den Problemen der gesetzlichen Rentenversicherung argumentiert, um in einer ebenso scheinheiligen wie aufgeregten Debatte, der Privatvorsorge das Wort zu reden.

Die kollektiven Systeme, die sich die Bürger dieses Staates in großer Weisheit als umlagefinanzierten Generationenvertrag gestaltet haben, sollen fallen, weil es den internationalen Konzernen nicht gefällt, dass hier - Monat für Monat - große Beträge Gegenwartsgeld *zinsfrei* zwischen den Generationen transferiert werden. Geld, das unter der Überschrift „Lohnnebenkosten" völlig skrupellos nur noch als betriebswirtschaftliche Manövriermasse betrachtet wird, obwohl es eigentlich ein gesetzlich geregelter Bestandteil der Löhne und ein wichtiges Konstruktionselement des sozialen Friedens der Republik ist.

Diesem betriebswirtschaftlichen Kalkül, das tief in die Meinungsbildung der Sozialpolitiker eingedrungen ist, muss die Erkenntnis entgegengestellt werden, dass alle auf die Jahre 2030 und 2050 projizierten Verteilungsrechnungen, die sich im Kern nur um den Nachweis der Verfügbarkeit von Geld bemühen, nichts als Makulatur sind.

Bitte sehr: Wer heute beginnt, Geld zu sammeln, wird 2050 Geld haben. Ob er aber etwas zu essen haben wird, hängt davon ab, wie das Nahrungsmittelangebot in 2050 aussieht und das hat sehr wenig mit angesparten Rentenguthaben zu tun, es hängt fast ausschließlich von der Produktivität der dann erwerbstätigen Bevölkerung ab. Jedenfalls so lange, wie die in der Volkswirtschaft erwirtschaftete Leistung auch den Menschen zu Gute kommen darf, die sie erbracht haben und nicht hemmungslos zu Gunsten der Profite so genannter Global Player auf den Weltmärkten verramscht werden darf. Doch die politische Argumentation ignoriert das vollständig. Das umlagefinanzierte Rentensystem sei am Ende, heißt es da. Eine stetig sinkende Zahl von Beitragszahlern und eine stetig wachsende Zahl von Rentenbeziehern würden den Rahmen des bejahrten Systems sozialer Alterssicherung sprengen - so die gängige Argumentation von Wirtschaft, Politik und gemäßigten Gewerkschaften.

Ein System privater Vorsorge hingegen, so wird suggeriert, könne von diesen Problemen überhaupt nicht tangiert werden, weshalb jetzt der Wechsel zur privaten, kapitalgedeckten Altersvorsorge so dringend angeraten sei, dass die Riester Rente, würde sie denn nicht freiwillig angenommen, sogar als privatwirtschaftlich organisierte Pflichtversicherung gesetzlich vorgeschrieben werden müsste.

Das klingt alles gut und schön, aber hält es auch einer kritischen Betrachtung stand, wenn die Überlegung nicht ausschließlich ***vom Geld her*** aufgezogen wird? Eine realistische Betrachtung muss damit beginnen, dass man sich darauf besinnt, was Rentner eigentlich brauchen. Rentner leben nämlich nicht von dem Geld, das ihnen die Rentenkasse überweist. Sie leben von den Dingen, die sie davon kaufen können und das ist keine Haarspalterei sondern lediglich die Entzauberung des Geldes: Nichtgebackenes Brot kann mit noch so viel Geld nicht gekauft werden.

Wer heute Geld spart und verzinslich anlegt und davon in zwanzig Jahren als Rentner leben will, muss also in erster Linie darauf vertrauen, dass die nachfolgende Generation soviel Nahrung, Kleidung, Medizin, Wohnraum usw. erzeugt, dass für die gesamte Bevölkerung einschließlich der Kinder und Rentner genug da ist. Wenn also im Jahr 2050 die Zahl der Rentner tatsächlich gleich hoch sein sollte, wie die Zahl der Berufstätigen, dann werden die Berufstätigen in Summe so viel erzeugen müssen, dass es für alle Menschen im Lande reicht. Von den Kindern über nicht berufstätige Frauen, Kranke, Soldaten, Anlageberater und sonstige nicht produktiv Beschäftigte bis hin zum letzten Rentner.

Wer aber darauf vertraut, dass der produktive Teil der Bevölkerung die dafür erforderliche Leistung erbringen wird, der kann ebenso gut den Regelungen des Generationenvertrages und der umlagefinanzierten Rente vertrauen.

Sollten es die produktiv Berufstätigen des Jahres 2050 jedoch nicht schaffen, die Güter für die Versorgung der gesamten Bevölkerung zu erwirtschaften dann wird es Mangelerscheinungen, Hunger und Armut geben. Diese Mangelerscheinungen treten völlig unabhängig von der Höhe des von den Rentnern angesparten Kapitals auf. Das angesammelte Kapital, das nachfragewirksam auf ein unzureichendes Angebot trifft, wird allerdings zwei höchst unerfreuliche Folgen haben: Einerseits wird es zur Inflation führen, also alles Geld soweit entwerten, bis sich das Güter- und das Geldangebot annähernd ausgleicht, und andererseits wird der Überschuss angesammelten Kapitals den Rentnern einen feststehenden Anteil an der Gesamtleistung garantieren, der wiederum ohne staatliche Eingriffe nicht korrigiert werden kann. Im schlimmsten Falle könnte eine kapitalgedeckte Rente dazu führen, dass die aktive Generation nichts, die Rentnergeneration alles für sich beanspruchen kann. Der Mangel an aktueller Leistung kann durch - in der Vergangenheit angesammeltes - Geld nicht ausgeglichen werden, allerdings kann Geld aus der Vergangenheit die Verteilung beeinflussen, was nicht zwangsläufig zu einer gerechteren Verteilung führen wird. Im Gegenteil!

Doch diese finstere Prognose hat keinerlei reale Begründung. Kein bekanntes Faktum spricht dagegen, dass es die produktiv Berufstätigen schaffen werden, die zur Deckung des Gesamtbedarfes der Bevölkerung erforderlichen Güter und Leistungen herzustellen. Es wird also möglich sein, dass - ganz unabhängig vom Geld - jeder Berufstätige einen Rentner ernähren kann. Wenn das also funktionieren wird, warum soll dann ein umlagefinanziertes Rentensystem nicht auch funktionieren?

Das umlagefinanzierte System ist sogar weit besser geeignet als ein kapitalgedecktes System, die Lasten zwischen den Generationen auszutarieren, weil es die Chance bietet, den Schlüssel für die Verteilung der Wirtschaftsleistung zwischen den Generationen zeitnah und den Erfordernissen entsprechend anzupassen. Gegen zu viel konkurrierende Kaufkraft einer zu reichen Altengeneration mit kapitalgedeckter Rente hilft hingegen (siehe oben) nur die Inflation, die aber alles Geld gleichermaßen trifft.

Wenn wir nun aber schon erkennen, dass die Versorgung der Rentner in jeder beliebigen Zukunft ausschließlich von der Leistungsfähigkeit der Volkswirtschaft abhängt und dass auch Rentner Geld nicht essen können, dann stellt sich die Frage, ob es wirklich Sinn macht, heute damit zu beginnen, die Umlagefinanzierung zu verlassen und mit massiver Förderung und möglicherweise sogar noch mit staatlichem Zwang in die Kapitaldeckung einzusteigen?

Die Sache hat scheinbar für die gesamte Wirtschaft den Vorteil, dass sich die Arbeitgeber aus der hälftigen Finanzierung der Rentenbeiträge verabschieden und so mit niedrigeren Lohnnebenkosten konkurrenzfähiger werden. Dies ist jedoch nur ein Taschenspielertrick. Dadurch, dass die Arbeitgeber weniger zahlen, haben ja die Beschäftigten noch nicht mehr in der Tasche. Die private Vorsorge, das Ansparen eines Kapitalstockes geht voll zu Lasten des verfügbaren Einkommens und führt entweder zu einer Umschichtung von Sparleistungen - aus „irgendwelchen" Anlagen in die geförderten Renten-Anlagen - oder, und das wird in der Mehrzahl der Fälle zutreffen, zu einem Verlust an Gegenwarts-Kaufkraft.

Die kapitalgedeckte Rente verschlechtert also zwangsläufig die Binnenkonjunktur und selbst wenn die Tarifpartner dies durch höhere Löhne ausgleichen wollten, wäre das kaum möglich, denn der Kapitalstock löst nicht nur kein Problem, er schafft ein zusätzliches:

Für höhere Löhne ist nämlich kein Geld da. Das Geld, das bisher über die Umlage aus den Einkommen der Berufstätigen direkt in die Taschen der Rentner und von dort in hohem Maße direkt in den Konsum, also wieder zurück in die Wirtschaft geflossen ist, ist mit dem Ansparen eines Kapitalstocks erst einmal aus dem Wirtschaftskreislauf verschwunden, zu Geldvermögen geronnen. Wer es reaktivieren will, muss es sich leihen, von den Banken und Versicherungen, welche die Beiträge eingesammelt haben und nun Kredite ausreichen müssen, um auf die Einlagen der Rentensparer überhaupt die versprochenen Zinsen zahlen zu können.

Die Geldversorgung der Wirtschaft wird also durch eine kapitalgedeckte Rente um Zinskosten verteuert, die es bei der Umlagefinanzierung nicht gibt. Dabei entstehen sehr schnell ganz erhebliche Aufwände.

Außerdem, und das ist vielleicht noch wichtiger, muss die Wirtschaft damit rechnen, dass jeder Prozentpunkt „Riester-Rente", der gegenüber dem gleichen Aufwand in der umlagefinanzierten Rente eine Kostenersparnis von vielleicht 4 Milliarden Euro jährlich ermöglicht, einen deutlich höheren Kaufkraftausfall im Binnenmarkt nach sich ziehen wird, weil die angesparten Beiträge ja nicht mehr „aus- und damit weitergegeben" werden, sondern dauerhaft (!) dem Wirtschaftskreislauf entzogen sind. Geld, das in den Ladenkassen fehlt wird bei vielen Unternehmen, alleine zur Erhaltung der Liquidität, zwangsläufig ein weiteres Ansteigen der Verschuldung erfordern.

Davon betroffen sind der Einzelhandel, die regionalen Gewerbetreibenden und Dienstleister sowie alle Branchen, die nicht überwiegend exportorientiert arbeiten. Umsatzausfälle und Gewinnrückgänge werden zwangsläufig weitere Sparprogramme in den Unternehmen zur Folge haben, die letztlich immer auf Stellenabbau hinauslaufen und damit verbunden zu sinkenden Steuereinnahmen, sinkendem Beitragsaufkommen und steigenden Leistungen der Sozialsysteme führen.

Diese desaströse Entwicklung im Binnenmarkt hat nur einen einzigen Zweck: Die Verbilligung der Exporte. Um Käufern außerhalb Deutschlands Produkte „Made in Germany" möglichst billig und trotzdem noch mit hohen Gewinnmargen anbieten zu können, müssen im Binnenmarkt die Gürtel enger geschnallt und längst sicher geglaubte soziale Standards geopfert werden.

Hier treffen wir wieder auf den eigentlichen Grund für die Sparmaßnahmen in den Sozialsystemen: Alle Kürzungen, ob bei der Rente, bei den Gesundheitskosten oder beim Arbeitslosengeld und jede Leistung der öffentlichen Hände, die aus Kostengründen unterbleibt, also jedes geschlossene Freibad, jedes aufgelassene Museum, jedes nicht reparierte Schlagloch auf deutschen Straßen wird durch Geldhortung (demnächst sogar noch durch staatlich verordnetes Zwangssparen für die Riester-Rente) in einer Deflationsspekulation erst provoziert und dann als Preisnachlass dem ausländischen Konsumenten angeboten, um die Gewinne der Exporteure und Global Player auf fremden Märkten zu steigern.

Wer hat also welchen Vorteil vom Einstieg in die kapitalgedeckte Privatvorsorge?

Die Exportindustrie verschafft sich zu Lasten des Lebensstandards im Inland Wettbewerbsvorteile und zusätzliche Gewinne auf den Weltmärkten.

Die Banken und Versicherungen übernehmen die Kontrolle über einen bisher zinsfrei organisierten Transfer. Jede Umwandlung von Geld in Geldvermögen verschafft Versicherungen und Banken zusätzliche Kreditnachfrage und damit zusätzliche Gewinne.

Die Politiker können sich nach Einführung der Riester Rente als Pflichtversicherung bis zum Ausbruch der Revolution beruhigt zurücklehnen und Jahr für Jahr die Beitragssätze zur umlagefinanzierten Rentenversicherung mit Verweis auf die Privatvorsorge ganz nach Wunsch und Bedürfnis der Exportwirtschaft um den einen oder anderen Prozentpunkt senken.

Die heutigen Beitragszahler und künftigen Rentner übernehmen eine durch den Einstieg in den Systemwechsel bedingte Mehrbelastung und sollten sich darauf einstellen, dass die staatliche Förderung der privaten Vorsorge binnen weniger Jahre bis zur Unkenntlichkeit zusammengestrichen wird. Ihr Wohlstand im Alter wird - wie heute auch - primär vom Leistungsvermögen der gleichzeitig Berufstätigen und vom gesellschaftlichen Konsens zur Verteilungsgerechtigkeit zwischen den Generationen abhängen.

Die heutigen Rentner werden über Veränderungen in der Rentenformel zur Kasse gebeten, um die Beitragssenkung für die Exporte zu finanzieren.

Diese Betrachtung über die Schwierigkeiten mit Überweisungen in die Zukunft haben weit über die Rentendiskussion hinaus Gültigkeit. Geld ist kein unveränderlicher Wert an sich. Geld ist noch nicht einmal ein unveränderlicher Wertmaßstab. Geld, das als Nachfrage auftritt, kann nie mehr sein, als der Schatten der gleichzeitig verfügbaren realen Leistung.

Große Mengen gehorteten Geldes stellen zwar ein enormes Erpressungspotential dar, das sowohl in den Händen superreicher Eigentümer als auch in den Händen der „verwaltenden/verwahrenden Institutionen" liegt, es hat diesen zweifelhaften Wert aber nur, weil es eben nicht umläuft, nicht nachfragt, nicht kauft – und, weil niemand wagt, der Erpressung zu widerstehen und den Geldmangel mit dem einfachsten, völlig ungefährlichen und doch wirkungsvollsten Mittel zu bekämpfen, das denkbar ist:

Mit Geld.

Mit frischem, unbelastetem, eigenem Geld, das die Mehrheit der Demokraten endlich, auch gegen den Willen des Kapitals, sich beschaffen und benutzen sollte.